KB150294

해방 전
(1940~1945)
일문 희곡집

이 도서는
한국학술문화재단의
제작비 지원사업으로 출판되었습니다.

연구과제명 : "해방 전(1940-1945) 공연희곡과
시나리오 자료 정리 및 공연문화사 연구"
과제번호 : 2003-073-AM1005

근대 희곡·시나리오 선집 ❼

김건

島田邦雄

박재성

해방 전(1940~1945)
일문 희곡집

이광래

이석훈

이재명 엮음

장혁주

조용만

함세덕

평민사

머 리 말

해방 전 공연희곡집 시리즈는 2003년도 한국학술진흥재단의 인문사회 분야의 한국 근 현대 연구 지원사업으로 수행된 연구 과제 "해방 전 (1940~1945) 공연희곡과 시나리오 발굴 정리 및 공연문화사 연구"의 결과물이다.

이번 연구 과제의 출발은 1942년부터 1945년에 걸쳐 세 차례 시행된 바 있는 연극경연대회 출품작 다수가 미국 하버드대학교 옌칭도서관에 있다는 사실을 확인하면서부터였다. 일제 시대 공연대본 다수가 멀리 이국땅에 존재한다는 사실이 이미원 교수(연극원)에 의해 처음으로 알려진 이후, 그중 일부는 여러 연구자들의 손을 빌어 조금씩 소개되기도 하였다. 그러나 그 전모가 밝혀지지 않아 안타까움을 느끼던 차에, 필자는 2001년 안식년을 맞아 하버드대학교 옌칭도서관을 직접 방문하여 장막극으로 이루어진 공연대본 대다수를 입수하게 되었다.

송영, 임선규의 해방 전 희곡 작품을 발굴·소개한 바 있는 필자는, 옌칭도서관 소장 공연대본 중에서 박영호의 희곡 작품을 소개하는 과정을 거치면서, 공연대본 전체를 정리하여 공개할 필요성을 느끼게 되었다. 그리하여 필자가 그동안 발굴·소개했거나 소장하고 있던 일제 시대 공연대본과 함께 옌칭도서관 공연대본을 정리하는 작업으로 학술진흥재단의 연구 과제로 신청하여 선정되기에 이르렀다.

연구 과제를 수행하는 동안 필자는 국립도서관을 비롯한 여러 도서관에 산재해 있던 희곡 자료들을 여러 편 수집하게 되었다. 이 과정에서 같은 시기의 시나리오 자료 수집에도 눈을 돌리게 되었는데, <망루의 결사대> 등 그동안 사장되어 있었던 일제 말기 시나리오 다수를 확인할 수 있었다. 또한 일본 출장을 통해 영화 <망루의 결사대> 복사본과 일본어로 표기된 희곡 및 시나리오 여러 편을 새로이 입수하게 되었다. 그리하여 연구 과제 신청 당시 51편이었던 정리 대상 작품의 숫자가 최종적으로 82편에 이르게 되는데, 이는 40% 정도가 증가한 셈이다.

　본 연구 과제 결과물로서 80여 편의 희곡과 시나리오를 발표한다는 점은 단순히 기존의 작품에다가 수적 증가가 이루어졌다는 사실보다는 질적인 면에서 소중한 사료들을 많이 확보했다는 데에 더 큰 의의가 있다. 그리하여 그동안 연구가 거의 이루어지지 않았던 극작가 박영호와 송영, 임선규, 서항석, 김태진, 이동규, 김건, 김승구, 그리고 남궁만 등의 존재와 그들의 희곡 작품 면면을 확인함으로써, 잃어버린 시대의 연극사를 되찾는 결정적인 전기가 마련될 수 있다는 점이 이번 연구의 가장 큰 성과가 아닐 수 없다. 또한 신파극(혹은 대중극) 대 신극 논란, 친일극(친일영화) 논란, 월북 극작가를 중심으로 한 이념극 논란을 재정립하는 계기가 제공됨으로써, 희곡 및 시나리오 연구에 새로운 기폭제가 될 것이다.

　또한 본 연구 과제를 통해 근대 문학 연구에 기여한 바로는 일본어로 발표되었다는 점 때문에 연구가 미진했던 희곡·시나리오 작품들을 번역했다는 사실이다. 23편의 일본어 희곡 및 시나리오 작품을 번역함으로써 문학사의 또 다른 공백을 메울 수 있는 계기가 마련되었다. 특별히 우리나라와 일본에 각각 3편의 필름만 남아 있을 뿐 존재 자체가 모호했던 상영 시나리오 6편을 발굴하여 번역한 것도 우리 근대 영화사 정리에 적지 않은 밑거름이 되리라 믿는다.

　본 연구 과제를 수행함에 있어 연구진의 구성은 연구 책임자에 이재명 교수(명지대), 공동연구원에 양승국 교수(서울대), 박명진 교수(중앙대), 박영정 박사(한국문화관광정책개발원), 백현미 교수(전남대), 최경국 교수(명지대), 이기한 교수(명지대)가 수고하였다. 열심히 땀 흘려 자료 정리와 입력, 연구 작업을 병행한 연구진으로는 책임연구원에 윤석진 박사, 선임연구원에 현재원 박사, 김명화 박사, 정호순 박사, 송태욱 박사가 수고하였다. 이들을 도와 자료 정리에 애쓴 연구보조원으로는 연세대국문학과 박사과정의 김기란과 타지마 데츠오, 석사과정의 홍효정, 그리고 명지대 문창과 박사과정의 양수근, 안희철, 이성자, 성현주, 석사과정의 노문영, 명지대 일문학과 석사과정의 박연희와 김영욱이 수고하였다. 이들의 헌신적인 노고가 있었기에 이번 연구 과제를 무사히 마칠 수 있었다.

본 연구 과제를 수행하면서 많은 분들의 도움과 격려를 받았는데, 일일이 인사드리지 못하고 지면을 빌어 감사의 뜻을 전한다. 먼저 본 연구 과제를 선정해 준 한국학술진흥재단에 감사드린다. 또한 하버드대학교 옌칭도서관의 자료를 기꺼이 제공해 주시고 격려해 주신 이충남 선생님께 감사드린다. 특별히 난해한 번역 작업을 꼼꼼한 필체로 옮겨 준 심원섭 교수(와세다대학)와 심교수의 번역 작업에 커다란 도움을 주신 오오무라 마쓰오 교수님(와세다대학)과 사이토 아츠코 선생께 감사드린다. 끝으로 까다로운 과정을 6개월 넘게 참아낸 평민사 편집부 차주희님과 이정옥 사장님께 감사드린다.

2004. 8.
10년 만의 무더위를 견디며
이재명

차   례

일 러 두 기

1. 수록된 작품은 원문 그대로 게재하는 것을 원칙으로 한다. 다만 의미 전달의 효율성을 높이기 위해 띄어쓰기는 현대 방식을 적용하였다. 그러나 작품 전체가 일본어로 발표된 경우는 번역하는 과정에서 띄어쓰기와 맞춤법 모두 현대 문법을 적용하고, 일본어 원문은 별도로 영인하였다.

2. 한자(漢字)의 경우 역시 원문 그대로 표기하는 것을 원칙으로 한다. 따라서 '한자(한글)' 혹은 '한글(한자)', '한자'의 경우나 '정자 약자 간자'의 경우 가급적 원문 그대로 표기하였다.

3. 문장 부호는 가로 조판 방식에 맞게 현대적으로 변형하였다. 또한 '◇ ○ ◎ ( )' 등 원문의 독립 지문 표시 기호는 현대 방식에 맞게 모두 생략하고 위아래로 한 줄씩 띄워 독립된 지문 표시를 하였다. 다만 시나리오의 경우, '씬(scene)' 앞에 '#' 기호를 붙여 표시하였다.

4. 단어가 반복될 때 '〈 '이나 '〃' 기호로 표시하거나 일본어 'ゝ'를 사용하는 경우, '〈 '이나 '〃'는 현행 가로쓰기 체계에 맞지 않기 때문에 앞의 단어나 구의 반복을 그대로 살려주는 방식으로 표기하였다(예 : 떨어질 듯이 〈 → 떨어질 듯이 떨어질 듯이). 다만 일본어 'ゝ'를 사용한 경우는 당시 표기법을 살리기 위해 원문 그대로 표기하였다.

5. 일본어 번역의 경우, 한자로 되어 있는 일본 사람의 이름은 한자 그대로 표기하였고 일본 지명은 일본식으로 읽어주었다. 그리고 일본어 원문의 경우, 한글 문장에 일본어 발음으로 읽은 한글이 들어갈 경우는 번역을 해서 주석 처리하였다. 그러나 한글 문장 안에 단어나 구가 일본어 표기로 들어간 경우는 번역을 해서 본문 중에 '[ ]' 표시하였다. 전체가 일본어 문장으로 되어 있는 경우도 번역을 해서 '[ ]' 표시하였다. 다만 'の, さん, はい(ハイ)'와 같이 자주 쓰이는 단어들은 처음 나왔을 경우에만 번역 처리하고 이후에는 생략하였다.

6. 문맥상 오자(誤字)임이 분명한 것이라 할지라도 본문에서 수정하지 않고 주석 처리를 하였다. 또한 의미 해석이 필요한 단어나 구, 절에 대해서도 주석 처리를 하였다.

7. 원문 판독이 불가능한 글자의 경우, 가능한 그 숫자만큼 '□' 표시를 하였다.

박1)
(バカチ)

▷ 서지사항 : 1막, 김영욱 번역

---

1) 표주박.

인물

박대영(시골한의사)
이　氏(그의 처)
효　동(그의 자식)
분　이(효동의 처)
정　氏(그의 母)
방서방(백성)

時

지금으로부터 약 5, 60년 전

處

남부 지방의 어느 작은 지방

무대

마을 사람들이 왕래하는 길에 인접해 있는 박대영의 한약방, 두 사람 정도가 누울 수 있는 정도의 온돌방의 천장에는 여러 종류의 한약재를 넣은 종이 봉지가 등나무 꽃처럼 내려있고, 초가을이라서 온돌의 미닫이문을 열어 놓았다. 방 앞에는 폭이 전반 정도인 툇마루가 일자로 놓여져 있다. 이것이 다실과 응접을 겸하고 있으며, 방 안쪽 정면 벽에는 서랍 속에는 많은 약이 있고, 서랍을 꺼내는 서랍 앞에는 약제 이름이 붙어 있다. 그리고 지붕 끝에는 행랑방이 붙어 있고 그 위를 통해서 수십 개의 박이 지붕 위에 덮여 있는 것을 볼 수 있다. 물론, 지붕이라고 해도 손을 쭉 펴면 닿을 정도의 높이에 지나지 않는다. 아래쪽에 실내를 통하는 문, 위에는 늙은 오동나무 잎이 □□하고 있다. (박대영- 어지간히도 심심한 듯 종이를 얇게 말아 있는 것이 무릎까지 닿는 담뱃대를 □□있는 것에 비해 手先은 단념하고 있다. □□ 백성인 방서방, 삿갓을 비스듬히 쓰고 서둘러 온다. 전보다 □□일 리가 없다)

방서방　박주전님-(선생님-) 오늘은-.
박대영　(코끝에 걸치고 있는 돋보기 넘어 눈을 올려보면서) 아니 이런 일이……. 방서방 아닌가?
방서방　예, 오랫동안 연락을 못 드려서 죄송합니다. (양손을 □□해서 인사를 드린다)
박대영　참 오랫만이군, 그런데 집에 환자라도 생겼나?
방서방　무슨 말씀을……. 환자라니요……. 실은 경성에 가 있는 자식에게 편지를 보내고 싶은데 말입니다.

박대영　또 말인가? 대필을 부탁하러 왔는가?

방서방　예에-. 자꾸만 폐만 끼쳐서 죄송하기만 하지만, 지가 무식해서 말입니다. 헤헤……

박대영　좋아. 때마침 손님들도 없구해서 심심하던 참이었는데. (연적을 가지고 툇마루에 나온다)

방서방　송구하기만 허구만요.

박대영　어디어디 (벼루에 묵을 갈면서) 그럼 해 볼까?

방서방　예에-. 우선 처음은 말입니다. 여기는 무사하게 잘 지내니까, 걱정하지 말고 열심히 일해라 라고……. 그리고 나서 가능하면, 며느리에 보낼 예물□□도 사오라고……. 이게 끝입니다.

박대영　(벌써 쓰기 시작한다) 아니! 며느리라고? 누구네 딸인가?

방서방　옆마을 오첨지의 딸이구만요.

박대영　오첨지의 딸이라면, 그 키가 크고 뚱뚱한 딸 말인가?

방서방　예에. 요즘 며느리라고 하면, 역시 소처럼 건강한 며느리가 최고라고 생각하고 있습니다.

박대영　정말로. 며느리는 자네가 말한 게 제일이야. 약한 며느리를 데리고 오면 그때야말로 머리만 아프게 될 뿐이야. 일도 제대로 하지도 못하면서 밥만 축내게 되는 꼴이 된다 말이지.

방서방　그렇고 말고요-. 그래서 주전님네도 역시 소처럼 몸이 큰……. (끝내 입을 잘못 놀리게 된다) 오옷--. 이런 어디서. (머리를 숙인다)

박대영　그렇지만 얼굴은 꽤 이쁘니까.

방서방　그거야. 저희 마을에서도 꽤나 좋은 평판이 있고, 그런 이쁜 사람의 애교를 받고 싶다고 모두들 침이 마르도록 얘기하고 있습니다요.

박대영　그런 평판이 있었어?

방서방　그렇고 말고요. 정말 부럽습니다요.

박대영　그런데 자네 며느리는 어떤가?

방서방　건강한 거라면 주전님의 며느리에게 뒤지질 않습니다만, 얼굴은 좀……. 입술이 너무 두꺼워서 조금은 걱정입니다요. 에헤헤……. 입술이 두꺼우면 고집쟁이라고 해서요…….

박대영　아니야 아니야. 의학에 의해서도, 입술이 두꺼운 건 아이를 잘 낳을 수 있다고 하니까 걱정하지 말게나.

방서방　그렇습니까?

박대영	그럼 그럼. 나를 믿어도 되네. 뭐하면, 내기를 걸어도 되네. 지금까지 내 진찰에 이상이 있었던 적은 없으니까 (붓을 벼루에 넣으면서) 다 됐네.
방서방	이거 정말 수고 많으셨습니다요.
박대영	한번 읽어보게나.
방서방	아닙니다요. 주전님의 문장에 이상이 있었던 적이 있었습니까요? 에헤헤……. (편지를 받으면서) 정말 고맙구만요.
박대영	그럼 정말 집에 환자는 없는 게지?
방서방	예 그럼요. 모두들 쌩쌩합니다요.
박대영	그건 좀 유감이군.
방서방	무슨 말씀이십니까? 주전님. 환자가 생기는 게…….
박대영	아니 아니. 그런 말이 아니네. 실은 어제 꿈에 선인께서 명약 있는 곳을 가르쳐 주셔서 말이지…….
방서방	그건 또 어떤 명약입니까?
박대영	□□의 약인데 말이네. 내 오랜 세월의 고생을 보답하는 것이라네. 그 약은 확실히 백발백중 명약이 되네. 약 이름도 선단2)이라는 것이라네.
방서방	헤에- 선단이라 하면 그 선인의 신선 말씀이십니까?
박대영	그렇다네.
방서방	그러면 홍역에 걸린 아이들을 찾아볼까요?
박대영	무슨 말을 하는가? 지금 홍역 따위가 걸린 아이가 있는가? 홍역이라는 병은 늦은 봄에서 초여름에 유행하는 병일세.
방서방	아 그렇습니까? 그런데 저기……. 저기에 있는 주막에 같이 하시면…….
박대영	편지 써 준 답례인가?
방서방	예에-. 성가신 것들만 만들어서…….
박대영	그럼 가볼까? 마침 나도 목이 마른 것 같은데…….
방서방	그럼 가시죠?
박대영	잠깐 기다려 봐! (안에 있는 분이를 부른다) 애! 분이야 아-가(며느리의 대명사). 아가-!
분 이	예에-. (나온다. 소문처럼 큰 풍체에 뚱뚱한 모습인 며느리이지만, 얼굴은 고운 것 같이 보인다) 부르셨어요.
박대영	응 그래. 잠깐 저쪽에 다녀올 테니, 손님이 오시면 잠깐만 기다리시라고 하거라.

---

2) 仙丹.

분　이　예에-.

방서방　(분이를 계속 보며) 정말로 부럽네요.

박대영　(툇마루에서 내려선다) 으흐흐! 부럽지 그렇지?

분　이　(자신에 대한 얘기라는 것을 알아차리고 딴 곳을 눈을 돌린다)

박대영　그럼 나 없을 때 잘 부탁하마.

분　이　예. 잘 다녀오세요.

박대영　(분이에게 넋을 잃은 방서방을 끌어당기며) 이보게. 언제까지 그렇게 볼
　　　　셈인가! (하고 나간다)

분　이　(두 사람 나가는 모습을 잠시 바라본다) (뭔가 생각이 잠기어 있는 듯
　　　　툇마루에 앉는다. 슬쩍 하늘을 바라보지만, 끝내는 한숨을 내시고 만다)

　　　　(기러기 무리가 하늘 높게 날며 우는소리가 들린다)
　　　　(분이의 어머니인 정씨가 방문한다)

정　씨　아아. 분이야 여기에 있었니?

분　이　(힘없이) 어, 어머니, 오셨어요.

정　씨　(방안을 살펴보면서) 사돈어른은?

분　이　잠깐 나가셨어요!

정　씨　사부인도 나가셨니?

분　이　예에…….

정　씨　- 분이야, 몸이 안 좋아 보이는구나! 뭐 안 좋은 일이라도 있니?

분　이　아니요.

정　씨　그럼 뭔가 있었니? 혼이라도 난 거니-?

분　이　아니요.

정　씨　그럼 도대체 왜 그러는 거니?

분　이　슬퍼서 그래요.

정　씨　뭐가-?

분　이　이런 거라고 알고 있었으면, 시집가지 않았을 거예요.

정　씨　그건 또 왜 그래?

분　이　이건 정말이지, 누굴 가정부로 알고 있는지. 아침부터 저녁까지 눈이 돌
　　　　정도로 일을 시키고, 밤에도 제대로 자게 해주지 않게 하고, 너무하다
　　　　고 생각해요.

정　씨　그건 네가- 그건 말이다. 옛날부터 며느리의 일이란다. 어버이에게는

효행부에게는 공경하고……. 바지런히 일하면 어른들도 귀여움을 받게 되고 남편한테도 사랑 받을 거야. 그리고 나면 며느리의 체면도 서게 되고 일도 잘 하게 될 거야. 이 애미도 처음 네 아비한테 시집갔을 때는 너무하다고 생각을 했단다. 불행하다고 생각했지. 몇 날 몇 일을 자지 않고 눈물로 지새운 적도 있었어. 허지만, 점점 시집생활에 익숙해지면서 아무것도 아니라는 것을 알게 되었지. 게다가 너의 아버지가 날 불러주었을 때는 뭐라고 할 수 없을 정도로 너무나도 기뻤단다. 그 후에 너도 생기고, 너의 오빠도 생기고 이렇게 보면, 역시 고생의 낙이라는 게 꼭 되돌아 와서 즐겁게 하는 것을 알게 되었지. 그러니까 힘들어 하지 말고 열심히 하거라.

분 이 하지만 저는 이런 집안 따위는 정말 싫은 걸요.

정 씨 너라는 아이는. 이런 집안 따위라니, 싫어도 시집 왔잖아. 너의 집은 여기야. 이 집 외에 너의 집이 있다고 생각하니? 며느리라고 하는 것은 한번 시집을 가게 되면, 거기서 평생을 지내고 죽어야 하는 게야. 그게 여자의 길이라는 것을 너는 모르니?

분 이 알고 있으니까 여기 왔잖아요.

정 씨 그럼 아무 말 하지 말고 있으면 되잖아.

분 이 그렇지만 아무래도 여자의 길이라는 게 잘 모르게 되었어요.

정 씨 모를 리가 없잖아. 설령 모른다고 해도 좀 더 해를 지내면 자연히 알게 될 게야.

분 이 그런 게 아니에요. 제가 말하는 것은…….

정 씨 그럼 도대체 뭐니? 확실하게 말해봐.

분 이 어머니는 여섯 살이나 밑인 아이를 남편이라고 생각할 수 있어요.

정 씨 물론이지. 남편이고 말고. 나보다 네 살 밑에 네 아버지한테 와서 지금까지 잘 지내고 있잖니? 아무리 남편이 자신보다 나이가 어리다고 해도 언제까지 나이를 먹지 않는 것도 아니고, "남자 열 여섯에 호패를 차다."라는 말대로 조금만 있으면 너보다 위에 있을 거라고 생각하는구나.

분 이 하지만, 난 아무래도 남편이라는 느낌이 들지 않는 걸요. 동생 같애요, 동생.

정 씨 부부간에 나이를 가지고 신경을 쓰거나 감정을 하는 것이 아니란다. 남편은 남편이고 아내는 아내란다.

분 이 뭐가 남편이에요. 꼬마대장 같은 꼴을 하고, 다른 사람에게 많은 폐를 끼치기도 하고 이유 없이 남을 못 살게 굴고, 때리질 않나, 간식 달라고 조르질 않나, 피곤해서 □□하고 있으면 발로 차질 않나, 화장품통이나 젓가락을 숨기는 장난을 하지를 않나, 얼굴에 그림을 그리는 등, 정말 손을 어디서부터 대어야 할지 감당 할 수가 없어요.

정 씨 아직 너는 그런 것까지 잘 모르니까 그런 게야. 그런 것을 남자의 애교라고 하는 거야. 그러니까 남자라는 것은 나이를 먹어도 애라는 것이 있지 않느냐. 남자란 것은 자신의 아내가 좋아지게 되면 될수록 시끄러워지게 되는 법이야. 좋아하지도 않는다면 한번 봐, 그거야말로, 저쪽에 있는 돌멩이처럼 뒤도 돌아보지도 않는 거 말이야. 부부 금실이 좋은 것은 싸움을 자주 한다는 말도 있잖니. 나와 비교하면 너는 정말 행복한 여자야. 내가 너만할 때는 네 아버지하고 한 번도 싸운 기억이 없었단다. - 정말로 부러워.

분 이 어머니 무슨 말씀을 그렇게 하세요. 자꾸만 저에게 안 좋은 말씀만 하실 작정이세요? 괴롭히지 마세요.

정 씨 내가 왜 너를 괴롭히니. - 난 정말 진심으로 말하는 거야. 지금까지의 경험을 얘기한 건데 말이야.

분 이 아. 이제 됐으니까 그만 얘기하세요. - 빨리 돌아가세요 (얼굴을 감싸고 울어버린다)

정 씨 정말로 네 속을 모르겠구나- 할 수 없지, 그럼 난 돌아갈 테니 혼자서 잘 생각해 보거라. (나간다)

효 동 (어머니가 나간 뒤를 원망스러운 듯 바라보며)……. (이때 분이의 꼬마 신랑 효동, 종이연과 얼레를 손에 들고 온다)

분 이 (서둘러 눈물을 닦으려 한다)

효 동 (분이의 그 모습을 알아차린다) 어. 당신 왜 울고 있소.

분 이 울긴요, 안 울었어요.

효 동 그런데 왜 눈이 빨개. 어머니께 또 야단 맞았지?

분 이 어머님은 지금 나가고 안 계세요.

효 동 그럼 왜 울었지. 친정에 돌아가고 싶은 거지.

분 이 아니요.

효 동 큰 덩치를 하고 하루종일 훌쩍훌쩍 울기만 하고. 울보쟁이- (얼레를 들이밀 듯 분이에게 주면서) 실이 엉키어서 연을 날릴 수가 없어. 빨리 풀어줄래.

분 이 예에. (실패를 받고 풀기 시작하지만, 상당히 엉키어 있어서 좀처럼 풀

리지가 않는다)

효　동　(아버지가 안 계신 것을 알고, 방안에 들어가 약재 서랍을 열고 건초를 꺼내어 입안에 넣고 돌아온다) 뭘 그렇게 어정어정 대냐? 빨리 하라니까! 뭐지 않아 해가 지잖아!

분　이　그렇지만, 이거 너무나도 심하게 엉키어 있어서……

효　동　등-신. 그렇게 하니까 더 엉키잖아. (빼앗는다. 그리고 다시 얼레를 본다) 야-이건, 완전히 안 되잖아. (얼레를 발로 밟아 뭉개고 그걸로 분이의 얼굴을 때린다)

분　이　아야-!

효　동　에이- 이걸 그냥!

분　이　앗!

효　동　(망가진 얼레를 던져 버린다. 그리고 연도 찢어 버린다) 에이 빌어먹을!

분　이　(분을 참지 멋하고 입술을 꽉 깨문다)

효　동　그렇게 무섭게 하고 뭘 그렇게 보니.- 저기 실패 주위와. 얼른! 오호-그래 내 말을 안 들을 작정이군. (툇마루 밑에 있는 장작을 꺼내어 때리려고 한다)

분　이　아, 알았어요 주우면 되잖아요.

효　동　진작 그럴 것이지.

분　이　(버려진 실패를 주위 온다)

효　동　그 따위 것 쓸 수 있겠니? 다시 버려!

분　이　(더 이상 못 참겠다는 듯이 실패에 감정을 실어서 던져버린다)

효　동　배가 고픈데 먹을 것 좀 가지고 올래.

분　이　식사라면, 아버님하고 어머님 오시면 함께 하죠.

효　동　그럼 떡이라도 줘.

분　이　떡은 아까 성묘 갔다 오고 나서 먹어 버렸잖아요.

효　동　먹어 버렸다니. 말투가 뭐 그래?

분　이　……. (아무 말도 하지 않는다)

효　동　좋아. 또 맞고 싶은 모양이군. (분이의 뺨을 때린다) 이 년이!

분　이　(맞은 채 날카롭게 효동을 쳐다본다)

효　동　뭘 쳐다봐-.

분　이　당신!

효　동　뭐라고!

분 이   당신 몇 살이냐?

효 동   나이 따위를 물어서 뭘 어쩔려구?

분 이   아무튼 몇 살이냐고?

효 동   내 나이가 몇 살인지 몰라서 묻는 거야!

분 이   글쎄. 모른다고!

효 동   바-보. 열네 살이잖아.

분 이   나는?

효 동   넌 스무 살.

분 이   그럼 내가 너보다 몇 살 위니?

효 동   여섯 살.

분 이   여섯 살 위면 내가 당신보다 어른이지.

효 동   뭐? 어른이라고? 바보 같은 소리하지 말어! 아무리 나이가 많더라도 부
       인은 부인이라고. 부인이 남편의 어른이라는 법은 어느 나라에 있는 거
       야.

분 이   그러니까 앞으로는 이상한 걸로 억지부리지 말고, 조금은 생각 좀 하
       고 행동해 주기를 바래.

효 동   뭐라고-. 지금 나한테 따지는 거야.

분 이   따지는 것이 아니라 부탁하는 거야.

효 동   내 마음이야.

분 이   그래 그건, 당신 마음이지. 그러니까 당신에게 부탁하잖아.

효 동   부탁이든 뭐든 난 몰라.

분 이   그럼 앞으로도 지금까지 해 왔던 것처럼 날 못살게 굴 거야.

효 동   하! 거참 시끄럽네.

분 이   (다시 뭔가를 말하려고 하지만, 단지 몸만 떨고 있을 뿐 말은 나오지 않
       는다)

       (이때 효동의 어머니 이씨, 뭔가를 사서 들어온다)

이 씨   아아. 너희들 뭘 그렇게 못 잡아먹어서 안달이야. 또 싸웠니?

분 이   오셨어요-.

이 씨   너도 그래. 꼬치꼬치 따지고 상대하니까 싸움을 하잖니. 여자는 여자답
       게 하는 게야. 이런 데 서 있고 뭐 하는 거야 얼른 들어가지 뭇 해.

분 이   예. (이씨의 손에서 물건을 받고 안으로 들어간다)

이　씨　(효동에게) 왜 그러니. 뾰로통한 얼굴을 하고……. 정말 어쩔 수 없는
　　　　아이네. 효동아. 넌 이제 어린애가 아니란다. 한 사람의 남편이란다. 왜
　　　　말 한 마디도 제대로 못하니? 창피하지도 않니.

효　동　저년이 너무 건방져서 한 마디 했어요.

이　씨　바로 그거야. 네가 좀 더 남편답게 행동하지 못하니까 버릇없이 기어
　　　　오르는 거 아니니. 그러니까 앞으로 무시당하지 않도록 조심하게. 알겠
　　　　지. 응?

효　동　……. (아무 말 하지 않는다)

이　씨　그리고 효동아. 남자는 말이다. 여자에게 물렁하게 보이게 되면 그때부
　　　　터 끝이란다. 평생 아내에게 머리도 들지 못하게 된단다. 지금부터 꽉
　　　　잡지 않으면……. 내가 뭘 말하는지 잘 알겠지?

효　동　예-.

이　씨　그럼 좀 어른스럽게 여기서 기다리게나. 곧 밥 차려서 올테니까 오늘
　　　　은 맛있는 음식을 내 올테니까. (안으로 들어간다)

효　동　(팔짱을 기고 왔다갔다하며 생각한다)

　　　　(잠시동안)
　　　　(작은 새들도 새장에 돌아왔는지 시끄럽게 지저귀는 소리가 들린다)
　　　　(서쪽 하늘이 노랗게 물든다)
　　　　(분이 물통에 물을 버리러 나온다)

효　동　어이- 분이.

분　이　(모르는 척 한다)

효　동　잠깐 이리 와봐.

분　이　(화난 표정으로 효동 앞에 선다)

효　동　(분이의 이외의 반응에 조금은 멈칫 하지만, □□하게 남편의 위엄을
　　　　보이기 위해 어깨에 힘을 준다)

분　이　뭐가 건방지다는 거죠.

효　동　건방진 게 아니라 - 느닷없이 남편의 나이를 물어서 자신의 나이하고
　　　　비교하고 남편에게 □□……. 넌 내 앞에서 얼굴 따위는 올리지 못해.

분　이　꼴에 설교는.

효　동　뭐 꼴에-.

분　이　그래.

효　동　다시 한번 말해봐.

분　이　몇 번이고도 말해 주지.

효　동　또 맞고 싶은 모양이구나.

분　이　흥, 누가 당신 같은 사람에게 맞을 것 같애.

효　동　아까는 맞을 것 같아서 덜덜 떨더니 이젠 아주 미쳐가는구나. 좋아! 이 번에 아주 일어나지 못하도록 해주지 기다려. (다시 몽둥이를 든다)

효　동　맞아 뒤져도 원망하지 말어.

분　이　자- 때려봐. 자-.

효　동　이 년이. (때린다)

분　이　이게-. (효동의 몸을 가볍게 들고 안아서 지붕위로 휙 날려 버린다)

효　동　으-악 사람 살려 사람 살려-. 어머니. 어머니-.

　　　　(효동의 어머니인 이씨 나온다)

이　씨　왜 그러는 거니? (지붕 위에 있어 내려오지도 못하고 바둥바둥 발버둥 치고 있는 효동을 본다) 효동아 너 왜 거기에 있니?

효　동　저년이, 저년이 날 죽일려고 그래요.

이　씨　뭐-? 죽일려고-? 너 도대체 뭘 어떻게 한 거니?

분　이　아니, 어머님-, 전-.

이　씨　뭔지 알겠다. 너 효동이하고 싸운 앙금을 풀려고-, 내 아일- 하나 뿐 인 내 아이를……

분　이　아니에요. 그건 아니에요.

이　씨　흥. 아니라고는 말하지 못하지. 근데, 저 아일 죽일려면 내 눈앞에서 죽 여 봐.

　　　　(이 때 박대영이 한잔 걸치고 들어온다)

박대영　뭐가 왜 이렇게 시끄러워!

이　씨　참 잘 왔어요, 여보. 이걸 좀 봐 주세요. 효동이가 저런 곳에-.

박대영　뭐- 효동이가 . (위를 쳐다보고 놀란다) 효동아 너 왜 거기에 있니?

이　씨　(옆에 서 있는 분이를 가리키며) 저년이 우리 효동이를 저기에 던져서 죽일려고 그랬어요.

박대영　뭐라. 죽일려고-. 정말이냐 아가야?

분　이　아니에요. 그게 아니에요.

이 씨 앗! 위험해.

박대영 효동아. 곧 사다리를 내 놓을 테니까 조금 참고 가만히 있어라.

효 동 아버지 아까 전의 말은 거짓말이에요. 어머니를 놀래키려고 거짓말을
한 거예요.

박대영 그럼 거기에는 왜 올라간 것이야?

효 동 이 박을 따서 분이에게 줄려고요. (지붕 위에 서서) 어이 -, 분이-. 이
쪽이 더 좋은 것 같애. 그것도 이쪽이-. 이쪽이 좋다니까. (박을 가볍게
톡톡 치면서) 꽤 잘 익었는데.

박대영 어이구 이런 이런. (웃는다)

이 씨 (가슴을 쓸어 내리지만, 눈물이 나와 버린다)

효 동 아! 이런! 떨어져 버렸네. (박이 지붕 위에서 굴러 떨어져 쫙 하고 두
쪽으로 갈라진다)

(분이는 남편이 자신에게 대하는 배려와 믿음직함을 느끼고 눈물을 흘
리고 만다)
(붉게 물든 저녁 노을)

부 기 : 이것은 내가 어렸을 때 사람들에게 들었던 조선의 조혼3) 풍속을 풍자
한 인정미가 듬뿍 있는 이야기라고 생각해서 연극으로 □□해 보았다.
(작자)

---

3) 早婚.

노 렌

▷ 서지사항 : 1막, 신인추천작, 송태욱 번역
▷ 특기사항 : 노렌[暖簾]은 상점 입구의 처마 끝이나 점두에 치는 포
　　　　　　 렴을 의미하는데, 여기에는 상호가 쓰여 있다. 그래서 보
　　　　　　 통 '노렌'은 구체적인 포렴을 가리킬 뿐만 아니라 상점의
　　　　　　 전통이나 신용을 상징하는 의미로도 사용된다.

등장인물

　　　戶田謹三(虎屋의 주인)
　　　　朝子(謹三의 처)
　　　　哲夫(장남)
　　　　正治(차남)
　　　　긴(謹三의 모친)
　　間瀨大助(朝子의 숙부)
　　中澤미야코(이웃집 아가씨)

장소

　　어느 소도회

때

　　현대

　　중도회의 상가다운 구조.
　　무대를 향해 왼쪽에 입구가 있고 虎屋이라고 쓰인 노렌이 드리워져 있
　　으며, 과자 가게 같은 모습이다. □□ 바로 안쪽 거실의 오른쪽에 불단
　　이 있고, 한 가운데에 고다쓰가 있다. 그 밖에 옷장, 찬장 등 모두 상가
　　다운 취향의 것들이 적당히 놓여 있다. 또 방의 약간 왼쪽에는 다른 방
　　으로 통하는 복도가 있는 것으로 보인다. 거기에도 역시 虎屋의 노렌이
　　드리워져 있다.
　　謹三이 집으로 돌아와 옷을 갈아입고 있다. 아내인 朝子가 거들고 있다.

朝　子　그래서요?
謹　三　음. 나도 상당히 열심히 했는데 말야.
朝　子　역시 안 되겠지요.
謹　三　아니, 아직 확실히 그렇게 정해진 건 아냐.
朝　子　尾張町의 杵屋, 大和町의 壽美田屋, 綠屋 같은 데야말로 점포랄 수도
　　　　없고, 기꺼이 해주면 좋을 텐데.
謹　三　그럴 리는 없겠지. 모두들 누구라도……. 가령 1년이라도 해온 장사라면
　　　　애지중지하니까.

　　　　(謹三, 옷을 다 갈아입고 고다쓰[1]에 앉는다. 아내는 謹三의 옷을 정리하
　　　　면서)

---

1) 나무틀에 화로를 넣고 이불 등을 씌운 일본식 난방기구이다.

朝　子　허지만 애지중지하는 것도 우리 같이 3대째나 계속해온 집과는 비교가
　　　　되지 않잖아요.

謹　三　(쓴웃음을 지으면서) 그래, 자네처럼 말한다고 해서…….

朝　子　(약간 화가 나서) 도시 당신이 너무 점잖으니까, 계속 질질 끌기만 하
　　　　고 결론을 짓지 못하는 거예요.

謹　三　그런 게 아냐. 내 입장도 괴롭다구. 부조합장이라는 직함이 있으니 말
　　　　야.

朝　子　그러니까 처음에 생각했던 대로 해나가면 좋잖아요. 실적으로 정한다고
　　　　말예요……. 다른 가게들처럼 막과자를 싸게 팔고 있는 게 아니라 고급
　　　　과자를 조금씩 만들고 있었으니까요……. 실적 같은 건 아주 적지 않나
　　　　요?

謹　三　그 점은 나도 반대하고 있다구. 그러나 가게의 전통(暖簾)만으로 정할
　　　　수도 없고.

朝　子　그런 걸까요.

謹　三　그렇게 이러쿵저러쿵 불평하지마. 아무 것도 확실하게 정해진 건 아냐.

朝　子　그래도 속이 상하는 얘기니까요.

謹　三　오늘은 좀 말을 많이 해선지 피곤하구만. 차라도 내오지.

朝　子　예.

　　　　(朝子 나간다. 謹三, 피곤한 듯 기지개를 켜고 옆에 있는 신문을 집어들
　　　　고 읽는다. 朝子, 차를 가지고 들어온다)

朝　子　여기요. 차.

謹　三　(차를 마시면서) 어머니는?

朝　子　안방에요.

謹　三　그래. (사이) 저 말야, 朝子, 난 요즘 과자 가게를 단념하는 게 나을 것
　　　　같다는 생각이 드는데.

朝　子　당신은 처음부터 그럴 생각이었죠?

謹　三　아니, 그래도 말야, 朝子, 생각해봐. 이 전쟁은 만주사변이나 지나사변2)
　　　　과는 다르다구.

朝　子　그 정도는 알고 있어요.

---

2) 중일전쟁을 가리킨다.

謹 三　상대는 지금까지 아무 것도 무서운 줄 모르고 지내온 영국과 미국이
　　　야. 미국도 전쟁의 고통 같은 건 맛본 적이 없으니까, 하룻강아지 범 무
　　　서운 줄 모르는 놈들로, 만만치 않게 치고 들어올 게 틀림없어.

子 朝　그렇다고 과자 가게가 없어지는 건 아니잖아요.

謹 三　(쓴웃음을 지으면서) 그거야 당장 그런 일은 없겠지만.

子 朝　그렇다면 지금 서둘러 폐업할 이유는 전혀 없잖아요.

謹 三　그거야, 전쟁과 직접 관계가 없는 장사라면, 하루라도 빨리 그만두고 그
　　　만큼의 물건과 사람을 전쟁 쪽으로 돌리기 위해서는 과자 가게 같은
　　　건 제일 먼저 그만두지 않으면 안 된다고 생각해.

朝 子　전 그렇게 생각하지 않아요. 전쟁이 커지고 오래갈수록 과자가 필요하
　　　다고 생각해요.

謹 三　왜 그렇지?

朝 子　음, 그건⋯⋯. (사이) 그저 그렇게 생각해요.

謹 三　(쓴웃음을 지으면서) 그렇게 생각할 뿐인 거야.

朝 子　그럼 당신은, 그만두고 뭘 하려고 하는데요?

謹 三　음, 아직 거기까지는 생각하지 않았는데.

朝 子　당신은 언제나 그렇다니까요.

謹 三　자 됐어, 뭐든 그만두겠다는 건 아니니까.

　　　(그곳에 모친 긴이 들어온다)

긴　　(謹三을 보고) 아야, 돌아온 거야?

謹 三　예, 이제 막 간신히 끝났어요.

긴　　그것 참 고생했구나. 욕봤다. 그런데 상황은 어떠냐?

謹 三　예예.

朝 子　어머니, 이 사람이라면.

謹 三　(그것을 가로막고) 목욕할 테니까 준비해 줘.

朝 子　(불복하듯이) 예. (나간다)

긴　　그다지 신통치 않은 게냐?

謹 三　아니오. 그렇지만 좀체 척척 진행되지는 않아요.

긴　　그야 그렇겠지. 하지만 너도 단단히 해라. 네 대가 되어 장사를 그만두
　　　게 되어서는 조상님들께 면목이 없으니까.

謹 三　(우울한 표정으로) 그건 잘 알고 있어요.

긴　　전업하기로 결심한 사람은 있는 게야?

謹 三　아직 거기까지는 가지 않았어요.

긴　　좀체 그렇겠지. 뭐, 虎屋은 오래된 가게니까.

謹 三　(침묵)

긴　　자, 목욕 준비가 다 되었겠지.

謹 三　어머니는요?

긴　　난 나중에 할란다.

謹 三　그래요? 그럼 먼저 할 게요.

　　　　(謹三, 나간다. 긴, 고다쓰에 앉는다)

긴　　(혼잣말) 어휴, 정말 살기 힘든 세상이 되었구먼. (입 속으로 염불을 외
　　　고 있다)

　　　　(손자인 正治, 학교에서 돌아온다)

正 治　다녀왔습니다.

긴　　아야, 正治, 어서 와라. 오늘은 늦었구나.

正 治　응. 엄마는?

긴　　부엌에 있겠지.

正 治　아버지는 벌써 돌아오셨어?

긴　　아아, 아까. 지금 목욕탕에 있다. 너도 들어가렴.

正 治　응, 배고프니까, 나중에 할래.

긴　　그래. 그래 그래, 찬장에 찹쌀떡 있을 테니 엄마한테 달라고 하렴.

正 治　예. (나간다)

　　　　(謹三, 목욕을 마치고 나온다)

謹 三　어머니, 먼저 하세요. 물이 아주 따끈해요. 어떠세요?

긴　　그래, 허지만 늙은이는 목욕한 후에 한기를 느끼면 좋지 않으니까, 나
　　　중에 할란다.

謹 三　그런가요? (正治의 가방을 보고) 正治가 다녀온 모양이네요.

긴　　6학년이 되면 공부할 게 많은 것 같고, 상당히 늦어지나 보더라.

謹 三　그렇지요. 그 아이만큼은 공부를 많이 시키지 않으면 안 되니까요.

긴　　　그 아이도 불쌍하구나. 哲夫가 있기만 해도.

謹 三　(침묵)

긴　　　哲夫가 있었다면 좋을 텐데.

謹 三　(침묵)

　　　　(사이)

　　　　(正治, 나온다)

正 治　아버지, 다녀왔어요.

謹 三　응. (가방을 보고) 가방을 이런 데 놔두면 안 되는 것 아니냐.

正 治　예. (치운다)

긴　　　배가 고파서 그럴 틈이 없었을 거다……. 그렇지? 正治.

謹 三　응. (사이) 그런데요, 아버지.

謹 三　뭐냐?

正 治　오늘, 선생님이요, 상급학교에 갈 지망자는 아버지나 어머니와 잘 의논
　　　　해서 내일까지 확실하게 정해오라고 하셨어요.

謹 三　그런 일이라면 새삼스럽게 정하지 않아도, 城東중학교에 시험 친다는
　　　　건 뻔하지 않느냐.

正 治　예.

謹 三　선생님께는 그렇게 말씀드렸지?

正 治　예.

謹 三　내일은 확실히 그렇게 말씀드려 두거라.

正 治　(침묵)

謹 三　그럼 목욕하거라.

正 治　(침묵)

긴　　　아니, 무슨 일이냐, 아무 말도 않고.

正 治　(여전히 침묵)

謹 三　무슨 일이냐, 正治.

긴　　　이상한 아이구나, 갑자기 아무 말도 안 하고. 목욕은 밥 먹고 해도 된
　　　　다.

謹 三　무슨 납득이 안 가는 일이라도 있는 거냐? 그런 얼굴을 하고. (점점 목
　　　　소리가 거칠어진다) 야아, 正治.

正 治　(침묵, 그리고 갑자기 엉엉 울음을 터뜨리며 나간다. 두 사람, 놀라며

　　　　　나가는 것을 바라본다)
긴　　　무슨 일일까, 저 아이.
謹 三　예. 설마 城東중학교가 싫다는 건 아닐 텐데……
긴　　　설마. 지금껏 그런 말은 전혀 하지 않았지 않느냐.
謹 三　예. 이상한 놈이네.
긴　　　어렸을 때부터 손재주가 좋았고, 공업 쪽으로 가고 싶다고 말했는데.
謹 三　그렇지만 중학교에 진학하는 건 잘 납득하고 있을 겁니다.
긴　　　내성적인 아이라서, 싫다고 딱 부러지게 말을 못 한지도 모르지.
謹 三　그야 그렇다 쳐도……
긴　　　그럼 나중에, 아침에라도 재 마음을 잘 물어보면 되겠지.
謹 三　예.
긴　　　그 아이만은 제대로 된 사람이 되어주었으면 좋으련만. 哲夫는 실패했
　　　　으니까.
謹 三　(침묵)
긴　　　그때 哲夫가 말하는 대로 하게 했다면……
謹 三　(침묵, 좀 있다가) 아주 이상한 아이야.

　　　　　(朝子, 앞치마에 손을 닦으면서 들어온다)

긴　　　저녁 준비는 다 된 거냐?
朝 子　예. 금방 다 돼요. (謹三을 향해) 당신, 正治, 참 난처해요.
謹 三　무슨 일인데.
긴　　　갑자기 울고는, 뭐라고 하더냐?
朝 子　중학교 시험치는 게 싫다네요.
긴　　　그럼 어디를 치겠다고 하던?
謹 三　이제 와서 뭐라고 하는 거야?
朝 子　소년항공병이 되고 싶대요.
謹 三　뭐-. 소년항공병!
긴　　　어머나. 그럼 그 아라와시(荒鷲)3) 말이지.
朝 子　오래 전부터 그런 결심을 하고 있었대요.
謹 三　그럼 중학교를 지원한다고 말해놓지 않았다는 말이군.
朝 子　게다가 반 아이들도 모두 소년항공병을 지원한대요. 그러니까 중학교

---

3) '사나운 독수리'라는 뜻으로 군용기 조종사를 의미한다.

시험치는 건 창피하대나 봐요.
긴　　　(감동한 모양으로) 음, 그래.
謹 三　이제 와서…….
朝 子　난처해요. 그 아이는 戶田家에서 가장 소중한 아이니까요.
긴　　　그야 소년항공병도 중요한 일인데, 지금의 戶田家에서 보면 그 아이는
　　　　후계자고. 다른 가게처럼 안 될 테니까.
朝 子　저한테는 아버지께 허락을 받을 수 있도록 부탁해 달라고 했어요.
謹 三　(침묵)
긴　　　어찌된 걸까. 哲夫는 환쟁이가 된다고 하고, 正治는 제대로 해 줄 거라
　　　　고 생각했는데 이런 식이니…….
朝 子　정말 난처해요. 마침 또 虎屋의 노렌이 없어질지도 모르는 때에. 당신
　　　　이 좀 잘 얘기해 봐요.
謹 三　(침묵)
朝 子　(푸념하는 듯이) 哲夫의 경우는 아버지가 너무 좀 지나쳤어요. 哲夫만
　　　　있어도 正治는 자기 희망대로 해줄 수 있을 텐데.
긴　　　그거야 아범도 완고하지만 가업이 중요하니까.
朝 子　예, 그래도 哲夫도 나이를 먹으면 뭐가 중요한지 알게 될 거예요. 당신
　　　　만 관대하게 봐주면 아무 것도 ….
謹 三　(몹시 거칠게) 그만 됐어. 옛날 일을 다시 끄집어낸다고 뭐가 돼. 쓸데
　　　　없어. 正治 좀 불러와.
긴　　　뭐, 지금이 아니래도 되지 않겠냐.
謹 三　예, 그러나…….
긴　　　나중에 에미가 차분히 물어보면 어떨까.
朝 子　그래요. 당신이 심하게 말하면 다시 哲夫의 전철을 밟을 테니까요.
謹 三　哲夫의 경우완 달라.
朝 子　아니오. 같은 일이에요.
긴　　　자자, 자아 에미야, 얼른 밥 먹게 해라, 모두들 배고플 테니까.
朝 子　예. (나간다)

　　　　(사이)

긴　　　아이고, 오래 살고 싶지는 않다..
謹 三　걱정만 끼치고. (사이)

28

긴   내일 에미를 학교로 보내서 사정을 잘 말씀드리고 부탁해 놓으면 되겠
        지.
謹 三   예.

        (이웃집 아가씨인 미야코가 나온다)

미야코   안녕하세요.
긴   예, 누구세요. (손님을 맞으러 나온다) 어머나 미야코 상.
미야코   회람판(回覽板)이에요. (회람판을 내놓는다)
긴   예예. 아이고 이거 수고하네요.
미야코   그리고 (가지고 있는 접시 같은 것을 꺼내) 이것, 맛있지는 않지만 正
        治에게 주시겠어요?
긴   (그것을 받으면서) 뭔가요? 항상 받기만 하고, 이거 원 죄송해서. 正治
        가 좋아할 거예요. 그럼 잠깐.

        (방으로 돌아가 회람판을 謹三에게 건네고, 접시를 안으로 가지고 들어
        가 금방 나온다)

긴   정말 귀한 걸, 정말 고마워요.
미야코   아니에요. 변변치 않은 걸.
긴   아버님은?
미야코   아침부터 조합에 가서 아직 돌아오지 않았어요.
긴   아이고, 그래요. 힘들겠네요. 정말 아가씨도 혼자서 잘 하네요. 기특한
        일이에요.
미야코   (부끄러운 듯) 아니에요. 아무 것도 할 줄 몰라요.
긴   아니, 아니에요. 이웃들도 모두들 감탄하고 있어요. 어머님이 살아 계
        셨다면.
미야코   예. (갑자기) 그럼 실례할게요.
긴   이거 정말 고마워요.

        (미야코, 나간다. 긴, 방으로 들어간다)

긴   무슨 회람판이냐.
謹 三   내일 당회(堂會)가 있다는 통지예요. (안쪽을 향해) 야, 正治, 正治.

(正治, 등장한다)

謹 三　회람판을 가지고 이웃집에 가봐라.

긴　　미야코 상 집도 큰일이야.

謹 三　포목전 주인도 물품은 적고, 게다가 내지 같은 데서는 배급제를 시행
　　　한다고 하니까요.

긴　　확실히는 모르나 미야코 상의 이야기로는 가게를 그만둘 생각 같던데.

謹 三　그래요?

긴　　우리 집과는 달리 中澤 상이 처음으로 일대(一代)에서 그렇게 됐으니
　　　까, 그만둔다고 해서 그렇게 미련은 없겠지만 말이다.

謹 三　예예, 하지만 그 정도의 가게가 된 오늘날 역시 애착은 다른 사람보다는
　　　배로 강하겠지요. 그래서 그만 두고 …?

긴　　어쩌면 만주로 이주한 동생한테 가서 농사를 짓는다든가.

謹 三　예? 농사일을요.

긴　　이제 와서 왜 그런 걸 하나 싶다.

謹 三　(침묵, 뭔가 생각하는 듯)

긴　　농사 경험 같은 건 물론 없을 거고, 힘쓰는 일 같은 걸 그 나이에…….
　　　할 수 있을까.

謹 三　(멍하니) 그렇지요.

긴　　게다가 미야코 상도 이제 나이도 들었고 슬슬 시집도 가야할 거고. 만
　　　주 같은 델 가다니, 정말 불쌍해.

謹 三　(여전히 생각에 잠겨 있으며) 예예.

긴　　그 아가씨는 옛날부터 고분고분한 아이고, 용모도 예쁜 편이고 언젠가
　　　는 哲夫의 짝이 될 거라고 생각하고 있었는데.

謹 三　(침묵)

긴　　세상이란 게 뜻대로 되지 않는 법이야.

謹 三　(생각난 듯이) 농사라.

긴　　왜, 농사가 어땠다는 거냐.

謹 三　아니오. 별로. 그러나 中澤 상은 어떻게 결심을 잘 했네요. 훌륭한데요.

긴　　(침묵)

謹 三　이것이 제대로 한 것인지도 몰라……. 안 되겠는데…….

긴　　(침묵)

謹 三　저, 어머니, 언제까지나 전통(노렌)을 말하는 시대는 아니게 되었어요.
　　　지금 일본에는 이 장사가 가장 방해가 되는 건 아닐까요?
긴　　　그런 어려운 건 나는 모르겠는데. 그러나 너 말이다, 한 집이 장사를
　　　그만두었다고 해서 별다른 영향은 없을 것 같은데.
謹 三　예예. 그래도 그 한 집이 많이 생겨나면, 中澤 상의 경우와 반대로 어
　　　느 정도 전쟁에 영향을 주겠지요.
긴　　　(침묵)

　　　(사이)

긴　　　저, 그만둔다고 해도 우리가 살고 있는 동안은 그만두고 싶지는 않은
　　　데 말이다.
謹 三　(침묵)
긴　　　(급히 일어나) 어디 어디. 부엌일이라도 좀 도울까. (또 염불을 외우면서
　　　나간다)

　　　(謹三, 잠자코 생각에 잠긴다. 그곳으로 間瀨大助가 온다)

大 助　누구 없나. (라고 말하면서 성큼성큼 들어온다).
謹 三　(大助의 모습을 보고) 아이고, 間瀨 숙부.
大 助　아이구 오랜만이네.
謹 三　자자. 이쪽이 따뜻합니다. (라고 말하며 고다쓰 옆에 방석을 깔며 권한
　　　다) 드문 일이네요.
大 助　아무래도 나이가 들면 귀찮아져서.
大 助　모두들 건강한가.
謹 三　예예, 덕분에요.
大 助　그것 참 다행이군. (謹三의 얼굴을 보고) 넌 어떠냐. 안색이 썩 안 좋은
　　　데. 왠지 힘이 없어.
謹 三　(쓴웃음을 지으며) 예예, 요즘 하는 일마다 꽉 막혀서요.
大 助　뭐야, 한심한 소리 좀 그만해. 이제 한창 분발해야 할 나이 아냐.
謹 三　예.
大 助　가게는 요즘 어때?
謹 三　말이 아닙니다. (안쪽을 보고) 어이, 어이, 朝子.

(朝子, 예라고 대답하고 나온다. 大助를 보고)

朝 子 　아이고, 숙부님, 어서 오세요.
大 助 　야아. 이거 자주 연락도 못하고.
朝 子 　아니오. 저희야말로. 다들 건강하시죠?
大 助 　고마워. 배급쌀 덕분에 최근에는 지병인 위도 아프지 않고, 할머니도 요
　　　　즘은 다시 젊어지셨어. 하하하.
朝 子 　그래요? 그게 제일이죠 뭐.
大 助 　전장에 간 아들이 드디어 병장이 되었어.
謹 三 　와, 벌써 병장이에요? 참 빠르네요. 그럼 숙부님도 경례를 해야겠네요.
大 助 　아니, 그렇지만 난 늙은 용사니까.
謹 三 　그러나 상등병보다는 위인데요.
朝 子 　호호호호, 정말, 숙부님도 앞으로는 뽐내지 못하겠네요.
大 助 　아니, 경례는 안 한다. 내가 더 선배인데.
謹 三 　상당히 난처하겠는데요.

(모두들 웃는다. 朝子가 차를 가지고 들어와 大助에게 권한다)

大 助 　저 말이야, 朝子, 아까도 말했지만 謹三이 상당히 힘이 없어 보여. 무
　　　　슨 일이야.
朝 子 　사람이 좋아서 그래요.
大 助 　이런 이런, 아주 호된 걸.
朝 子 　숙부님, 저녁은요?
大 助 　먹고 왔다. 너희들은 아직이냐. 괘념치 말고 먹어라.
朝 子 　오랜만에 오셨고, 배급으로 나온 술이 조금 남았으니까, 같이 드시면.
大 助 　아니, 괜찮다. 많이 먹는 건 노인한테 금물이니까, 하하하.
朝 子 　그런가요?
大 助 　(謹三을 보고) 원료는 어떠냐?
謹 三 　요 두 달 동안 전혀 들어오지 않아요.
大 助 　음, 그거 참 곤란하겠구나.
謹 三 　이런 상태로 가면 그만 두는 수밖에 다른 도리가 없을 것 같은데요.

(朝子, 나간다)

大 助 음.

謹 三 사실 얼마 전부터 업자들을 정리하고 통합해서 이 난국을 타개하려고 때때로 협의하고 있어요.

大 助 그렇게 되는 게 당연하겠지. 너무 늦은 감이 있는 정도니까.

謹 三 그러나 막상 이렇게 되자 모두들 미련이 남아서요. 오늘도 아침부터 조합에 가서 조금 전에 돌아왔어요.

大 助 그거 참 힘들겠구나.

謹 三 그래도 전혀 윤곽이 잡히지 않으니까, 난처해요.

大 助 음, 그렇겠지. 하지만 부조합장의 虎屋이 맨 먼저 전업할 생각을 안 하면 좀체 해결되지 않을 걸.

謹 三 그렇긴 합니다만……. 그래도 다 아시는 것처럼 어머니 성격이 그래서요.

大 助 노렌인가…….

謹 三 저도 삼대나 해온 노렌을 잃고 싶지 않지만요.

大 助 음. 하지만 이제 노인이 나설 상황이 아니야. 어머니께는 한번 내가 얘기해두지.

謹 三 예예.

大 助 언제까지나 드리워두면 오히려 노렌에 흠이 될지도 모르는 시대이니까 말야.

謹 三 그렇죠. 하지만 어머니는 그걸 이해하지 못하니까요.

大 助 이런 때 哲夫라도 있어주면 뭔가 도움이 될 거고, 너도 마음이 든든할 텐데.

謹 三 (침묵)

大 助 이제 몇 살이 된 거지?

謹 三 (침묵)

大 助 (손가락으로 헤아리면서) 그때가 스물 하나였으니까, 어디 보자 올해 스물 여덟인가, 그렇겠군.

謹 三 (무뚝뚝하게) 예예.

大 助 스물 여덟이라면, 예예 벌써 청년이네, 애석한 일이야.

謹 三 (□□) 섭섭하진 않아요. □□ 가출한 아이한테 무슨.

大 助 네가 화내는 것도 당연하지만 哲夫도 그때는 어렸었고, 게다가 너를

닮아서 고집불통이니까, 하하하.

謹　三　(침묵)

大　助　그러나 점점 나이를 먹어 분별력도 생기고 다소 세상일을 알게 되면 哲夫도 옛날의 哲夫가 아닐 거야.

謹　三　(침묵)

大　助　저 말이야, 謹三, 지금 哲夫가 마음을 고쳐먹고 훌륭한 청년이 되어 돌아온다면, 넌 용서해줄 수 있을까?

謹　三　(침묵)

大　助　너도 점점 나이를 먹을 거고, 正治도 아직 저렇게 어리고, 아무래도 哲夫가 있는 편이 여러 가지 점에서 좋다고 생각하는데.

謹　三　(□□ 듯한 어조로) 숙부님, 哲夫에 대해서는 그냥 내버려두세요. 그 아이는 이미 죽은 걸로 포기했으니까요.

大　助　그러나 완전히 마음을 고쳐먹고 사죄하면서 돌아오는 아이를, 타인도 아닐 것이고 용서하지 못할 일도 아닐 거야.

謹　三　(침묵)

大　助　朝子도 저렇게 하고 있지만 상당히 쓸쓸할 거야.

謹　三　(□□) 숙부님은 哲夫의 행방을 알고 있어요?

大　助　(약간 당황하며) 아니, 알 리가 없지. 가령 안다면, 戶田家를 위해 행운이 아닌가 생각해서 말야.

謹　三　가출하고 나서 8년 동안, 소식 한번 보내오지 않은 불효자가 돌아와서 뭐가 되는데요?

大　助　(침묵)

謹　三　正治 하나만 있으면 戶田家의 뒤를 잇는 것은 충분해요.

大　助　그런가. 너도 여전히 고집불통이구나.

　　　　(사이)

大　助　(□□) 저 말이야, 謹三, 서둘러 朝子한테도 물어보는 게 낫지 않을까 싶은데…….

謹　三　그럴까요? (안쪽을 보고) 어이 朝子, 朝子.

　　　　(朝子, 예 하고 대답을 하며 나온다)

朝 子　무슨 일이라도?

大 助　사실은 말야, 朝子, 당신한테 물어봤으면 해서 불렀는데 말야…… 哲夫 일로 말야.

朝 子　예? 哲夫.

大 助　음, 아까부터 謹三에게도 이야기하고 있는데 말야, 그 아이도 올해 스물 여덟 살의 청년이 아니냐, 이제 어엿한 어른이고 虎屋의 젊은 주인이어야 할 때란 말이지.

朝 子　예.

大 助　그게 무슨 잘못이냐, 화가가 된다고 하면서 집을 나간 지 벌써 8년이나 된다. 다른 일이라면 어떨지 모르지만 오래된 가게인 虎屋의 장남이라면 세상 사람들의 눈에 좋게 보이지 않으니까.

朝 子　예. (점점 울먹이기 시작한다)

大 助　그래서 哲夫만 마음을 바꾸고 虎屋의 후계자로서 부끄럽지 않은 사람이 된다면, 옛날의 불효는 용서해주고 집에 들이면 어떤가 하고 생각하는데…… 어떨까? 朝子.

朝 子　(심하게 울면서) 그거야, 돌아와준다면, 용서한들 안 한들 그런 거야 뭐…….

大 助　음, 그래?……. 謹三, 아까는 거짓말을 해서 미안한데, 사실 哲夫는 우리 집에 있다.

朝 子　예? 숙부님 댁에요?

　　　　(謹三도 깜짝 놀라는 표정이다)

大 助　3일 전에 불쑥 찾아왔거든. 처음에는 누군가 하고 생각했다. 어엿한 사람이 되었는데, 아버지를 닮아서 키도 상당히 컸고 얼굴도 검더라. 옛날 같이 창백한 哲夫의 모습은 완전히 없어졌어.

朝 子　(울면서) 그래요?

謹 三　(점점 감격한다)

大 助　나는 화가가 되었다고만 생각하고 있어서 그런지 哲夫의 복장을 보고 또 한번 놀랐다.

朝 子　그럼 화가가 되지 않았어요?

大 助　응, 그게 말야, 그 방한모라고 하는 털 달린 모자에다, 안감이 모피인 오버코트를 입고, 웬걸 추운 러시아에서라도 온 것 같은 차림이더라구.

朝　子　어머나.

大　助　점점 이야기를 들어보고는 또 깜짝 놀랐어. 천만 뜻밖에도 농부가 되었거든.

謹　三　(놀라며) 예? 농부가요.

朝　子　(놀라며) 어디에서요?

大　助　응. 그게 만주야.

朝　子　(감동하여) 어머, 만주?

大　助　정말 감격했다. 그 나약한 哲夫가 농민이 되었다니, 하하하.

朝　子　(다시 운다)

大　助　집을 나가서 곧바로 도쿄에 갔다더구나. 그러나 도쿄에는 哲夫 같은 남자들이 득실득실해서 哲夫가 생각하고 있던 세계가 아니었대나 봐. 그리고 나서 哲夫는 상당히 고생을 했나 보더라. 그러나 역시 哲夫야, 옆길로 새지 않고 화가의 생활을 딱 그만두고, 군인이 되지 못한 자신이 조금이라도 나라에 도움이 되고, 또 지금까지의 불효를 사죄하려고 만주 개척 이민이 되었다니 말야. 그때부터 7년 동안 꽤 힘든 경험을 했고, 겨우 이제야 그럭저럭 자활할 수 있는 농민이 돼서 사람으로서 이전의 자신이 아니라 다시 태어난 사람으로서 자신감 같은 게 생겼기에, 먼 데까지 사죄하러 돌아왔다는 거야. 하지만 그 고집불통이 아무래도 곧장 집으로 돌아가지 못하고 나한테 와서 대신 사죄를 해달라고 하더구나. (점점 말문이 막힌다) 얼마나 기특한 놈이냐? 그렇지? 朝子.

　　　　(大助가 이야기를 하고 있는 중에 긴이 나와 구석에서 듣고 있다)

大　助　난 기뻐서 울었다. 謹三, 옛날의 哲夫가 아냐. 어엿한 나라의 전사, 가래의 전사야. 자, 용서해 주지 않을래? 내가 부탁하마. (손을 짚고 머리를 숙인다)

긴　　　여러 가지로 걱정을 끼쳐서.

大　助　아, 사돈어른.

긴　　　뭐라고 감사의 말씀을 드려야 할지.

大　助　아닙니다. 어떤가요? 사돈어른, 哲夫를 용서해주지 않겠어요?

긴　　　(謹三를 보고) 사돈이 그렇게까지 말씀하시고, 들어보니 哲夫도 훌륭한 사람이 되었고 하니, 용서해주면 어떨까?

朝　子　저도 부탁할게요. 正治도 얼마나 기뻐하겠어요?

謹 三 (침묵)

　　　(사이)

大　助　어떨까, 謹三.
謹　三　(용서하고 싶지만 지금까지 말한 것이 있어서 용서한다는 말을 못하고
　　　곤란한 표정) 음, 음.
大　助　너한테도 할 말이야 있겠지만, 뭐 나한테 맡겨 둬라, 괜찮겠지.
謹　三　(희미하게 고개를 끄덕인다)
大　助　괜찮지.

　　　(哲夫, 등장해 입구에서 내부의 동정을 걱정스럽게 살피고 있다)

긴　　　언제까지나 사돈에게 폐를 끼쳐서야. 哲夫를 데리러 가야 하지 않나.
朝　子　예.
大　助　그런 걱정은 필요 없습니다. (라고 말하면서 입구로 간다. 哲夫, 발소
　　　리를 듣고 당황해서 숨는다)
大　助　(작은 소리로) 哲夫, 哲夫. 어떻게 된 거지. 야, 哲夫, 哲夫. (哲夫, 멈칫
　　　멈칫 나타난다)
哲　夫　할아버지, 어때요?
大　助　어, 哲夫, 기뻐해라, 드디어 허락했다.
哲　夫　예? 정말이에요?
大　助　응, 모두들 기다리고 있다. 자 들어가 봐라.
哲　夫　(멈칫거리며 들어가려고 하지 않는다)
大　助　뭘 그렇게 염려하는 거냐? 니네 집이 아니냐. 자 들어가라.

　　　(哲夫의 손을 당겨 끌어들인다)

大　助　(방까지 哲夫의 손을 끌고 와서) 너무 일을 잘 꾸며놓았나? 하하하.
朝　子　어머나, 哲夫.
哲　夫　(털썩 앉아서) 아버지, 용서해 주십시오. 오랫동안 불효를 해서. (울기
　　　시작한다) 어머니, 할머니, 용서해주세요.
朝　子　응, 응. (울면서) 그것으로 됐다. 그걸로 됐다.
긴　　　훌륭하게 되었구나.

(謹三, 살며시 심란함을 억제한다)

謹 三　(일부러 화난 어조로) 왜 직접 집으로 오지 않고, 숙부님 댁에 걱정을
　　　끼치고.
哲 夫　예.
大 助　하하하하. 아무 폐도 끼치지 않았다. 재미있는 이야기도 듣고 기쁘기만
　　　했다.

(正治, 나타난다. 哲夫를 보고 깜짝 놀란다)

正 治　아, 형. (라고 뛰어온다)
哲 夫　야, 正治야. (둘 다 운다)
正 治　형은 바보야.
哲 夫　그래, 그래. 미안하다. 용서해 줘.
大 助　아아, 이것으로 내 임무도 끝났다. 그럼 물러가 볼까.
謹 三　정말 여러모로 고마웠습니다.
朝 子　아직 이르지 않아요?
大 助　아니, 아니. 할멈이 걱정하니까. (일어선다) 그래, 朝子, 이번에는 잘 부
　　　탁한다. 哲夫의 신부도, 하하하.
朝 子　(울먹이는 소리로) 예.
大 助　사돈어른, 이렇게 되면 虎屋의 노렌은 나라에 헌납하고 모두들 哲夫한
　　　테 가서 농사를 짓는 것이 의외로 좋을지도 모르겠는걸! 하하하.
긴　　　(방긋하며) 정말.

모두의 □□웃음 속으로.

막.

晚 秋

▷ 서지사항 : 4막,《赤文文學》1942년 5~6월호 게재, 다지마 데쓰오
[田島哲夫] 번역

인물

이동석   아버지(65세)
준명   장남(40세)
준원   차남
준성   삼남
미례   장녀
미나   차녀
두선   준명의 처
김영옥   준원의 처제(20세)

가을.
시골.

제 1 막

이동석 집의 후원.

정면과 왼쪽에는 기와를 얹은 담. 오른쪽은 벽돌담이고 그 오른쪽은 격자무늬 나무문. 거기서부터 멀리 숲과 연못이 보인다. 정면 담 중앙에는 지붕에 기와를 얹은 문. 그 뒤에 안채의 고풍스런 기와지붕이 보인다. 왼쪽 담에도 문이 있고, 똑같이 지붕이 보인다. 수양버들이 담 너머 드리워져 있다. 마당에는 대나무로 만든 평상, 앉을 수 있는 두 세 개의 그루터기와 등나무 의자가 있다. 구석에는 우물이 있다. 그 옆에 버드나무가 있고, 가지에는 조롱이 매달려 있다. 그 위에는 두견새가 울고 있다. 담은 담쟁이로 덮여 있다.

(이동석이 등나무의자에 걸터앉아 있다. 미례는 우물가에서 얼굴을 씻고 있다)

미 례 아버지, 오늘 마을에 가실 거예요?

동 석 음.

미 례 은행에 가실 거지요?

동 석 음.

미 례 어쨌든 돈이 필요하신 거지요?

동 석 필요하다⋯⋯. 우선 은행 이자를 갚아야 돼. 벌써 기한이 지나버렸다.

미 례 그래서, 땅을 저당 잡히시려구요?

동 석 할 수 없지 않니? 이것도 너희들 때문이다.

미 례 이번에는 어느 쪽 땅을 잡히실 거예요?

동 석 낙동강 쪽 땅을 잡혀 만 팔천원 정도 빌리려고 하는데⋯⋯. 어떻게 될지.

미 례 낙동강 쪽 땅이요⋯⋯. 아버지, 곤란하지 않겠어요⋯⋯. 지금까지 잡힌 땅이 얼마나 많은데.

동 석 미례야, 은행에 잡힌 것 만이라면 그래도 다행이다. 너는 우리 집 땅이 얼마나 많은지 모르지만, 내 대에도 한 해에 2000석 수입이 있었단다. 그것이 최근 십 년 동안에 거의 남의 손에 넘어갔구나. 은행이 삼키고 말았어. 음, 십 년 동안이야⋯⋯. 게다가 나머지도 거의 자유롭지 않은 게 사실이지.

미　례　곤란하시지요?

동　석　곤란하다.

미　례　이번만은 잡히지 마세요. 다른 방법이 없을까요?

동　석　음, 그럼 좀 생각해보렴.

미　례　네. (웃는다)

　　　　(미나, 강아지를 데리고 격자무늬 나무문에서 등장)

미　나　아버지, 안녕히 주무셨어요?

동　석　음.

미　례　미나야, 니 개 좀 어떻게 해봐. 밤에 시끄러워서 잠을 잘 수가 없잖아.

미　나　(이에는 대답치 않고 말없이 들어온다)

미　례　다음부터는 데리고 오지 마.

　　　　(미나, 안채 쪽으로 퇴장)

동　석　미나는 저렇게 언제나 자기 집을 비워두어도 괜찮은 거냐?

미　례　괜찮지요. 어차피 혼자인데요……. 그렇지요. 아버지, 진짜 이번만은 잡
　　　　히지 않고 어떻게 할 수 없는 거예요?

동　석　속수무책이다.

미　례　하지만, 낙동강 쪽 땅만은…….

동　석　네가 집안 일을 다 걱정하고.

미　례　당연히 걱정이 되지요.

동　석　고맙다. 한 사람이라도 걱정해주니까 기쁘구나. 너희들 형제에게는 정
　　　　말 고맙게 생각한다.

미　례　정말이지요……. 그런데, 아버지?

동　석　뭐?

미　례　저도 같이 가도 되나요?

동　석　마을에 볼일이라도 있니?

미　례　아버지를 따라가는 거예요.

동　석　또 돈을 달라는 거 아니냐……. 이제 없어.

미　례　어머, 남이 들으면 어떡해요……. 이제 그런 짓은 안 하겠어요.

동　석　알겠다.

미 례   정말이라고요.

(준성, 책을 들고 좌측 문으로 등장)

준 성   아버지, 안녕히 주무셨습니까?
동 석   그래.
미 례   성아, 너는 왜 어젯밤에 그렇게 늦게까지 노래를 불렀니?
준 성   (그루터기에 앉아서) 누나, 듣고 있었군요……. 나도 목에 좀 자신이
         붙었어요.
미 례   그러지 마. 너의 목소리는 마치 돼지가 꿀꿀거리는 거 같아.
준 성   그렇지는 않죠.
동 석   준성아 너도 좀 일찍 자고 일찍 일어나야 하지 않겠니?
준 성   맞는 말씀입니다……. 일을 하지 않으니까요.

(미나, 세면도구를 들고 등장)

동 석   미나야, 요새 니 남편한테서는 소식이 없니? 언제 돌아온다 라든가…….
미 나   분명히 나 같은 건 잊어버렸어요. (씻기 시작한다)
미 례   미나야, 우리집 논을 또 잡혀야 한단다.
미 나   또요?
동 석   미나야, 너도 마찬가지야. 너도 돈을 펑펑 쓰고 다니잖아……. 다른 사
         람 못지않아. (준성에게) 그리고 거기에 있는 너도 마찬가지다. 너도 한
         때는 호색질로 유명했잖아.
준 성   그런 적도 있었지요……. 그러나 지금은 그렇지 않아요……. 지금은 이
         시골을 좋아해요. 아주 좋아요.
미 례   (평상에 앉아서 머리를 빗는다) 그래, 너 여기를 정말 좋아하나봐.

(두선, 인삼탕을 들고 안채로부터 등장)

동 석   (두선에게) 인삼탕이냐?
두 선   네. (드린다)
동 석   (한 입 먹고) 너, 안색이 나쁘구나. (준성에게) 형이 집을 비운 지 며칠
         됐니?
준 성   글쎄요……. 아무튼 오랫동안 못 봤어요.

동　석　아편이란 것이 그렇게 좋은가……. 그렇게 사람을 몽롱하게 만드는 것
　　　인가……. 그러면 나도 해보고 싶구나.

미　례　안 돼요, 아버지.

동　석　그렇게 하지 않고서야 그 애의 마음을 알 수가 없잖니? 남편이고 아버
　　　지고. 너희 형이지만 왜 그 애만 저렇게 타락해버렸을까. 아편의 어떤
　　　마술이 저 애를 그렇게까지 못쓰게 만들었을까.

미　례　(한숨을 쉬고) 정말 어떻게 될까요?

동　석　(두선에게) 안색이 안 좋구나……. 너무 고민하지 않는 게 낫겠다.

미　나　올케, 정말 늙어버렸네요.

동　석　실은 전부터 생각한 건데……. 그 아이를 정심 스님한테 맡기려고 하는
　　　데……. 어떠냐?

미　례　그거 좋은 생각이에요……. 갔으면 좋겠는데…….

미　나　식구들이 힘을 모아 가게 해야죠.

동　석　(인삼탕을 남김없이 마신다) 맛있다. (탕기를 두선에게 돌려준다) 그런
　　　데 너는 몰랐었니……. 요새 왠지 그 애가 노는 모습이 자꾸 눈에 띄는
　　　데, 어디서 돈이 났는지 모르겠다……. 걔 재량으로는 빌리기 어려울
　　　텐데.

두　선　저, 나는 전혀…….

준　성　(뭔가 생각이 나서 웃는다)

미　례　무슨 일이야?

준　성　마을에 우스꽝스러운 사람이 들락날락 한대요. 어느 때는 영주처럼 어
　　　떤 때는 부랑자처럼 변화무쌍해요……. 그 놈이 형을.

미　례　(웃는다) 바보야, 너는.

동　석　너 좀더 성실해질 수 없니?

미　례　맞아요, 쟤는.

동　석　(일어서서) 자, 나는 논밭을 좀 둘러보고 오마. (나가면서) 추수하느라
　　　농민들도 아침부터 바쁠 거야. (밖으로 퇴장)

두　선　성이 도련님, 형님을 전혀 보지 않았어요?

준　성　예, 보지 못했어요. 지난번 집을 나간 후…….

　　　(두선, 안채로 퇴장)

준　성　(나무문 쪽으로 걸어가며) 준원 형님은 어디에 계실까?

미 나　어제 함께 있던 처제와 아까 숲 속을 거닐고 있었어.

준 성　거기 있다……. 거기 연못가에 둘이 있어……. 두 사람도 어쩌면 그 악마의 연못에 끌린 거 아냐?

미 나　어머, 불길해, 오빠.

준 성　(웃는다) 나도 물레방아까지 갔다올게. (밖으로 퇴장)

미 례　나, 어제 밤에 깜짝 놀랐어. 준원 오빠가 아무 통지 없이 불쑥 경성에서 왔잖아……. 역시 오빠는 변하지 않았다고 봐……. 그런 점과 저 묘하게 우울한 점은 변하지 않았어.

미 나　돌아오셔서서 기쁜 것 같아……. 대단히 기뻐하고 있잖아……. 좀 이상하리 만큼.

미 례　무언가 있어, 반드시.

미 나　그럴까?

미 례　어쩌면 준원 오빠는 경성 생활에 환멸을 느꼈을지도 몰라……. 오빠를 이끄는 것이 경성에는 없어진 거야.

미 나　하지만 올케라는 아내가 있고, 가정을 갖고 있고, 은행계의 거물인 장인을 갖고 있잖아.

미 례　행복은 거기에 있는 게 아니야. 오빠 부부는 굉장히 불행한 사이는 아니지만, 굉장히 화목한 사이도 아니라고 봐.

미 나　그럴까?

미 례　그렇다고 생각해.

미 나　그러고 보니 이상하게 느껴지는 점이 있어……. 오빠가 결혼한 지 3년이 되지만 올케가 한 번도 오지 않았잖아.

미 례　아, 그때 일을 생각하면……. 내가 동경에서 돌아오니, 곧 어머니가 돌아가셨어. 그리고 나서 그 해 겨울 집은 거의 파산상태가 되었고, 우리들이 태어난 마을의 집을 처분하여 여기에 이사왔어. 겨우 이 집에 적응할 만하니까 준원 오빠가 홀연히 집을 나가버렸고, 그리고 얼마 되지 않아 경성에서 그 사람과 결혼식을 올렸어.

미 나　그렇지만 그 곳에서 오빠는 은행에 자리를 잡은 거 아니야?

미 례　그건 그래. 하지만 그 일가는 오빠를 차지하고 싶었던 거야.……. 올케의 아버지가 부자임에는 틀림없지만 유서 깊은 집안은 아니잖아……. 그래서 엉뚱하게도 우리 집과 인연을 맺고 싶었던 거야.

미 나　음, 그 정도의 사정은 알고 있지만……. 그렇지만 준원 오빠 부부는 우리들보다 훨씬 낫다고 봐……. 우리 부부만큼 재미없는 부부도 없어……. 남편이란 사람은 언제나 바다에만 가있어.

미　례　너, 그렇게 신경이 쓰이니?

미　나　응. 그렇게 돼.

미　례　그래서 젊은 부부를 보면 곧 자신의 불행을 다시 느끼는 거야.

미　나　응, 맞아……. 언니는 어때?

미　례　바보야, 나는 아무렇지도 않아.

미　나　진심을 말해……. 언니는 결혼하고 싶지 않니?

미　례　응, 하고 싶어. 나도 이제 29세야.

미　나　그럼 어떡할 작정이야?

미　례　언젠가 시집갈 수 있겠지. 그보다도 나는 동경에 가고 싶어. 올 겨울까지는 어떡하든 가고 싶어.

미　나　언니는 무슨 일이든지 할 수 있으니까 좋아……. 하지만 나는 이제 포기했어. 포기해서 이 가을처럼 외로워.

미　례　그렇게 비관할 거 아냐. 좋은 때도 있을 거야……. 자, 이제 들어가자. 수다를 너무 떨었어.

미　나　(세면도구를 치운다) 오늘은 집에 가봐야 해……. 3일이나 안 들어갔으니까.

미　례　그래도 괜찮아. 오빠도 왔으니까……. 오빠는 이제부터 마을 은행에 근무한다며…….

(두 사람, 안채로 퇴장. 하녀, 아까부터 물가에서 물을 긷고 있다가 물동이를 머리에 이고 들어간다. 하인, 빗자루를 들고 왼쪽 문으로부터 나왔다가 안채로 들어간다. 준원과 영옥이 바깥으로부터 등장)

준　원　(들어오며) 그것 봐. 여기에서도 저쪽 숲과 연못이 보이잖아.

(두 사람이 원경을 정신없이 바라본다)

영　옥　(버드나무 가지에 매달린 조롱을 보고) 저기에 조롱이 있어요. (그쪽으로 간다) 이게 두견새네요……. 두견새님, 안녕. (두견새가 운다) 정말 예쁜 목소리지요?

준　원　(두견새가 우는 흉내를 낸다)

영　옥　어머, 정말 잘 하시네요. (등나무 의자에 앉는다) 형님이 말씀하셨던 것보다 훨씬 아름다운 곳이에요. 이 집도 마당도 저 연못도 물레방아도 모두 다 좋아요.

준　원　여기서 내가 첫울음 소리를 냈지. 이 집에서 할아버지가 은거하셨소. 형제들은 모두 다 마을에 있던 집에서 태어났지만, 엄마가 무슨 까닭인지 동생과 나를 이 집에서 낳으셨죠. 그래서 할아버지 밑에서 어린시절을 보냈어요.

영　옥　이 집은 지은 지가 얼마나 되요?

준　원　80년 되었습니다. 아주 오래된 집이죠.

영　옥　어머, 이 집이…….

준　원　이 집이 그래요. 너무 나이를 먹어서 망령이 든 할아버지 같죠.

영　옥　언제 이사왔어요?

준　원　올 겨울로 꼬박 4년 됩니다.

영　옥　마을에 있던 집을 남에게 넘겼으니, 꽤 오래 전부터 어려웠던 건가요?

준　원　그런 기미가 보이기 시작한 것은 아버지가 해외로 망명하고 난 후부터에요. (웃는다) 지금 생각해보면 무서우리 만큼 형제들이 모두 다 낭비하고 살았어요……. 대단했어요…….

영　옥　그것은 아버님이 돌아오신 후의 일입니까?

준　원　응, 안 계시는 동안은 아직 시작에 불과했소……. 이 집이 무너지기 시작한 것은 돌아오시고 난 후의 일이에요. (두견새가 운다)

영　옥　(우는 흉내를 낸다) 나는 못하겠어요……. 여기는 좋은 곳이에요……. 저 연못도 연못가에 서 있으면 왠지 떠나기 싫었어요.

준　원　저 연못에는 사람이 자주 빠져죽어요……. 농가의 아낙네도 빠지고 나그네도 투신했대요……. 마을에 있던 지주 중에 한 사람도 몰락하여 역시 거기서 죽었대요.

영　옥　저 연못에서요? …….

준　원　그런 거 같아요……. 그래서 이 주변 농민들은 악마의 연못이라고 부르고 다가가지 않는답니다.

영　옥　어머, 저렇게 아름다운 연못에서요……. (몸을 부들부들 떨다가, 웃는다) 그래도 연꽃이 필 때는 좋겠어요.

준　원　뭐라고 말할 수 없을 정도로 아름다워요…….연꽃이 언제 피는지 알아요?

영　옥　몰라요.

준　원　음, 동틀 무렵 꽃이 피지요. 동틀 때가 되면 꽃 봉오리가 벌어지는 소리가 들려요.

영　옥　어머, 정말요……. 그러면 달밤에는 어떻게 보여요…….

준　원　달밤에는 연못의 물이 흐리게 빛나요. 보기에 따라서는 '앙–'하고 입을 벌린 것 같기도 하고…….

영　옥　그건 절 놀리는 거지요?

준　원　(웃는다)

영　옥　됐어요. 나는 무섭지 않으니까요.

준　원　나는 고향으로 돌아왔어요. 또 다시 부모 형제한테 돌아왔어요……. 3년 전에 나는 여기가 싫어져서 경성으로 나갔어요. 좀 나아질 것 같아서……. 그런데 그런 내 생각은 대단히 그릇된 것이었죠. 그래서 이렇게 되돌아왔어요……. 앞으로는 절대로 여기를 떠나지 않을 거요. 여기서 생활을 세워나가겠소.

영　옥　형부.

준　원　네?

영　옥　(미소를 띤다) 응–응, 아무 것도 아니에요.

준　원　내가 재미있는 사람이죠?

영　옥　네.

준　원　원래 이런 사람이예요.

영　옥　그래요. 하지만, 나는 처음이예요.

준　원　그럴지도 모르겠네요. 경성에서는 우울했으니까요. …….부부라 해도, 아내는 완전한 타인이고, 나는 혼자였어.

영　옥　(다정하게 꾸짖으며) 형부, 또, 그런 말을 하세요. 두 번 다시 그런 생각을 하지 않겠다고 약속했잖아요.

준　원　내 아내는, 다른 남자의 아이를 낳아야 해……. 아아, 생각하기조차 싫다.

영　옥　(그 곁으로 간다) 형부는, 형부 고향에 돌아오신 거예요. 그래요. 그것만 생각하시면 돼요.

준　원　언제까지 여기에 있을 생각이오.

영　옥　어마, 온 지 얼마 안 되는데요. 벌써 쫓아낼 생각이세요.

준　원　아뇨. 쫓아내지 않겠지만…….

영　옥　물론 오래 있을 수도 없지만요.

준　원　그것만 알고 있으면 됐소.

영　옥　그렇다면 제가 여기를 싫어할 때까지 있어도 되죠?

준　원　그래, 당신 좋을 대로 해요.

영　옥　(웃는다) 승합버스로 마을까지 어느 정도 걸려요?

준　원　오래 걸려야 2, 30분이지……. 한 시간마다 다닌답니다. 나는 매일 그
　　　승합버스를 타고 은행에 다닙니다……. 아버님이 계셨던 은행에.

영　옥　(그에게서 떨어져서 선다)

　　　(동석, 뒤에서, 준성, 바깥에서 등장)

영　옥　(앞으로 나가면서 고개를 숙여 맞이한다)

동　석　(준원에게) 영옥 씨를 마을 구경시키고 온 거냐?

준　원　한 바퀴 둘러보고 왔습니다.

동　석　(의자에 앉아) 어땠습니까? 시골이라서 볼거리도 없지요?

영　옥　아니에요. 대단히 아름다운 곳이라고 생각했어요.

준　성　그러셨어요. 이런 곳이라도 살아보면 보금자리예요.

동　석　(준원에게) 너는 3년만이지?

준　원　네…….

동　석　몸 하나 가지고 아무 말 없이 나갔고, 또, 아무 연락도 없이 불쑥 왔구
　　　나.

준　원　그것은 아버지를 닮은 겁니다.

동　석　그럴까……. 우리 집도 니가 없는 동안에, 완전히 달라졌어.

준　원　이 3년 동안 말이에요.

동　석　(신경이 쓰여서) 영옥 씨, 먼저 들어가도 됩니다.

영　옥　그럼, 먼저 들어가겠습니다.

　　　(동석과 준성에게 고개를 숙이고 퇴장)

준　원　가끔씩 온 편지로 상상은 좀 했습니다만……. 도대체 상태가 어떻게
　　　되었습니까?

동　석　좀 있으면 알게 될 거야. 그건 그렇고, 너의 아내는 왜 안 오는 거야?

준　원　그 사람은 마침 산월이라서, 병원에 입원시키고 왔습니다.

동　석　음, 그래, 애를 낳는구나……. 그러면 네가 있어야 할 텐데.

준　원　있어야 되는데요. 고향 생각이 나서 어쩔 수가 없었어요.

동　석　아이도 아닌 것이.

준　원　아직도 역시 아이예요.

동　석　나에게서 돈을 뺏으려고만 생각했을 때 같이 말이야?

준　원　(웃는다) 네, 그때처럼요.

동　석　(소리를 내면서 웃는다)

준　원　그래도, 저는 뻔뻔스럽게도 돌아올 수 있었네요……. 부모 형제 다 버리고 나가버린 불효자인데.

동　석　왜, 너가 한 일로는 제법 괜찮다고 생각했는데,

준　원　너희들은 대단히 인정이 없는 형이라고 생각했겠지.

준　성　웬 걸요. 사람은 그 사람 나름이에요.

동　석　마을에 있는 무슨 은행이야?

준　원　동산은행이에요. 경성 본점의 지점이고……. 실은 이번에 여기 지점을 맡게 되었어요.

동　석　맡았다고? 지점장이 되었다는 말이요?

준　원　음, 그런 셈이지요. 처음에는 다른 데로 돌릴 것을 아버지가 여기에 오기를 부탁했고, 그것이 결실이 되었다는 말입니다.

동　석　그래……. 동산은행이라면, 우리 집의 토지가 잡혀 있는……. 저 연못 있는 토지가…….

준　원　그래요, 저 토지가 잡혔어요.

준　성　(웃는다) 신기하다.

준　원　동감이에요.

동　석　(준성에게) 너는 왜 소리내어 웃는 거냐?

준　원　이제 어떻게 할 수가 없어요. 언젠가 모두 다 없어져버릴 겁니다……. 어떻게 해봤자 없어질 거는 없어질 거고, 즉, 우리들은 그런 운명입니다.

준　성　하지만, 형, 어떻게 할 수 없어요?

준　원　어떻게 할 수 있어. 하지만, 그런 생각이 좀처럼 없어. 나는 부(富)를 미워해.

동　석　음, 어떻게 할 수 없네……. 하지만 그것도 별로 중대한 일이 아니게 되었어. 그것보다 더 곤란한 것은 네 형제들이다.

준　원　형은 지금 어떻게 되었습니까?

동　석　만나야 알겠지.

준　원　완전히 중독이 되었어요?

동　석　아무래도 그럴 것 같아……. 슬슬 밥 먹으라는 소리가 나오겠다. 난 먼저 들어간다.

준　원　네 그러세요.

　　　　(동석, 천천히 퇴장)

준　원　(아버지 뒷 모습을 보고 있다가) 완전히 백발노인이 되셨네.
준　성　아버지는 형을 정심 스님께 맡기고 싶으시대요.
준　원　정심 스님에게……. 그건 좋은 생각인데……. 그러고 보니, 그 아저씨
　　　　도 본 지가 오래 되었군.
준　성　형, 그 영옥 씨 말인데, 아름다운 사람이네요. 제법 근대적인 여성이잖아
　　　　요.
준　원　어디가 근대적이란 말이냐?
준　성　그 얼굴이요. 표정도 그렇고, 자태도 그렇고, 자연스럽고, 변덕스럽지 않
　　　　고, 정열적이고, 정말로 멋진 사람이에요.
준　원　너는 언제까지나 여기서 이렇게 살 거야?
준　성　내 문학이 세상에 알려질 때까지.
준　원　그때까지 뭔가 하고 싶은 마음이 없어?
준　성　옆 목장을 사고 싶어요.
준　성　그것을 판대?
준　성　판대요.
준　원　그건 잘 되었다. 역시 할 일이 있는 것이 낫지.
준　성　경성에서는 어떻게 사세요. 형수님하고는 잘 지내세요.
준　원　가정 같은 것은 씀바귀 맛이야.
준　성　씀바귀 맛이요. (웃는다) 그런 걸까……. 하지만 사람에 따라 다르지요,
　　　　그것도. (형을 말끄러미 쳐다보면서) 형, 무슨 일이 있었어요? 형수님하
　　　　고 사이가 안 좋아요?
준　원　나중에 차분히 이야기할게.

　　　　(준명이 바깥에서 등장)

준　성　형 왔다.
준　원　(기뻐하면서 맞이한다) 형, 오셨어요? 오랜만입니다.
준　명　(창백한, 피곤한 얼굴로, 멍하니 준원을 본다) 당신은 누구요?
준　성　(무뚝뚝하게) 준원형이에요. 잊어버렸어요?

준　명　그래. 너는 준원이지. (얼굴이 벌개져서 희미하게 웃는다) 그래, 알고 있
　　　　었어. (쑥스러운 듯) 응, 나는 피곤해, 눈이 잘 안 보여서, 자주 결례를
　　　　한다……. 잘 왔다.

준　원　어젯밤에 왔어요……. 정말 보고 싶었어요.

준　명　나도 보고 싶었어. 자주 네 생각이 나곤 했다.

준　원　왜, 한 번도 놀러 오시지 않았습니까?

준　명　그래, 고마워……. 가고 싶은 마음은 태산인데……. 나는 어디에도 갈
　　　　수가 없어. (팔을 힘없이 내려서, 안채 쪽을 본다)

준　원　자, 형, 들어갑시다. 정말 돌아오기를 잘 하셨어요.

준　명　(안절부절못하다가, 말문 열기가 어려운 듯) 너, 가진 돈 없어? ……. 얼
　　　　마든 되니까 좀 꾸어줄래……. 얼마든 되니까 꾸어줄래?

준　원　꾸어드리지요……. (지갑을 꺼낸다. 생각이 나서) 아무튼 들어가시지요.
　　　　나중에 드릴게요. 여러 가지 하고 싶은 이야기도 있으니까요.

준　명　좀 급해.

준　원　급하다니요? 무엇이 급하다는 거지요?

준　명　(준원의 손에서 가로채듯이 지갑을 훔친다) 저, 미안해. 좀 빌려줘. (준
　　　　성을 흘끗 본다) 나는 항상 상태가 안 좋아서. 그래서, 좀 필요해. 그래,
　　　　이만 갈게.

준　원　(쫓아가서) 안 돼요. 아무튼 들어갑시다. 필요하시다면 얼마든지 드릴게
　　　　요.

준　성　(준원을 잡는다)

준　원　(밖으로 사라지는 형에게) 빨리 돌아오세요……. 꼭 돌아오세요…….
　　　　(떠난 방향을 멍하니 보고 있다가) 왜 너는 잡았어?

준　성　무어, 형이 잘 몰라서 그랬어요. 그럴 때에는 내버려둬야 돼요. 그렇지
　　　　않으면 나중에 더 복잡해요…….

준　원　도대체 어디에 가는 걸까?

준　성　꼭 갈 데가 있어요.

준　원　돈을 어디다 쓸려고?

준　성　아편을 사요.

준　원　(형이 떠난 쪽을 보고) 정말 한심스러운 사람이 되어버렸군…….

제 2 막

같은 집의 정자

정자는 고풍스러운 기와지붕과 네 기둥으로 받쳐진 큰 나무 바닥이며, 가족들의 휴식처이다. 건물은 오랜 세월의 흔적을 지니고 있고, 단지 기둥에 새겨진 모란꽃이나 연꽃의 위장은 겨우 지난날 영화의 흔적을 간직하고 있다.

정자 좌우 양쪽은, 돌로 일단 높이 쌓아서, 오른쪽에는 창고의 외벽이 있고, 그 오른쪽에 안채로 들어가는 문과 담이 있다. 왼쪽은 별채에 들어가는 문과 담이 있다. 양쪽 다 돌계단이 있다.

정자 뒤에는 은행나무와 단풍나무가 있는 뒷마당이 있고, 이들 나무들 뒤에는 돌담이 있고, 그 너머에 원경이 보인다.

정자에서, 두선과 영옥이 양손으로 다듬이방망이를 들고 다듬이질을 하고 있다. 준성은 책상에 앉아, 초조해하고 있다. 손에는 펜을 들고 있다. 때때로 두 여자를 원망스럽게 본다.

영 옥 (다듬이질하는 손을 놓고) 도련님은 언제부터 이모 집에 가 있었어요?

두 선 작년부터 가 있어요.

영 옥 왜 그쪽에서 소학교에 들어갔어요?

두 선 여기 있으면 따돌림을 당하니까요.

영 옥 왜요?

두 선 아버지가, 그런 사람이니까요.

(두 사람이 다시 다듬이질을 시작한다)

두 선 (손을 놓고) 어머, 준성씨, 미안해요. 다듬이질 소리가 시끄러운 거지요?

준 성 (쌀쌀맞게) 시끄러워요.

영 옥 그럼 원고 쓰는 데 방해가 되나요?

준 성 마치 내 머리를 맞는 것 같습니다.

영 옥 (참다못해 웃음을 터뜨린다)

준 성 그렇겠지요. 당신에게는 재미있겠지요.

영 옥 그 말씀은 우습네요. (마당으로 내려가 등의자에 앉는다)

두　선　미안해요. 몰랐어요. 당신이라도 그렇게 말해주었으면 좋았을 텐데.

준　성　아뇨, 괜찮습니다. 다듬이질 소리도 늦은 밤에 들으면 좋지요…… 굉장히 마음이 놓여요…… 박정한 여자까지도 그리워지는군요.

두　선　박정한 사람이 있었어요?

준　성　자주 있었지요. 나는 세 번 연애하고 세 번 다 마지막에는 울면서 이별했어요.

두　선　그런 쓰라린 경험을 더 하시려구요.

준　성　(미소를 띤다) 저는 저기 별채에 가서 쓰겠습니다. (책상 위를 치운다) 사랑은 좋은 것이니까요…… 그리고, 늦은 밤에 듣는 다듬이질 소리도 나쁘질 않아, 둘 다 좋은 것입니다. (마당으로 내려간다)

두　선　(웃는다)

준　성　왜요?

두　선　제가 시집왔을 때는, 아직 어린 도련님이었어요.

준　성　네, 세월은 자꾸 흘러가요.

영　옥　(준성에게) 은행은 벌써 파했겠지요?

준　성　글쎄요.

영　옥　난 물레방아에 갈래요.

준　성　당신은 이 시각이 되면, 물레방아 생각이 나세요?

영　옥　(발개져서) 어머, 그래요.

준　성　다녀오세요.

　　　(영옥이 정자 뒤를 돌아, 마당의 나무들 사이로 사라진다)

준　성　(영옥이 가는 것을 보다가) 형수님, 나는 또다시 도시병에 걸릴 것 같아요.

두　선　(눈을 크게 뜨고) 왜요?

준　성　그 여자 때문에. (사이) 아뇨, 설마, 거짓말이에요. 자, 원고를 쓰자. (간다)

두　선　준성씨, 나는 걱정 돼요.

준　성　(멈춰서서) 하지만, 예쁘니까요.

　　　(퇴장. 두선은 천을 뒤집어서, 또다시 다듬이질을 시작한다. 웃는 소리가 들린다. 준원과 미나, 준성 다시 별채 문에서 등장)

54

준 원 다녀왔습니다.

두 선 다녀오셨어요?

미 나 (준원의 가방을 안고 있다) 올케, 안녕하세요. 또 왔어요.

두 선 잘 오셨어요.

미 나 아버지가 아프시대요.

두 선 감기 걸리셨어요.

미 나 나는 가볼래. (안채로 퇴장)

준 원 (등의자에 앉고) 형수, 형이 아직 들어오지 않으셨어요.

두 선 네 아직이요.

준 원 오늘, 은행에 오셨어요.

두 선 또, 은행에 가셨어요. 어머……

준 원 (웃는다)

두 선 앞으로는 쫓아내요. 버릇이 되니까요.

준 원 그 대신, 절에 가시도록 권하고 있어요.

두 선 그래서, 무어라고 하시던가요?

준 원 (웃는다) 내가 원망스러운가 봐요. 오늘은 집에 들어온다고 그랬어요.
　　　꼭 이따가 오실 겁니다……. 다 같이 잘 달래서 가게 해야지요……. 그
　　　건, 나에게 맡기세요.

두 선 잘 부탁드리겠습니다.

준 원 도대체 어째서 아편 같은 것을 시작한 건가요?

두 선 잘도 놀았으니까, 별 곳을 다 나돌았을 거예요. 그 결과로, 어느새 마을
　　　에 사는 지나 여자하고 따로 살림을 차렸어요.

준 원 알았습니다. 말하자면, 그 여자 때문이지요?

두 선 네 그래요.

준 원 안 되겠어요.

　　　(미례 대나무 바구니를 들고, 별채에서 등장)

미 례 어머, 오빠, 잘 다녀오셨어요. (돌계단을 내려오면서) 물레방아 앞을 안
　　　지났어요?

준 원 안 지났는데.

미 례 오늘 오fot만에 빨래를 했어요. 시냇물이 굉장히 깨끗해요. 보세요. 깨끗
　　　이 빨렸지요?

두　선　수고하셨어요. 곧 널지요?

미　례　부탁해요. 좀 피곤해요.

(두선이 대나무 바구니를 들고 뒤로 돌아, 바구니 속에 있던 것들을 줄에 넌다. 미나, 아까부터 나무 앞에 서서 편지를 읽고 있다)

미　례　오빠, 밖에서 영옥 씨를 못 봤어요?

준　원　보지 못했는데.

미　례　(준원을 보다가 웃기 시작한다)

준　원　미례야, 무슨 일이냐?

미　례　으응, 아무것도 아뇨.

(미나는 편지를 챙겨 넣고, 두 사람이 있는 곳으로 나온다. 뒤에서 두선이 빈 바구니를 들고 또 나온다)

미　례　어머, 너 언제 왔어?

미　나　오빠랑 함께 합승 버스 타고 왔어요.

미　례　그 편지는 뭐냐? 남편이 보냈어?

미　나　(미소를 띤다) 으응, 아니에요……. 언니, 가까운 시일 안에 나에게 무언가 일어날 것 같아.

미　례　무어가?

미　나　모르겠어. (웃는다) 나중에……. 언니에게만.

준　원　나는 들으면 안 되나?

미　나　(오빠 곁에 앉는다) 아뇨. 안 되는 것은 없는데요……. 네 안 돼요.

준　성　너, 오늘은 굉장히 젊어 보인다. 눈이 좀 빨갛지만.

미　나　어젯밤에 잠을 안 잤어요.

준　원　미나는 몇 살이 되니?

미　나　난, 열여덟. (웃는다) 스물 다섯이예요.

준　원　벌써 그렇게 되나……. 그때, 너는 분명히 스물 둘이고 아직 처녀였지……. 나는 너희들에게는 미안하게 생각해. 그때, 여기로 이사 온 지 얼마 되지 않아서 모두 다 슬픔에 빠져 있었지……. 우리 가문은 명문이고, 조상 중에는 나라의 귀인도 있었지만, 그러나 만약에 배에 비유하자면 실용적이고 근대적인 배는 아니었지. 호화스러운 건 틀림없지만 이제 쓸데가 없는, 옛 시대의 돛단배야. 나는 이 돛단배로 항해를 계속하는 것이 불안해서 견딜 수가 없었어. 그래서 냉정하게도 부모 형제들을 버리고 나가버린 거야. …… 나쁜 오빠지.

미　례　그래서 더 괜찮았어요……. 오빠가 그대로 있었더라면, 이 집에서 한 사람이 더 엘레지를 불렀어야 할 결과밖에 안 났을 거예요.

준　원　아냐. 오히려 니가 말하는 그 엘레지라도 불렀으면 좋았을 텐데……. 그런 여자를 안 만나도 되었으니까.

준　성　아기는 언제 태어나요?

준　원　몰라.

미　례　어머, 오빠는 못됐어.

준　원　결혼하고 싶지 않았지만, 나는 결혼하고 말았어. 지점장 같은 것이 되고 싶지 않았지만, 되고 말았지. 이런 것인가……. 지금에 와서 스스로 얻어낸 지위를 미워하고 있단다.

미　례　오빠. 그런 말씀을 않아도 되지 않으시겠어요? 안 좋은 사이라도 되찾아야 돼요. 아버지도 오빠만 믿고 있어요.

준　성　아냐, 이는 큰일이네. 내가 보기에는 형이 자신의 아이가 태어나려고 하는 것조차 별로인 것 같아. 도대체 둘 사이에 무슨 일이 있었어요?

미　례　아무 일도 없어요, 이 멍청이.

준　원　(괴로운 듯, 준성에게) 너는 무슨 일이 있었다고 생각하니? 언젠가는 너희들도 알게 될 거니까.

준　성　바로 그 말이에요. 그래서 차라리 털어 놓으시라구요.

준　원　자신의 아이가 태어나려고 하는데, 조금도 기뻐하지 않는다. 예를 들어, 너 같으면 이런 경우를 어떻게 상상해서 소설로 만드니? (모두 다 준성을 본다)

준　성　어떻게요? ……. 글쎄요? ……. 나 같으면……. 아내는 남편 몰래 외간 남자와 정을 통했다. 아이는 있지만, 그러나 그 애는 이 남편의 씨가 아니다, 그런 식으로 이야기를 짜서 써보겠어요……. 그렇다고 이런 어처구니없는 이야기가 형과 무슨 관계가 있겠어요?

준　원　(쓴웃음을 띠고) 맞아, 바로 내 경우가 그렇다.

준　성　(얼굴이 발개져서) 농담이지요…….

(잠시 동안, 모두 다 무심코 얼굴을 서로 마주본다. 그리고 준원을 지켜본다)

두　선　준원씨, 설마.

미　례　믿을 수 없어요.

준　원　근데, 사실이라서 곤란해.

준　성　형수가 아이를 가지게 된 동기가, 즉 마가 끼어서 그랬다는 말입니까?

준　원　마가 낀 거 아냐……. 어때? 3년 전에 경성 같은 데까지 올라간 나의
　　　　초라한 지금 모습을 봐라. 꼴 좋아.

미　례　아니에요. 거짓말, 거짓말이에요. 그런 짓을 할 리가 없잖아요.

준　원　아냐, 나는 너무 혼자 우쭐해서 엉뚱한 일을 당했어.

준　성　죄송합니다. 음, 내 입이……. 난 가겠습니다. (별채로 퇴장. 두선, 잠시
　　　　동안 가만히 정자 뒤쪽에 가서 원경을 멍하니 바라보고 있다)

미　례　(생각에 잠겨서) 그래도, 왜 형수가 그런 짓을 하게 되었어요?

준　원　재미있는 불장난을 하다가, 그것 때문에……. 돈이 있다. 할 일이 없다.
　　　　그런 환경이 마치 형을 마취의 세계로 떨어뜨린 것과 오십 보 백 보란
　　　　다. (사이)

미　례　그러고 보니, 어떻게 살아가느냐 하는 것이 문제네요.

준　원　노력하면서 살아야 해. 한 인간으로 긍지를 느낄 수 있는, 그런 생활을
　　　　해야 한다. 그런 사람은 하느님보다 훌륭해.

미　례　맞는 말이네요.

준　원　어때, 우리들도 지금부터 그런 생활을 해보지 않겠어?

미　나　(혼자 생각에 잠기다가) 우선, 나부터 구해주세요.

준　원　네가 어쨌다는 말이야?

미　나　나는, 왜 뱃사람에게 시집을 갔나요?

준　원　(농담 비슷하게) 좀 마음이 거칠어도 좋잖아.

미　나　그 사람이 바다로 나간 지, 벌써 2년이 됩니다. 작년 가을에, 잠깐 돌
　　　　아오긴 했지만……. 항상 그 사람이 돌아오기를 기다리면서 살아야 해
　　　　요. 싫증이 나잖아요……. 어떻게 하면 좋겠어요?

준　원　외로우니?

미　나　(애절하게) 네.

준　원　네 마음을 알겠구나.

미　나　수산시험장에 있을 때는 좋았어요. (일어선다) 꼭 학자가 될 사람이었
　　　　어요. 근데, 이것 봐라는 식으로 뱃사람이 돼고 말았어요……. (간다)

준　원　그 양반은 부자가 되고 싶은 거였지.

미　나　(되돌아보고) 오빠, 나도 좀 하고 싶은 걸 하면 안 돼요? (별채로 퇴장)

준　원　저 아이도 옛날에 진심으로 사랑했던 사람이 있었지.

미	례	하지만, 결혼한 후부터는 굉장히 남편을 소중히 생각하고 있어요.
준	원	그 사람은 좋은 사람이야.
미	나	(별채 문에 얼굴을 내밀고) 큰오빠가 오셨어요. (또 퇴장)
준	원	(일어서서) 형님이 오셨어……. (정자 뒤쪽을 향해서) 형수님, 역시 오셨어요.

(두선, 이 소리를 듣고, 나온다)

준	원	우선 형수님이 혼자서 만나는 것이 좋을 것 같군요. 저는 나중에 나오겠어요.

(미례와 안채로 퇴장. 두선, 남편이 들어오는 것을 기다리고 있다. 준명, 등장. 단정치 못한 옷차림을 하고 많이 여위었다. 마당에 잠시 서 있다가 비로소 아내를 발견한다. 부부는 서로 얼굴을 마주보며 서 있다가, 곧 준명, 등의자에 덜썩 앉는다)

두	선	(그에게 간다) 잘 다녀오셨어요?
준	명	(아내를 보지 않고) 다녀왔다.
두	선	당신에게 할 이야기가 좀 있어요.
준	명	무슨 말이든 듣겠어.
두	선	지난번처럼 도망가지 마세요.
준	명	너에게도 겁이 나잖아.
두	선	이제부터, 준원씨 은행에 가지 마세요. 대단히 방해가 돼요.
준	명	내가 동생한테 가는 건 내 마음이잖아. 우리 집안사람들이 나를 눈엣가시처럼 생각해서, 제대로 이야기도 하지 않잖아. 하지만, 준원이는 그렇지 않아. 나를 버리지 않아. 친절하게 해주고, 따스하게 맞이해줘. 그래서 가고 싶어지는 거야……. 나를 아무도 돌봐주지 않는데, 외톨이로 있는 게 낫다는 말이야?
두	선	당신, 옷 좀 갈아입으세요.
준	명	갈아입혀주니?
두	선	(참다못해) 나는 당신 아내예요. 그것까지 잊으셨어요……. 나는 당신에게 바친 몸이에요.
준	명	(감동해서) 너에게는, 언제나 미안하다고 생각해.
두	선	그러니까, 긴장하지 마시고 서로 허물없이 이야기하시지요.

준　명　나도 그렇게 하고 싶어.

두　선　그럼, 시작하겠어요. 여쭐 말씀이 있어요……. 긴장하지 마세요……. 당신이 지난달까지 돈을 많이 쓰셨지요……. (그를 말리고) 그래요. 그 돈이 어디서 난 돈이에요? 어디서 난 돈이에요?

준　명　(또 긴장해서) 돈 같은 건 없었어.

두　선　온 식구가 모두 다 알고 있어요. 아버님도 지난번에 그런 말씀을 하셨어요. 솔직히 말해서, 나는 올봄부터 당신의 행동이 대단히 수상했어요.

준　명　너, 무슨 말하고 있는 거야?

두　선　당신, 모른 척 하지 마세요. 이번 일은 보통 일이 아니지요? 어째서, 그런 돈이 필요하셨어요?

준　명　뒤라도 캐본 거야?

두　선　뒤 같은 건 아무도 캐지 않았어요……. 말씀해주세요. 어디서 난 거예요?……. 또 아버님 도장을 몰래 가지고 나간 것이지요? 나에게만 털어놔요, 그렇지요?

준　명　모르겠어.

두　선　꼭 그럴 거예요……. 난, 때때로 거기 연못에 이상하게 끌려요……. 무의식중에 거기로 걸어갈 때가 있어요.

준　명　어차피 내가 먼저 가 있을 거야. 요새는 집에 들어오면 이상하게 그 연못에 눈이 자꾸 끌려. 언제였더라 꿈에서 내가 그 연못에서 수영을 하고 있었는데……. 길을 걸어가다가도 갑자기 눈앞에 연못이 있는 것 같고, 식은땀이 난다. 그림자처럼, 그 연못 놈이 나를 따라다녀.

두　선　(운다)

　　　　(준원, 등장)

준　원　(상냥하게) 형님, 다녀오셨어요. 이것 봐요, 잘 다녀오셨잖아요.

준　명　(발을 멈추고, 희미하게 웃는다) 낮에는 실례했다.

준　원　서운한 말을 다 하시고……. 그것보다 어떠세요? 안에 들어가서 나하고 좀 술이라도 하지 않겠어요?

준　명　아니, 고마워. 난 술은 안 먹는다.

준　원　아, 그렇군요. 이제 드시지 않는 거죠. (두선을 보고) 아, 형수님 울었어요……. 자, 형님, 좀 앉으시지요.

준　명　(앉는다)

준 원 형님, 형수님처럼 착한 사람을 울리다니, 좋지 않아요. 항상 울고 계세요. 우리집으로 와계시는 것조차 미안한데…… 그렇게 생각하지 않으세요?

준 명 나도 그렇게 생각해.

준 원 어때요. 아직 결심 안 됐어요.

준 명 (괴로운 얼굴을 한다)

준 원 형님만 나으면 형수님도 아이도 안심이 됩니다. 형님 한 사람 때문에 두 사람이 불행한 나날을 보내고 있습니다. 그럼에도 불구하고, 형수님은 매일 밤에 형님을 위해 기도를 올리고 있지 않습니까?

　　(미례, 정자 뒤에서 나온다)

준 명 준원아 나는 이제 구제불능이야.

준 원 그럴 리가 있겠습니까. 형님이 좀처럼 치료를 받지 않아서 그렇죠.

미 례 오빠. 이렇게 예쁜 형수님이, 자 보세요. 이렇게 나이를 먹어버렸어요. 안 되요. 서른여덟이라면 아직 여자로 한창 좋은 나이에요. 불쌍하지 않으세요.

준 원 형님, 모든 사람들이 합장하며 빌고 있습니다……. 산에 가서 2, 3년 견디세요……. 속세를 떠나보는 것도 나쁘지 않습니다.

준 명 준원아, 나는 안 될 거야. 아편을 먹지 않으면 생피가 빨아 먹히는 것 같아……. 아랫배가 꽉 조여지고, 뼈마디마다 통증이 나. 이 아픔은 황소라도 못 견딜 거야……. 전에도 병원에서 치료를 받았지만, 못 견뎌 냈지. 성분도 연한데다 양을 갑자기 줄인다니까……. 마치 나를 죽이려고 드는 것 같았어.

준 원 그렇다고, 형님을 이대로 놔둘 수 없습니다. … (생각에 빠지다가) 그럼, 이렇게 해보지요……. 2, 3일 어디에도 외출하지 않고, 집에서 치료해보는 겁니다. 그래요. 한번 시험 삼아……. 우리들은 형님의 요구를 최대한 받아들일 겁니다. 형님도 우리들의 요구를 최소한 받아들여 주세요. 그래요. 한 번 해보지요. 시험 삼아서니까요.

준 명 나도 피곤해. 잠깐 여기에 있겠어.

준 원 그럼, 해보시는 거죠?

준 명 (전부터 고통스러운 표정을 나타내고 있었다. 아랫배를 잡고 일어선다) 응, 해보겠어. 해 보겠어……. (나가려다가) 두선아, 여기 좀 와.

(안채로 퇴장. 사이)

준　원　아편이란 무서운 거네요.
두　선　그럼, 절에는 이제…….
준　원　아니에요. 보내겠어요. 당분간, 봐주다가, 보낼 거예요.
두　선　정말이에요……. 그럼 나는 좀 가보겠어요.

(퇴장)

미　례　(한숨을 내쉬고) 머잖아 집안이 뒤집어지겠군요.
준　원　그럴까?
미　례　아까, 또 아프기 시작한 것 같았어요. 아마 주사기를 찾고 있을 거예요. 여기저기 옷장을 뒤집어서.
준　원　한번 난동을 부리기 시작하면 걷잡을 수 없어?
미　례　난폭해져요. (영옥, 마당 나무 사이에서 나온다)
미　례　(미소를 짓고) 있잖아요, 오빠. 영옥 씨는 물레방아에 다녀요.
준　원　거기서 낮잠이라도 자나. (웃는다)

(영옥, 기둥 뒤에 몸을 숨긴다)

미　례　언제나 거기서 오빠가 돌아오시기를 기다려요.
준　원　영옥이는 착한 아가씨다.
미　례　그것뿐이에요……. 모르는 거예요?
준　원　무엇을 모른다고?
미　례　그 사람, 오빠를 좋아해요.
준　원　엉뚱한 소리 하지 마.
미　례　(웃으면서 일어선다) 나는, 창고를 청소해야 해요.

(안채로 퇴장)

영　옥　(나오면서, 안채로 가려는 준원에게) 형부.
준　원　(되돌아보고, 그녀에게 온다) 물레방아에 다닌다면서?
영　옥　그래요……. 언제 다녀오신 거예요?

준　원　벌써 1시간이나 지났네.

영　옥　그래요.

준　원　거기서, 내가 돌아오기를 기다렸어요?

영　옥　그런 건 아니에요……. 그냥, 거기 주변을 산책하고 있었어요……. 그런데, 형부는 벌써 3일씩이나 거기 앞으로 오시지 않네요?

준　원　나 말이요. 목장 앞으로 해서 와요. 며칠 전부터 거기 목장 주인양반과 친해져서요……. 갈 때하고 올 때에 좀 서서 이야기를 해요.

영　옥　그래요.

준　원　산책은 재미있었나요?

영　옥　네, 숲을 거닐거나, 낙엽을 밟거나, 여울에서 나는 소리를 듣거나 했어요……. 혼자인데도 재미있었어요.

준　원　근데, 이제 많이 놀았으니까 슬슬 돌아가야 되지 않겠어?

영　옥　어머, 많이라니요……. 아뇨, 나는 안 가겠어요……. 여기가 진짜 마음에 들었어요. 도시의 혼탁한 동네는 이제 진저리가 나요. 지평선 너머로부터 오는 여기 대기(大氣)를 실컷 마시고 싶은 걸요……. 저, 좀 더 있게 해주세요?

준　원　그건, 언제까지라도 있게 해주고 싶어.

영　옥　네, 알고 있어요.

준　원　(미소를 짓는다) 그럼, 좀, 아버지를 뵙고 오지.

영　옥　네.

(준원, 안채로 퇴장. 영옥, 그 뒷모습을 보고 있다. 미례, 창고의 한 창문에서 얼굴을 내민다)

미　례　영옥 씨, (미소를 띠다가) 와 있었어요. 지금 창고 청소를 하고 있었어요. 전, 사다리 위에 서 있어요. (뒤를 되돌아보고) 순이야, 저 무거운 것을 할아버지에게 들게 하면 안 된다고 그랬잖아……. 네가 가지고 가. (또 얼굴을 내밀고) 개는 눈치가 굉장히 빨라요……. 여기에는 잡동사니가 꽤 있어요.

영　옥　여기 모든 분이 언제나 무언가 일하고 계시네요. 경성 우리 집에서는, 내가 일하는 것을 대단히 싫어해요.

미　례　시골에는 할 일이 많아요.

영　옥　(창고 앞으로 가서) 미례씨, 조금 전에 형부하고 무언가 이야기하고 있었지요?

미 례 무슨 말이에요?

영 옥 저, 거기서……. 마침 제가 들어왔을 때였어요……. 그래요, 이제 다 이
       야기할 게요. 난, 형부를 사모하고 있어요. 그래서, 여기까지 따라온 거
       예요. 처음에는 그냥 이상한 사람으로 보였는데……. 저기, 우리 언니가
       그런 사람이잖아요. 가정의 심심함을 형부는 책을 읽거나 무언가를 쓰
       거나 하면서 소일하고 있었어요. 난, 너무 불쌍해 보여서, 그래서, 그만
       사랑하게 되었어요. 지금은 형부의 목소리도, 그 우울해하는 얼굴도, 나
       에게는 없으면 안 되는 것이에요.

미 례 오빠는 뭐래요?

영 옥 모르겠어요. 그래서, 이런 말을 대담하게 말할 수 있는 거예요. 저, 어
       떻게 하면 좋아요.

미 례 글쎄요……. 나도 모르겠어요……. 이런 경우에는, 대단히 판단하기 어
       렵군요…….

영 옥 형부에게 말하지 마세요. (손을 얼굴을 가리고) 어머, 쑥스러워……. 말
       해버리니까 더욱 그러네요.

       (준성과 미나, 별채에서 등장. 미나는 정자에 앉는다)

준 성 (고무공을 손에 들고 있다) 무엇이 쑥스럽다는 거요? ……. 그때부터 6
       장이나 썼어요. 밤에도 쓸 거예요. 쓰다가 지치면 나는 이 공을 가지고
       놀아요 (공을 공중에 던졌다가 받는다) 영옥 씨는 이런 짓을 아이 같다
       고 생각하시지요? 의외로 꽤 재미있어요……. 아, 자연은 정말로 기쁨
       으로 가득 차 있다……. 참으로 잘 만들어져 있어.

영 옥 준성씨는 자연주의예요?

준 성 (웃는다) 네, 그럴지도 모르지요. 영옥 씨는 예뻐요. 그것이 바로 자연입
       니다. 영옥 씨는 젊어요. 그것도 자연입니다.

영 옥 자, 그만하세요……. 나는 그런 말은 별로 좋아하지 않아요.

       (안채로 퇴장)

준 성 왜 그러지.

미 례 너는 좀 여기가 이상한 것 아냐?

준 성 (미소를 짓는다) 왠지 나한테는 냉정하다니까……. 이상할지 모르지만,
       저 여자에게 반해버린 건 분명해.

64

미　례　(멀리 하늘을 바라보면서) 지금쯤, 도쿄는 좋아……. 10월도 말이고, 수
　　　　도의 가을이 한창일 거예요. 음악회도, 무도회도, 지금 제 시즌예요…….
　　　　그때 집을 가는 길에 긴자로 나가서, 뜨거운 커피를 홀짝홀짝 마시곤
　　　　했어요.
준　성　또 시작이네.
미　례　무사시노(武藏野)의 가을도 좋지만, 타메이케(溜池)가를 걸어가는 것도
　　　　또 별미였어. 밤에는 니코라이당 앞을 지나곤 했어……. 그 길, 어슴푸
　　　　레한 길에서 희미한 감상을 맛보았지……. 한 번 더 그 주변을 걸어보
　　　　고 싶어. 지금도 이렇게 가만히 귀를 기울이고 있으면 들려요. 보도에
　　　　메아리치는 내 구두소리가……. 그리고……. 아, 머리 속이 엉망이 되었
　　　　어……. 또 유라쿠초(有樂町)에서 긴자에 이르는 길을 메운 사람들. 무
　　　　수한 인파, 무수한 생활, 전철이 달리고, 자동차가 달리는, 아, 난, 웃고
　　　　싶어. 울고 싶어…….
준　성　이제 잊어버릴 만한 때인데,
미　례　잊으면 어떻게……. 난 내 생활에 꿈과 로망스를 가지고 싶어. 겨울이
　　　　오기 전에 어떻게 하든 도쿄에 가고 싶어……. 난, 세상물정을 모르고,
　　　　많은 돈을 썼어요. 그렇지만, 학교만은 제대로 나왔어. 이래 봬도 음악
　　　　교사자격을 땄어요……. 근데, 모두 다 잊어먹었어. 옛적에는 조금 칠
　　　　수 있었지만, 지금은 피아노가 어떻게 생겼는지도 잊어먹었어요. 그래
　　　　서 도쿄에 나가서, 2년쯤 더 공부하고 싶어.
미　례　미나, 어디 갔었어?
미　나　난, 강에……. 언니 좀 와 봐요. 할 이야기가 있어요.
미　례　준성아, 너 이리 와서 좀 해줘. 천장에 붙은 먼지를 좀 털어 주면 되니
　　　　까.

　　　　(준성, 공을 가지고 놀고 있다가, 들어간다. 곧 미례, 나온다)

미　례　어쩐 일이야. 너 오늘은 좀 이상한 것 같아. 아까 가지고 있던 편지는
　　　　뭐야?
미　나　그 편지에 관해서 언니에게 할 이야기가 좀 있어요. 언니에게 말하지
　　　　도 않으면 못 배기겠어요.
미　례　뭐야.
미　나　이는, 내 비밀이야……. 근데, 언니에게는, 어떻게라도 말하지 않으면

못 배기겠어. (웃는다) 그렇게 쳐다보지 마. 말 못하게 되니까……. 음, 오래 되지 않아, 나한테 손님이 올 거야.

미 례 누구?

미 나 저, 그 사람. 옛날의…….

미 례 첫사랑.

미 나 맞아요. 지금까지 상해에 있었는데, 돌아왔대요. 그 편지가 그랬어요. 난, 깜짝 놀랐어.

미 례 어떻게 너의 주소를 알아냈지?

미 나 우리들이, 아직, 마을에 있던 집에 산다고 생각했나 봐요……. 거기에서 여기로 왔어요.

미 례 그래서, 어떻게 할 거야?

미 나 그래서 언니에게 상의하고 있는 거잖아.

미 례 (사이) 안 돼. 너, 여기서 어디로든 나가면 안돼. 나하고 같이 있어야 돼.

미 나 바보 같은 소리. 난 남편을 사랑해요……. 하지만, 만나봐도 되잖아요. (미례에게 달라붙고) 그렇죠, 만나도 되지요.

미 례 (일어서서 떨어져 앉는다) 만약에 그런 일을 저질러봐. 아버지에게 이를거야.

미 나 (웃는다) 어머, 언니는 바보야.

미 례 오빠에게 말해버릴 거야……. 쉿, 아버지다.

(동석, 안채에서 등장. 더욱더 나이를 먹어 시들었다. 뒤에서, 준원, 등장)

미 례 어머, 아버지, 웬 일이세요. 일어나시면 안 돼요……. 어디에 가시려고 그러세요?

동 석 잠만 자고 있을 수는 없잖아. 좀 걷고 싶은 거야.

미 례 그래도 아직 안 돼요.

동 석 (창고의 창문을 향해서) 준성아.

준 성 (천장을 털다가, 얼굴을 내민다) 뭐예요?

동 석 너, 잠깐 들었는데, 이웃 목장을 사고 싶다고 그랬다면서?

준 성 네, 아버님이 사주셨으면 하는데요…….

동 석 니가 제대로 해 나갈 수 있을까?

준 성 글쎄요. 제가 할 일이니까……. 그렇지만, 목장 일은 벌써 배워두었어요……. 아무튼, 무언가 일을 하지 않으면 안 되니까요.

동 석 큰소리치는군.

준 성 (큰소리로 웃는다)

동 석 형이 돌아온 것 같구나.

준 성 (아버지 곁에 서 있다가) 형님 일은, 제가 꼭 설득시킬게요.

동 석 그러게, 나도 어떻게 하든지, 그 아이를 낫게 하고 싶다……. 그 아이를 돕기 위해서라면 아무 것도 아깝지 않아. 어떻게 해도 절에 가지 않는다면 차라리 죽었으면 좋겠어.

준 원 그런데 아버지. 저 동산은행에 잡힌 토지 건인데요……. 그것은 어떻게 할까요? 벌써 기한도 다 되어 가요. 제가 있으니까 저쪽이 멋대로 처분하지 못하지만…… 아버지 생각은 어떠세요?

동 석 너는 어떻게 하면 좋다고 봐?

준 원 마음을 다잡고, 저당 잡힌 토지는 모두 매각하는 편이 좋지 않을까요. 사양길의 지주와 은행간의 관계는 미묘한 것이니까요. 결국, 우리가 질 거예요.

동 석 맞아, 결국 우리가 지겠지. 그것도 생각하고 있다.

준 원 그리고, 또 하나는……. 그것이 우리들에게서 토지에 의지하는 마음을 없애게 할 겁니다. 이제 남들이 일해주는 덕택으로 사는 시대는 지나갔습니다. 지금은 그런 시대와 다른 시대입니다.

동 석 응……. 좋은 말을 하는군……. 나도 그렇게 생각해. 집도 옛날과 달라서, 이 바람에 너희들이 남의 힘에 의지하지 않게 된 것만으로도 고마운 일이고……. 아무튼, 어떻게 할는지는, 나중에 너희들과 천천히 상의하기로 하자.

준 원 정말입니다. 늦기 전에 어떻게 해야 되겠습니다.

동 석 (하늘을 바라보면서) 맑게 갰구나……. 이러면 와르소도 지금쯤은 대단히 추울 거야……. 폴란드는 겨울이 긴 나라란다.

미 례 그러고 보니, 아버지는 요새 좀처럼 폴란드 이야기를 하지 않으시네요.

준 성 정말 그러네요.

동 석 맞아, 너희들에게 자주 그 나라 이야기를 하곤 했지……. 그런데 요즘은 좀처럼 잘 안하는군. 이제 폴란드가 어떤 나라였는지도 많이 잊어버렸어. 꿈을 꾸는 일도 거의 없지……. 추억에서 폴란드가 희미해져 간다……. 단지 늙어빠져서 아무 소용없는 늙은이만 여기에 남았군…….

내 평생은 아무 것도 남지 않고, 거품처럼 사라지고 말았네.

준 성　운명이군요.

동 석　그래……. 자, 집 근처라도 잠깐 걸었다 오자. (가려다가, 미례에게 간다) 미례야.

미 례　네.

동 석　(그녀의 어깨를 두드리면서) 아냐, 아무것도 아냐. 그냥 불러본 거야.

　　　(별채로 퇴장)

미 례　난, 아버지가 걱정이에요. 요새 자주 아프시잖아요.

준 원　게다가 감기 같은 걸로 저렇게 쇠약해지시다니……. 노후에 들으셔도 마음이 편치 않으신 거야.

　　　(안채 쪽에서 준명이 악을 쓰는 소리와 두선이 외치는 소리, 무언가가 깨지는 소리, 들린다)

미 례　(머리를 감싸고) 아아, 드디어 시작했어.

준 성　(창고의 창문에서 몸을 내밀고) 그것 봐. 터졌어.

　　　(두선이 뛰쳐나온다. 뒤에서 영옥도 나온다)

두 선　(사람들을 보니, 갑자기 울기 시작한다. 그러나 곧 울음을 그치고) 저, 미례야, 주사기가 있는 장소, 가르치지 마세요. 부탁이예요.

　　　(별채로 달려간다. 준명, 뛰어오면서 등장)

준 명　저년이 어디로 갔어? (눈으로 찾는다) 어디로 갔어? 빌어먹을. 어디에 숨어들었어. (등의자에 몸을 맡기고, 고통스럽게 신음한다. 그리고 측은 하게) 미례야, 주사기는 어디 있어? 너는 알고 있을 텐데. 자, 어디에 있어?

미 례　전, 모르겠어요.

준 명　모를 리가 있어? 자, 부탁이다. 가르쳐 줘, 아파서 못 견디겠어. 이 고 통을, 너희들이 모르는 거야……. 준원아, 나는 이렇게 변해버렸어. (운 다)

미 례　형수, 주면 되잖아…….

　　　(사이)

준 명　그래, 집에 불을 지르는 한이 있더라도 찾아내고 말거야. 두고 봐.

　　　(뛰어서 퇴장. 사이. 집안에서 준명의 고함과 물건을 때려 부수는 소리
　　　에 섞여서, 하녀와 남자하인의 소리 들린다. 준원, 안채로 달려간다. 뒤
　　　에서 영옥도 따라 들어간다. 미나, 천천히 걸어가면서 뒤쪽으로 돌아가,
　　　마당에 있는 나무들 사이로 사라진다)

미 례　모두 다 안 되겠어……. (손가락으로 양미간을 짚는다) 이런 일이 언제
　　　까지 계속될는지…….
준 성　(창문에 괸 팔에 얼굴을 대고) 이제는 지겨워…….

제 3 막

　　　다시 정자.

　　　준성이 정자에 앉아 있다. 미례는 기둥에 몸을 기댔다가 앉았다가 하면
　　　서, 신경질을 부리고 있다.

준 성　오늘은 여기서 가족회의가 열려.
미 례　네, 재산 정리에 관해서, 아버지가 저희들에게 할 말씀이 있으신가 봐
　　　요.
준 성　왜 그래? 신경질은 왜 부리고 그러니? 그만해라. 꼴불견이야.
미 례　난, 자꾸 신경 쓰여요. 내가 돌아오고 나서 벌써 승합버스가 두 대가 지
　　　났어. 그래도 미나는 오지 않잖아요.
준 성　곧 온다고 생각하는 건 어리석은 생각이야. 미나의 입장에서 보면, 사
　　　랑했던 남자이니까……. 끊임없이 옛날이야기를 하느라고 시간이 가는
　　　것도 모르는 거야.

미　례　이런 줄 알았다면, 나만 오지 않았을 걸……. 그렇지만, 내가 곁에 있
　　　　는 것이, 그 남자에게 멸시를 당할 것 같아서, 싫었어요.

준　성　어디서 만나고 있는 거니?

미　례　미나의 집, 바깥에서 만나면 남의 눈에 띄니까.

준　성　정말, 운명이라고 할 수밖에 없다. 남편이 돌아오기를 기다리는 데 지
　　　　쳐서, 이제 불만이 목구멍까지 올라왔을 때에, 난데없이 옛날 애인이
　　　　나타났으니까……. 말하자면, 운명이 그렇게 모함한 거지.

미　례　나쁜 짓이라고 생각하지 않는 거예요?

준　성　나쁘게 보면 나쁘지만…….

미　례　나도 그것을 나쁘다고는 보지 않아요……. 하지만, 역시, 하면 안 되는
　　　　일이야……. 아이구, 난, 만나게 해주지 않았어야 했어……. 데리고 가
　　　　지 않았어야 했어. (불안하게) 정말 불길한 일이 아니었으면 좋겠는
　　　　데……. 만약, 다음 승합버스를 타고 오지 않으면, 난 또다시 가봐야겠
　　　　어요.

준　성　미나는 그 남자를 만나서 반가운 것 같았어?

미　례　마치 첫사랑을 하는 처녀 같았어요. 많이 수줍어서, 떨지를 않나
　　　　……. 사람의 마음은 믿을 것이 못되는 것 같아서, 싫어졌어요.

준　성　점입가경이구만.

미　례　그렇죠. 나도, 이건 아니다 싶었어요. 그래서 할 수 없이 준원 오빠에
　　　　게 전화를 걸었어요……. 이러이러한 상황이니까, 오빠가 가서 좀 봐달
　　　　라고.

준　성　지점장님이 무어라고 하셨어?

미　례　머리끝까지 화를 내서, 귀가 엉엉거려서 무슨 말을 하는지, 잘 들리지
　　　　않았을 정도였어요. 오빠는 자기 자신을 잃을 정도로 화가 났기 때문에
　　　　그렇게 큰소리를 냈던 거겠죠……. 여기서 도망치고 싶어. 큰오빠한테
　　　　서 도망치고 싶어. 미나한테서도 도망치고 싶어. 모든 사람들로부터 도
　　　　망치고 싶어. (양미간을 짚으면서) 이제 못 견디겠어. 어떻게도 못 견디
　　　　겠어.

준　성　시집가면 되잖아.

미　례　맞아, 시집이나 갈까요.

　　　　(사이)

미　례　오빠는 오늘 산에 갈 거죠?

준　성　간대……. 그 고집쟁이를, 준원 형이 겨우 설득시킨 거야. 정말 대단한 공적이야.

(동석, 안채에서 등장. 역시 여위고 힘이 없다)

동　석　미례야, 서류 문갑 열쇠는 네가 갖고 있는 거지?

미　례　네. (속치마 끈에서 열쇠를 떼어내어 건네준다)

동　석　모두들 돌아오면 어디에도 가지 말라고 해라.

미　례　네.

동　석　(안채로 들어간다)

미　례　(주저주저한 후에) 아버지.

동　석　(되돌아보고) 뭐냐?

미　례　지난번에 부탁드린 대로 절 도쿄로 보내주세요.

동　석　(되돌아와서, 미례 곁에 앉는다) 그래서 어떻게 할 거냐?

미　례　난 여학교 선생님이 되고 싶어요. 그런데 학교를 나온 후에 좀처럼 음악을 하지 않았잖아요. 모두 다 까먹었어요. 그렇다고 적당한 선생님이 되고 싶지는 않고요……. 그래서, 연구과에서 좀 더 공부하고 싶어요.

동　석　그것이 너에게 가장 좋은 길이라고 생각하니?

미　례　네. 난 이런 목적도 없는 생활이 지긋지긋해요. 일하지 않고 못 배기겠어요. 일을 하고, 내 생활을 갖고 싶어요.

동　석　(일어선다) 그래. 네가 그런 결심으로, 가고 싶다고 한다면, 생각해 보마……. 하지만, 옛날처럼 충분히 돈은 못 보낸다.

미　례　(일어서서) 물론이에요, 아버지. (또 앉는다)

(동석, 안채로 퇴장, 영옥, 마당 나무 사이로 나온다)

준　성　아, 오셨어요.

영　옥　오늘은 마을의 풍년제라면서요?

미　례　밤에는 탈춤이 있어요. 재미있어요.

준　성　영옥 씨는 오늘 걸어 다니시기만 하네요.

영　옥　난, 가만히 있을 수 없어요.

준　성　그럴 거예요……. 나도 여기에 온 직후에는 심심해서 항상 걸어 다니

곤 했어요……. 마치 앉을 자리가 없는 것처럼, 걸어 다니기만 했어요……. 병이라도 앓는 것 같았어요. 그러다가 여기를 좋아하게 돼서 이제는 정말로 좋은 곳이라고 생각하고 있어요……. 영옥 씨도 좀 있으면 익숙해질 거예요.

(그동안, 미례는 안채로 퇴장해서 없다)

영　옥　아니에요. 나도 여기 자연은 좋아해요……. 하지만, 여기에 살고 계시는 분들에게 흥미를 잃었어요. 당신들이 여기를 못 견디게 만들고 있는 거예요.

준　성　당신들이라니, 누구 말입니까? 형 말입니까? 동생 말입니까?

영　옥　준성씨도 그렇고, 준성씨의 큰형도 그래요……. 그리고 작은 형님은, 이 집을 행복하고 즐거운 가정으로 만들려고 하시는데, 준성씨는 정말 냉담하잖아요. 작은 형님과 손을 잡고 해 나갈 수 있는 사람은 당신밖에 없잖아요. 그런 당신조차 개인주의자라니까요……. 문학도 괜찮지만, 가정도 소홀히 할 수 없다고 생각해요.

준　성　(어처구니없다는 듯) 저, 그래요.

영　옥　게다가 미례씨까지 정도를 벗어난 짓을 하고 있잖아요……. 그런 짓은 하면 안 되는 것이에요.

준　성　동생에 대해서까지, 당신이 함부로 말하지 않았으면 해요. 영옥 씨는 아직 인생에 대해 독선적인 사고를 갖고 있어……. 말하자면 당신의 젊은 눈에는 인생의 내실이 안 보인다는 거요.

영　옥　그건 그렇겠지요. 하지만, 나이를 먹어서 조금 세상을 아는 사람들은 모두 저런 짓을 해야만 한다는 말이에요?

준　성　(웃는다) 그만하지요. 제가 잘못했습니다. (그녀의 손을 잡는다) 자, 화를 풀어요……. 이런 논의는 당신에게는 조금도 어울리지 않아요. 당신은 이 젊음과 아름다움만으로 충분해요. 이 매혹적인 눈으로 우리들을 유혹하는 것으로 족합니다……. 이 눈으로 웃으세요. 당신이 웃으면 삼라만상이 모두 웃는 거예요.

영　옥　제발 그렇게 말하지 마세요. 계속 그러시면 나는 여기서 나가겠어요.

준　성　그렇지만 언젠가는 누군가에 지고 그 사람의 것이 되겠지요?

영　옥　부탁이에요. 그런 눈으로 나를 보지 마세요. 싫증나니까요.

준　성　(갑자기 영옥의 손을 잡는다) 왜 나한테만 냉정하지요? 왜 이렇게 쌀

쌀하게 대하는 거지요? 당신이 온 후로는 나는 정신이 나가고 말았어요. 원고를 쓸 펜도 던져버렸어. 당신은 잠든 호수에 돌을 던졌어요. 자, 어떻게 할 거예요?

(준원, 별채에서, 등장. 그 자리에 멈춰선다)

영　옥　(몸부림을 치며) 뭐 하는 거예요. 놔주세요.
준　성　(허리를 껴안고) 자, 여기에는 숲도 있고, 물레방아도 있어. 허물어져 가는 초가집도 있어. 자, 물레방아로 와. 오늘밤 8시에……. 괜찮지?
영　옥　부탁이에요. 놔주세요. 난 그런 여자가 아니에요. 당신은 정신이 나간 거지요? (운다)
준　성　(더욱더 세게 껴안는다) 그런지도 모르겠어. 미친 거지. 근데, 누구 탓일까……. 자, 올 거지? 거기라면 누구에게도 들키지 않아. 자, 알았지?
영　옥　(준원을 보고) 어머. 준성씨　(준성, 비로소 영옥을 놓는다)
영　옥　정말 너무해요.
준　성　(형에게) 다녀오셨어요. 오늘은 좋은 날씨였네요. 구름 한 점도 없잖아요. (갑자기 얄미운 듯) 왜 그런 데에 서 있습니까?
준　원　준성아.
준　성　(되돌아본다)
준　원　(돌계단을 내려와서 동생을 노려본다) 미례는 돌아왔니?
준　성　왔어요.
준　원　미나는?
준　성　(웃는다) 아직이예요.
준　원　뭐 아직 안 왔어……. 개의 집에 갔는데, 없었어……. 오늘은 일부러 조퇴까지 했는데.
준　성　승합버스를 탔어요?
준　원　아니, 버스 시간까지 꽤 시간이 남아서 자전거를 빌려 타고 왔어……. 개가 아직 안 왔다니, 어디에 가 있는 거지?
준　성　시간을 기다렸다가 승합버스를 타고 오겠죠.
준　원　그럼, 길이 엇갈렸나…….

(준성, 안채로 퇴장)

영 옥 (반대편을 보고 있다)

준 원 (영옥의 어깨에 손을 올리며) 착한 애니까, 집에 돌아가 있어.

영 옥 (그를 되돌아보고) 지금부터 형부는 어떻게 할 작정이에요? 누구를 사랑할 거예요? 누구에게 가정을 지키게 하실 거예요?

준 원 누구에게라니, 할 수 없잖아…… 저런 보잘 것 없는 여자를 누가 돌봐주겠소. 불행하게 태어난 아이는 누가 키우겠소? 그렇군, 그 아이는 내 아이가 아니야. 하지만 내가 맡아서 키우게 될지도 모른다. 그런 것도 윤회겠지요.

영 옥 형부는 앞으로도 언니를 아내로 대하겠지만, 그래도, 거기에 사랑은 없을 거예요. 이제 다시는 기쁨을 찾아내지 못할 거라고 봐요. 이건 너무나도 뻔한 이치잖아요…… 그러니 한 사람이 더, 그것을 대신해서 헌신해주는 사람이, 당신에게 있어도 되지 않겠어요?

준 원 그런 사람이 있다면, 나는 사랑할 겁니다…… 한없이 깊게 사랑할 거예요……. 그렇지만 그 사람은 멀리에서 봐야 하는 등불이겠지요. 하늘에 떠 있는 우러러보는 별일 거예요.

영 옥 왜 그렇게밖에 안 되지요?

준 원 왜라니요? ……. 살다보면 행복만이 인생의 모든 것이 아니라는 걸 알게 되지요.

영 옥 그렇지만, 행복을 바라면 안 되는 건가요?

준 원 나도 서른 일곱이예요. 이제 나이를 많이 먹었어요. 단지 내가 할 수 있는 것은 앞으로 당신들에게 열려질 행복한 길을 보여주는 것이겠지요.

영 옥 (눈시울을 적시며) 그렇지만, 그러면 너무 불쌍하잖아요.

준 원 자, 더 이상 여기에 머무르면, 또 무슨 불미스러운 일이 생길지 몰라요. 동생이 이해 안 되는 짓을 저질렀지요……. 엉겁결에 그렇게 될 수 있어요.

영 옥 네.

준 원 그럼, 돌아가지요.

영 옥 (쓸쓸하게 미소를 지으며 저쪽으로 간다)

준 원 자, 나는 안에 들어가서 이제 할 말을 해야겠소.

영 옥 네.

(두 사람, 안채로 퇴장. 미나, 별채로부터 등장. 정자에 와서 앉는다. 가

만히 있지 못하고 안절부절 한다. 곧, 미례, 정자 뒤쪽에서 나온다)

미　례　(미나를 보고, 종종걸음으로 나온다) 언제 왔어?

미　나　금방 왔어.

미　례　걱정했잖아. 너 때문에 10년 감수 했어……. 지금까지 무엇을 하고 있었니?……. 그렇게 이야기가 길었어?

미　나　서 있지 말고 앉아요.

미　례　(앉는다) 난, 오빠에게 전화해서 다 이야기해버렸어. 너에게 무슨 말 들어도 할 수 없어.

미　나　(별로 놀라지도 않고) 오빠, 굉장히 화를 냈지요.

미　례　당연하지.

미　나　그렇겠지요.

미　례　지금 안에 있어요. 난 혼나기 싫어서, 도망쳐 왔어……. 그래서 어떻게 되었어?

미　나　뭐가?

미　례　(이마를 때리고) 아아, 난, 머리가 복잡해서……. 그 사람과 또 만날 거야?

미　나　여러 가지 이야기를 하는데, 듣고 있는 동안에 긴 세월이 흘러간 것을 뼈저리게 느꼈어……. 아아, 내 처녀 시절……. 정말 아름다웠어……. 모두 어디로 간 거지……. 인생이란 물레바퀴처럼 빙글빙글 돌고 도는 동안에 변해 가는 거네……. 지금이라면 그런 사람을 사랑하지 않았을 텐데, 그래, 어떻게 하든 사랑이 생기지 않을 거예요.

미　례　(동정해서) 그런 거야……. 그렇지만, 미나, 머리가 흐트러졌잖아. (손으로 머리를 가다듬어준다) 너, 심란한 거지?

미　나　응.

미　례　(불안하게) 왜 그래……. 너, 무슨 일이 있었어?……. 미나, 설마…….

미　나　(조용히 머리를 흔든다) 아니……. 위험할 뻔했지만, 잘 도망쳤어. 도망치고 정거장에서 1시간이나 멍하니 앉아 있었어.

미　례　아, 안심이 되는군……. 그렇겠지. (갑자기 미나를 껴안는다) 그래야 우리 미나야.

미　나　그런데, 난, 지금 가려고 해.

미　례　어디로?

미　나　그 사람에게로……. 기다리고 있어. 나보고 여행을 가자고 그랬어.

미 례 어머, 얘가 정신이 있어?

미 나 (미례를 안으면서) 저, 괜찮잖아. 딱 이, 삼일만 놀러 가는 거니까, 괜찮죠?

미 례 내가 그런 짓을 용서할 것 같애? 가만히 보고 있을 것 같애? ……. 그리고 이번 일에는 나에게도 책임이 있어.

미 나 나를 불쌍하다고 생각하지 않아? 모른 척 해줘.

미 례 쉿, 다들 왔어. 오늘 가족회의가 있거든.

(준성, 등장)

준 성 어, 미나, 잘 왔어?

(두선과 준명 등장. 조금 있다가 준원 등장. 각각 정자에 자리를 잡아 앉는다)

준 원 (마당에서) 미나는 아직 안 왔어? ……. 미례는 어디 있어? 개는 왜 나를 피하니?

미 례 여기 있어요.

준 원 (두 여동생을 보고) 미나도 있군……. 아냐, 나는 흥분하지 않았어. 진정된 상태야. (정자로 오른다)

두 선 (준원을 잡고) 아버님이 금방 오실 거예요. 그런 말을 들으시면 낙심하실 거예요.

준 원 (앉는다. 미례에게) 미례야, 너는 왜 나를 피하니? 내가 언제 널 잡아먹으려고 했니?

미 례 (웃는다) 오빠가 화를 내니까 그렇잖아요.

준 원 (미나에게) 미나, 너는 왜 늦게 들어와? ……. 옛날 이야기를 꽃 피웠어? 재미있었어? 가슴이 두근거렸어……. 한심하군……. 아무 생각 없이 어디론가 가버리고 싶었을 정도다.

준 성 그렇게 미나 기를 죽이지 마.

준 원 그 남자는 아직도 너를 사랑하니……. 그렇게 긴장하지 마.

미 례 미나야. 말해봐……. 말 못할 짓을 한 거야?

미 나 그 사람은 오직 나를 갖고 싶어 했어요.

준 원 마음에 안 들어.

미 나 나보고 여행을 가자고 그랬어요……. 나도 싫지는 않았어요.

미 례 그건 거짓말이야. 그 사람에게 환멸을 선물로 받고 온 것뿐이에요.

준 원 거짓말이 아냐. 아무튼 니가 나빠. 왜 두 사람을 만나게 만들었어? 너는 무슨 얼굴로 미나 남편을 대할 거야?

미 례 맞는 말이네요…….

준 원 지금이야 알았어?

미 례 그렇지만 애처럼 보채니까. 그만 불쌍해 보여서요…….

준 원 (미나에게) 너는 아내에게 배신당한 측은한 내 모습을 봤잖아. 그런데도, 너의 남편을 나 같이 만들고 싶은 거야?……. 니 남편은 니가 이러는 줄도 모르고, 북쪽 바다에서 일하고 있겠지. 안개가 끼는 날에도, 폭풍우가 몰아치는 날에도, 오직 너를 위해서 일하고 있어……. 이런 짓은 인류를 배신하는 짓이야.

미 례 그건 너무해요. 미나가 무슨 짓을 했다는 거예요……. 게다가 혼자서 만난 것도 아니고.

준 성 미나는 좋은 사람이야.

준 원 진짜 소름이 끼친다……. 그 남자 말이야. 남의 아내를 유혹하는 놈은 살아 있어도 염라대왕이 흘겨보고 있을 거야.

미 나 (운다) 흔히 있는 평범한 남자예요 … 제가 외간 남자를 만난 것은 분명히 죄스러운 일이에요……. 만약 제가 홀몸이라면 그것은 죄가 되지 않겠지요……. 왜 제 남편은 바다로 가버린 거죠? 왜, 북쪽 바다를 생각하면서 불안에 떨어야 해요? 바다로 가 있는 사람을 걱정하면서, 밤낮 불안에 떨고 지내야 되요? (조용히 운다)

준 원 만사가 좋은 가정 같은 것은 없어. 괴로움도 외로움도 모르고 한 평생을 살겠다는 생각은 너무 이기적이야……. 견디면서 살아가야 돼. 가만히 참고, 끝까지 견디는 것에서 너의 아름다움이 살아날 거야.

미 례 (차분히) 그건 그래요.

(영옥이 정자 뒤편에서 나와 별채로 퇴장)

준 원 준성아, 너는 왜 영옥 씨에게 그렇게 정신 나간 짓을 했느냐……. 너에게도 실망했어……. 영옥 씨는 오늘 떠난대. 이제 여기에는 못 있어……. 너는 너무 뻔뻔스러운 것 아니냐. 너에게는 왠지 진실함이 없어……. 아까 그 꼴은 마치 짐승같더군.

미 나 이 사람이 영옥 씨에게 나쁜 짓을 했어요? ……. 바보야. 너는……. 때려주고 싶군.

준 성 그 때문에 자연이 우리들을 창조하신 겁니다.

(동석, 서류를 가지고 등장. 모두 자세를 바로 잡는다)

동 석 (미나가 슬며시 눈물을 훔치는 것을 보고) 무슨 일이 있었니? 미나가 울고 있네.

미 례 아버지, 아무것도 아니에요. 뭐, 언제나와 같이 바다 사람이 나를 울렸어요.

동 석 그래……. (미나의 어깨를 다독이면서) 외로운 거니……. 착한 애구나.

준 성 금방 그칠 거예요.

동 석 (자리를 잡고) 오늘은 형이 사찰에 가는 날이지?

준 원 제가 따라가겠습니다.

동 석 준비는 다 된 거냐?

두 선 네.

동 석 준명아, 갈 거지? (준명이가 가만히 있어서) 가기 싫은 거야?

준 성 (준명을 향해, 쌀쌀맞게) 가야 돼요. 가야 돼요. 안 가면 어떻게 합니까.

준 명 (쉰 목소리로) 네, 다녀오겠습니다.

동 석 이래가지고는 가봤자 아무 소용이 없겠다. 또 도망칠 테니.

준 명 형님. 그런 짓은 않으실 거지요……. 저도 토요일마다 문안인사 드리러 갈게요.

준 명 기꺼이 가는 사람은 아무도 없지. 하지만, 네가 가라고 하는데, 어떻게 싫다는 소리를 하겠어.

동 석 너는 왜 그런 꼴이 되어버린 거냐? 너에게도 거울을 보는 눈이 있을 텐데……. 아편이 뭐가 그렇게 좋아서 너를 이 지경으로 만들었니? 신경을 자극하는 거니? 황홀케 하는 거니? 말을 듣고 있어? 나도 한 번 해 봐야겠구만.

미 례 아버지. 이제 그만 하세요. 오빠는 가실 거예요.

동 석 25년 전에 이 토지에 폭풍이 몰아쳐서 나도 나라 밖으로 도망쳤지 ……. 15년 동안이나 폴란드에서 살다가 돌아왔어. 다시 고국 땅을 밟을 수 있는 허락을 받았지만 말이야. 아무튼, 나는 이제 아무짝에도 쓸모가 없는 노인네야……. 나는 너희들을 내버려두었고, 너희들은 그것을 기화로, 하고 싶은 대로 다 하면서 살았지. 그것도 무어라 말할 수 없다. 모두 자업자득이니까. 나는 체념했어. 잃어버린 토지에도 미련이 없다. 조금도 아깝지 않다……. 그러나, 준명아, 왜 너만이 이런 꼴이 되어버렸냐? ……. 남의 것이 되거나, 저당 잡힌 땅이 왜 너만을 이렇게 만든 거냐? ……. 그것을 생각하면 지금 약간이나마 남아 있는 토지도 고맙게 생각된다. 우리 집은 부와 문벌로 영화를 누렸던 적도 있었지만, 이 재산이 지금 너를 멸망시키고 있구나.

준 명 네, 저만이 낙오하고 말았습니다. 낙오자가 됐기 때문에, 부모 형제한 테서 버림을 받았습니다.

동 석 준명아, 나도 부탁한다. 산에 가다오. 너는 그 병을 고쳐야 해. 고치지 않으면 너는 죽고 만다……. 개죽음을 당해도 좋으냐?

미 례 오빠. 우리들은 오빠가 싫은 게 아니에요. 단지, 어떻게 하면 좋을지 모르는 거예요.

두 선 네, 맞아요. 당신은 자신이 무슨 말을 하고 있는지 모르는 거예요.

준 명 너희들은 나를 따돌리고 있어.

준 성 (쓴웃음을 짓는다)

준 원 아버님. 제가 따라가겠습니다.

동 석 음, 그래라. (서류를 뒤적이며) 그런데, 너희들에게 할 이야기는 다름이 아니라……. 내가 요새 왠지 몸이 안 좋구나. 노환이라고 할까. 그래서, 지금 정리해야 할 것들을 정리해두려고 한다……. 우선, 저당 잡힌 토지를 남김없이 매각하기로 했다. 이대로 가면 이자에 이자만 더해져서 아무 도움이 되지 않을거야. 그리고 빌린 것은 어차피 갚아야 되니까.

준 원 아버지, 은행에 맡긴 토지를 모두 처분하신다는 말씀입니까? ……. 형님. 듣고 있어요?

준 명 듣고 있습니다.

동 석 그리고 저 하동 땅 말인데…….

준 명 (갑자기 당황하여) 나는 좀 실례해야겠어. 아까부터 한기가 들려서. 왠지 부들부들 떨리는군. 그래 머리도 쿡쿡 쑤셔.

준 원 아무튼, 앉아요. 금방 끝나니까요.

준 명 (비통한 목소리로) 그러지 마. 용서해 줘. 더는 못 견디겠어.

준 원 (앉힌다) 아무리 그렇다고 형님이 빠지는 법이 어디 있어요.

준 명 그건 그렇지만.

준 원 그러지 마시고.

준 명 (울상이 되어, 할 수 없이 앉는다)

동 석 (준원을 보다가) 하동의 토지 말인데, 저 땅은 돌아가신 할머니가 너희들에게 남기신 것이다. 너희들이 크면 똑같이 나누라고 하였단다……. 돈으로 환산하면 2만 5천 엔이 된다.

준 성 저도 목장을 살 수 있다는 말이네요……. 누나도 도쿄에 갈 수 있겠네요……. 결국, 이제 이 낡은 껍데기로부터 벗어날 수 있다는 말이네요.

미 례 가만히 있어.

동 석 이렇게 되어 나도 홀가분해. 하지만, 잘 들어. 이걸로 우리 집 재산은 완전히 없어진 셈이야. 너희들도 그렇게 알고 각자 살아갈 길을 생각하도록 해라.

준 원 그러나, 하동 땅이라면 화개면에 있는 땅밖에 없지 않습니까? 남은 땅이.

동 석 맞아. 화개면 땅뿐이다.

준 원 그 땅이라면 올해 봄에 저축은행에 잡혔을 텐데요.

동 석 아냐. 하동 땅 중에서 거기는 손대지 않았어. 할머니의 유언도 있고 해서, 팔지도 않았고 저당 잡히지도 않았어.

준 원 음, 그렇습니까? 좀 이상한데요……. 근데, 지난번에 낙동강 땅 건으로 저 은행에 가본 적이 있는데……. 그 때 장부를 봤는데, 그 토지가 벌써 2순위 저당이었던 걸요.

동 석 그게 확실해?

준 원 이상하다……. 분명히 화개면 토지였는데요.

(사이. 모든 사람의 눈길이 준명에게 집중된다)

동 석 준명아. 네가 저당 잡혔어?

준 명 (엎드려서) 죄송합니다……. 그런 연유가 있는 줄은 꿈에도 몰랐습니다. 내가 잘못했어. 나쁜 짓을 했어. 그것으로 지금까지 살아왔던 거야.

두 선 당신은 어떻게 그럴 수가 있어요?

동 석 (어처구니 없어하며) 도대체 언제 잡혔어? ……. 나도 모르는 사이에…….

준 원 이번 4월인 것 같은데요.

동 석 이런 지경이 되니, 현대의학을 원망할 밖에. 왜 아편의 마성과 독성을 없앨 수 없는 거야……. 많은 사람들이 마약으로 망한다, 많은 가정이 아편으로 파멸해 간다, 현대의학이 게을러서 이런 거야.

준　성　(양손으로 머리를 감싸쥐고) 에이, 모든 일이 진절머리가 나.

두　선　(바닥에 손을 짚고) 드릴 말씀이 없습니다.

준　명　나는 어떻게 하면 되는 거야? 준원아, 가르쳐줘. 어떻게 하면 되니? (몸
　　　　부림을 치며 운다) 너희들은 나보고 절에 가라고 한다. 하지만, 산 속에
　　　　서, 어떻게 그 고통을 참을 수 있어? 정심 스님은 반드시 나를 죽일 거
　　　　야. 생각하는 것만으로도 미칠 것 같아. (가슴을 막 쥐어뜯는다) 여기가
　　　　탄다. 여기가……

　　　　(갑자기 마당으로 뛰어내려 마당 뒤쪽 나무 사이로 사라진다)

준　원　아, 형……. 안 돼. 늪으로 가자.

　　　　(뒤를 쫓아 퇴장)

미　례　빨리, 오빠, 빨리……

　　　　(미례와 두선, 뒤를 쫓아 퇴장. 준성, 조금 있다가 안채로 돌아나가 쫓아
　　　　간다. 미례의 '오빠'소리가, 멀리에서 들린다. 사이)

미　나　(운다) 아버지……. 아버지……

동　석　아무것도 아냐. 좀 난리를 치고 나면 금방 진정이 될거야……. 좀 난동
　　　　을 부리는 것 뿐이야.

미　나　아버지……. 아버지……

동　석　너는 착한 아이다……. 너는 착한 아이야……. 불쌍해라……. 너는 착
　　　　한 아이다……

제 4 막

다시 뒷마당

전막 직후

제1막과 마찬가지로, 역시, 마당에 있는 버드나뭇가지에 매달린 조롱에서 두견새가 울고 있다. 그 앞에 영옥이 서 있다. 가슴 위에 팔을 ×자로 얹히고 쓸쓸하게 듣고 있다. 미례의 '오빠' 부르는 소리가 멀리에서 들렸다가, 곧 바깥에서 준명이 당장이라도 쓰러질 듯이 들어온다. 그 뒤를 따라 준원이 달려 들어온다. 그 다음에 안채에서 준성이 뛰어 나온다. 이윽고 미례와 두선이 바깥에서 들어온다. 준명은 들어오자마자 쓰러질 듯이 평상에 몸을 던진다. 모든 사람들이 그를 둘러싼다.

준 명   (숨을 몰아쉬면서) 내버려둬, 제발 내버려둬, 내가 무슨 짓을 했다고?
준 원   어디로 갈 생각이었어요? …… 왜 모든 사람에게 걱정을 끼쳐요?
준 명   아냐
준 원   아니라니요……. (모든 사람의 얼굴을 바라보면서) 그럼, 갑자기 왜 도망친 겁니까?
준 명   부끄럽잖아 (얼굴을 가린다) 아, 창피해. 정말 창피해……. 나는 너희들의 것을 가로챈 거야. 형이 동생들 것을 뺏은 거야.
준 원   이제 끝난 일이에요. 아무튼 산에 가실 거죠?
준 명   간다.
준 원   그럼, 가실 준비를 해야죠. 자, 일어나요. (일으킨다) 어차피 여러 가지로 시간이 걸리니까요.
준 명   그렇게 재촉하지 마. 뭐 별로 서두를 일도 아닌데.
준 원   서둘러야 돼요. 날이 짧아요. 자, 자…….

(준원은 준명을 재촉하여 안채로 퇴장. 미례도 따라 들어간다. 두선은 그 자리에 남아 울다가 이윽고 들어간다)

준 성   정말 문제가 많은 사람이야. (담 너머 바깥을 본다) 농민들 집이 모두 다 비었어요. 인간이란 이름을 가지는 것들은 모두 다 풍년제에 참가했어요.

영　옥　풍년제라서 온 마을이 들떠 있네요.

준　성　그러나 가재도구를 도둑맞을 우려는 없어요. 여기에는 도둑이 없으니까요.

영　옥　아까는 웬 난리예요? ……. 무슨 일이 있었어요?

준　성　우리들은 겨우 다섯 형제이지만, 이제 우리 집에는 다섯 형제에게 나눠줄 재산이 없어요. 돌아가신 할머니가 약간 남기신 토지가 있었는데, 그것을 우리 형님이 몰래 훔쳐 먹었어요……. 게다가 불행하게도 미침산에 가는 오늘에야 일이 탄로나 버렸어요.

영　옥　큰 형님이 그런 일까지 해야 했어요?

준　성　(주사를 놓는 시늉을 하며) 이런 일은 다반사입니다. 이제 와서, 창피할 것도 미안해할 것도 없지만…… 비록 조그마한 토지라도 미례와 나에게는 커다란 자산이었는데……. 미나도 남편이 부유한 편이 아니니 역시나 갖고 싶어했지요.

영　옥　그래도 갑자기 도망친 것은……. 혹시…….

준　성　맞아요. 거기에는 늪이 아가리를 커다랗게 벌리고 기다리고 있겠지요……. 그리고 늪 앞에 선 순간, 죽음을 선택하겠죠……. 그것도 단지 산에 가기 싫어서……. 치료하러 가는데……. 몸 속에 아편 성분이 다 없어지면 발광합니다. 그 아픔은 생명의 실을 끊어버릴 만큼 강렬한 모양이에요……. 그것을 생각하면 못 견뎌서 저 늪에 차라리……. 그러니 늪에 관한 전설은 단지 전설일 따름입니다……. 그렇게 자주 자살 사건이 생기는 것이 말이나 됩니까?

영　옥　아편이란 정말 무서운 거네요.

준　성　그것도 인간이 만들어낸 거니까요.

영　옥　(놀라서) 정말이에요.

준　성　자, 저것 보세요. 이 마당에는 나무 그루터기가 두세 군데 있어요. 원래 그것들은 백 년이나 된 것 같아 보이던 오래된 나무였어요. 그런데 밤이 되면, 인간의 모습을 띤 유령으로 보이곤 했어요. 그것을 잘라서 지금은 거기에 앉곤 하지만요……. 그러나 나무를 잘라버리기만 해도 아무 소용이 없는 것 같아 보입니다. 어떻게든 이 땅에는 새로운 것을 대신 심어야 합니다. 새로운 인간이 탄생하든지, 새로운 생활을 세우든지…….

영　옥　(감동하고 그를 본다) 네, 옳은 말씀이에요.

준　성　돌아가신다면서요?

영　옥　네.

준　성　내가 그런 짓을 했기 때문입니까?

영　옥　아니에요. 아무렇지 않게 생각해요.

(동석과 미나, 바깥에서 등장. 다음 대화를 하는 중에, 영옥은 왼쪽 문으로 나간다)

동　석　형은 어떻게 됐어?

준　성　(웃는다) 지금 집에 있어요.

동　석　난리 쳤어?

준　성　조용했어요.

동　석　왜 갑자기 달려갔어?

준　성　창피해서 그랬답니다.

동　석　원래 그런 사람이야.

준　성　네 좋은 사람이었는데…….

동　석　그렇지만, 너는 냉정하게 대하잖아……. 너는 형을 달가워하지 않잖아.

준　성　그것과 이것은 문제가 다르지요.

동　석　다르다고, 무엇이 다르냐?

준　성　항상 상냥하게 대할 수만은 없잖아요.

동　석　언제나 상냥하지 않았지.

준　성　상냥하게 대하는 것만이 좋은 것은 아니니까요.

동　석　나쁜 것도 아니지……. 아무튼 목장 건은 걱정하지 마. 내가 사준다.

준　성　그러세요. 고맙습니다.

(동석, 준성을 흘낏 보고 안채로 퇴장)

준　성　(평상에 앉아 있는 미나에게) 미나야, 기운이 없구나……. 벌써 마음이 식었어?

미　나　식어버렸어요.

준　성　벌써?

미　나　(웃는다)

(준원과 미례, 나온다)

84

준　원　진짜 다루기 힘들군. 정말 손이 많이 가는 사람이야. 너희들이 진저리
　　　　치는 것도 무리가 아니야.
미　례　나는 오히려 재미있는데요.
준　원　마차로 가야겠어. 걸어가면 밤 되겠다.
미　례　미나야, 그런 데 앉아서 뭐하니?
준　원　(미나 곁에 가서) 미나야, 아까 너에게 큰소리쳐서 미안했다.
미　나　아뇨.
미　례　미나, 나는 너를 불쌍하게 여겨. 하지만, 지금 이대로가 얼마나 좋은지
　　　　모르겠어. 차를 마시거나 이야기를 나누거나 언제나 서로 얼굴을 마주
　　　　보거나 하는 게. 그래, 아무 일 없이 잘 살고 있잖아. 더 이상 바랄 게
　　　　무엇 있어……. 미나, 후회 될 일이 있으면 안 돼.
준　원　미나, 알았어?
미　나　올케는 그 이후에 어떻게 지내고 있어요?
준　원　지금 그 여자에게 무엇이 남아 있겠어……. 몸 둘 바를 몰라하지. 단지
　　　　밤낮 울기만 한다.
미　나　네, 오빠가 가지 말라고 하신다면 어디에도 안 갑니다……. 오빠가 안
　　　　된다고 하시면 점잖은 사람이 될게요.

　　　　(사이)

준　원　자, 미례, 목장에 갔다와.
준　성　제가 갔다올게요. 거기 주인양반과 할 이야기도 좀 있고요…….

　　　　(바깥으로 퇴장)

준　원　영옥은 어디 있지……. 슬슬 떠날 채비를 해야 하는데…….
미　나　아까 나간 것 같은데요.
미　례　저, 오빠. (오빠 곁으로 간다) 이런 말 할 필요도 없지만요……. 저 나
　　　　름대로 좀 마음에 걸리는 것이 있었어요. 그리고 지금 당장 말한 뒤에
　　　　잊어버릴 수 있는 일이니까 말하겠는데……. 영옥 씨, 오빠를 사랑해요.
　　　　영옥 씨가 저에게 고백한 적 있어요. 여기까지 따라온 것도 그 때문이
　　　　에요. 그 사람의 아름다운 마음이 오빠를 사랑할 수밖에 없었나 봐
　　　　요……. 그래도 어쩔 수 없는 일이 아니에요.
준　원　(놀라서) 그런 말을 했어?

미　례　네.

준　원　그 어린 영옥이가……. 스스로.

미　례　네.

준　원　일이 어떻게 되어 가는 거야. 무서운 일이다. 그런 일이 있으면 안 돼. 영옥이가 나에게 그런 마음을 가지고 있다면……. 아냐, 안 될 일이야. 나는 행복이라든가 사랑이라 하는 것은 포기한 지가 오래야. 나에게 살아간다는 것은 이제 고행이다……. 현실이 고달픈 것도, 얄팍한 것도 알고 있어. 인간관계라는 것도 믿을 게 못된다는 것, 덧없는 것이라는 걸 알고 있지. 그러나 나만은 나 자신을 깨끗이 유지하고 살아갈 거야. (사이) 이렇게 된 바에야 한시라도 빨리 영옥이 여기를 떠나야 되겠군.

준　원　그리고 경성에 있는 아내에게도, 곧 오라고 일러둬야겠어. 편지를 써서 영옥이 편으로 보내야겠어.

미　례　그게 좋겠어요.

　　　　　(준원, 안채로 퇴장. 사이)

미　례　아, 나는 어떻게 해야 하나……. 큰오빠가 너무 얄미워. (운다) 너무해. 너무해. 나는 이제 도쿄에 갈 수 없어. 그렇게 그 날이 오기를 기다렸는데……. 이제 갈 수 없어. 어디에도 못 가. 이대로 나이만 먹을 거야. 나이만 들고 멍청한 사람이 되겠지……. 미나, 너무하다고 생각하지 않아?

미　나　아버지께 부탁해봐……. 아까 준성 오빠에게도 목장을 사준다고 말씀하셨어.

미　례　그래. 그럼 나도 한번 부탁해볼까.

미　나　꼭 해주실 거예요.

미　례　부탁해볼게.

　　　　　(사이. 소쩍새가 운다)

미　나　(노래를 부른다)
　　　　겨울이 가고
　　　　봄도 가고 봄도 가고
　　　　여름이 돌아와
　　　　한 해가 가도 한 해가 가도

86

님이 돌아오시기를…… (안채로 들어가면서)
단지 나는 단지 나는
맹세한 대로
기다리고 기다린다

(안채로 퇴장. 영옥, 왼쪽 문에서 등장)

영　옥　미례 언니.
미　례　왜.
영　옥　역시 사랑하면 안 되는 사람을 사랑했어요.
미　례　(곤란해 하면서) 그렇구나.
영　옥　언니는 형부를 배신했고, 이제 형부에게 언니는 완전한 타인과 마찬가
　　　지고……. 그래서 내가 대신해서 사랑하고, 사랑 받고 싶었어요. 나는
　　　그렇게 할 수 있다고 생각했어요. 그리고 그랬어야 한다고 생각했어
　　　요……. 그렇지만 사랑하지 않았어야 했어요.
미　례　나는, 영옥 씨가 오빠를 사랑한다고 말해버렸어요.
영　옥　(놀라서) 어머, 어떻게 해요. 정말 쓸데없는 짓을 했네요.
미　례　미안해요. 나는 왠지 가만히 있을 수 없었어요.
영　옥　그래서……. 물론 화를 내셨지요?
미　례　언제까지나 영옥 씨의 좋은 사람으로 있고 싶대요.
영　옥　(눈물을 머금고) 네, 좋은 사람이에요.

(준명, 안채에서 나와, 담 너머로 바깥을 본다. 옷을 갈아 입었고, 모자
도 쓰고 있다)

준　명　저, 미례.
미　례　네?
준　명　왠지 마을에 아무도 없는 것 같다.
미　례　풍년제라서 모두 나갔나 보죠.
준　명　들에도 길에도, 사람 그림자조차 안 보인다. 단지 가을이 있을 뿐이
　　　다……. 떠나기에는 쓸쓸한 날이다.

(준원, 바깥에서, 등장)

준 성 곧 오신다면서요.

미 례 곧 모시러 올 거예요.

(준성, 안채로 퇴장)

준 명 (사이) 나는 돌림쟁이다……. 길을 좀 잘못 들었기 때문에……. 질질
끌려서……. 이렇게 되고 말았어.

미 례 (준명을 옆 눈으로 본다)

준 명 나는 짐승이다……. 이 집을 황폐하게 만들고 있어……. 저 부귀영화는
어디로 갔지……. 저 재산은……. 집안도 완전히 기운 것 같아……. 다
내가 저지른 일이다……. 너는 지금부터 어떻게 할 거야? 어떻게 살아
갈 거야? 너는 아직 시집도 안 가고 돈도 없는데.

미 례 이제는 오빠에게…….

준 명 (사이) 그럴 거다……. 어떤 사람이든 나 같은 경우면 끝장이다…….
지금보다 밑은 보이지도 않는다.

미 례 이제 됐어요.

준 명 (가서, 등의자에 앉는다)

(두선, 주사기 케이스를 가지고 안채에서 등장)

두 선 당신, 무슨 일이에요? 부르셨죠.

준 명 미례, 미안하지만 좀 나가 있거라.

미 례 (두선과 얼굴을 마주보고) 네.

(영옥에게 눈짓을 하고 둘이 함께 안채로 퇴장)

두 선 왜요?

준 명 주사기는. (보고) 갖고 왔지?

두 선 왜 그러세요? 또 아프세요?

준 명 (옷소매를 올린다) 자, 부탁이야.

두 선 어머, 금방 놨잖아요. 이것은 남겨둬야 해요.

준 명 너는 교활해. 먼저 것 가지고는 모자라. 자, 부탁이야.

두 선 (생각에 잠겨) 네, 알았어요. 놔줄게요. 이제 산에 가실 거니까요.

(준명, 눈을 감는다. 두선, 주사기를 꺼내고 능숙한 솜씨로 주사를 놔준다. 남편을 내려다보다가 살짝 눈물을 훔친다. 사이)

준　명　(눈을 뜨고 크게 숨을 내쉰다. 또다시 눈을 감는다) 무슨 말이라도 해
　　　 줘.

두　선　무슨 말을 할까요?

준　명　아이는 잘 있니?

두　선　항상 편지를 보냅니다……. 아버지 상태는 어떠시냐고, 글자 모양새도
　　　 글자답게 되어 가요.

준　명　(기분 좋은 듯이 너털웃음을 웃는다) 그 애가 그러니까…….

두　선　올해 2학년 이예요.

준　명　벌써 그렇게 되지.

두　선　당신도 걔를 보고 싶으시죠?

준　명　(갑자기 양손으로 눈을 누른다)

두　선　(치마의 옷고름으로 눈가를 훔친다) 목장의 마차를 타고 가실 거죠. 거
　　　 기까지 4리 길이예요. 그리고 곧 해가 질 텐데.

준　명　들었어. 하지만, 어차피 해는 지는데 길은 멀다. 나는 벌써 마흔이
　　　 군……. 인생의 중간을 지났어. 그런데도 지금까지 살아 왔었는지 죽어
　　　 있었는지 전혀 분간이 안 가……. 내 인생도 산에 가는 길도 둘 다 해
　　　 는 지는데 갈 길은 먼 격이야.

두　선　어머, 지금부터 한창 일 하실 나이가 아니세요……. 모든 것들이 다시
　　　 원래대로 될 거예요. (두 사람은 쓸쓸하고 우수 어린 모습으로 가만히
　　　 앉아있다)

준　명　이대로 마차가 오기 전까지 여기서 쉬겠어……. 당신은 안에 들어가도
　　　 돼.

두　선　네, 좀 쉬세요. (가다가) 당신, 인삼을 고리에 넣었어요. 다려서 드세요.

(안채로 퇴장. 준명 일어나서 그림자처럼 조용히 바깥으로 나간다. 미나,
나온다)

미　나　(나와서 평상에 앉는다. 상체를 구부리며 손으로 이마를 누른다)

(미례, 나온다)

미　례　(다정하게) 미나.

미　나　(보지 않고) 언니예요?

미　례　괴로워?

미　나　네.

미　례　그것 봐. 술은 왜 마셨니.

미　나　마시지 않았어요. 아버지가 드시다가 남긴 것을 한 모금 마셔봤을 뿐이에요. 딱 한 모금인데 금방 취기가 돌아요…… 왜 마셨을까…… 잊지 못해서……. 그것도 아냐. 슬퍼서……. 그것도 아냐, 이것도 아니고 저것도 아니라면 무엇일까……. 서로 편지도 없이 지낸 이 몇 년 사이에 그 분은 완전히 속물이 되고 말았어. 아직 젊으신데……. 고고(孤高)하고 뜻이 높고 순결했는데……. 무슨 일을 겪었길래 그렇게까지 변했는지. 옛날 모습이라곤 어디에도 찾아 볼 수 없었어요. 완전히 낯선 사람이 되고 말았어요.

미　례　너, 눈물이 흐르는구나.

미　나　아니에요. (눈물을 훔친다. 사이) 언니, 남편은 언제 돌아올까요?

미　례　그러고 보니 벌써 돌아올 때가 되었네.

미　나　여기는 가을이지만, 북쪽은 벌써 겨울이죠. 바람이 얼마나 불까요? 바다는 얼마나 사나울까요? 정말 힘드실 거예요. 고달픈 일이겠죠……. 여자는 못 간다는 금단의 바다로 갈매기라도 되어 날아가고 싶어요……. 전에 안개가 짙어서 한 치 앞도 안 보였잖아요. 그 안개가 저 바다에도 깔린 게 아닐까요.

미　례　안개가 꼈다고 설마 무슨 일이 일어나겠니.

(사이. 영옥과 준원, 안채에서 나온다. 영옥은 떠날 옷차림에, 트렁크를 들고 있다. 그 뒤에서 준성 따라 나온다)

준　원　(나오면서) 시내에서 7시에 출발하는 야간열차를 타고 가는 것이 편하겠어. 그걸 타면 다음 역에서 급행열차로 갈아탈 수 있어.

영　옥　네.

미　례　벌써 떠나세요?

영　옥　네.

미　나　우리들이 별로 대접도 못해 드렸는데.

영　옥　별 말씀을…… 저는 여러 가지로 재미있었어요.

미　례　그래도 가끔은 우리들 생각을 좀 해주세요.

영　옥　네, 생각날 거예요. 미례씨 사진, 받았잖아요.
영　옥　소쩍새가 우네요……. 왔을 때에도 저렇게 울고 있었어요.
준　원　드릴까요?
영　옥　고맙지만, 새가 외로워하지 않을까요?
준　원　새보고 참으라고 하세요.
영　옥　열심히 달래볼게요.
준　원　형도 괴롭지만 견딜 테니까요.
영　옥　(눈시울을 붉히며) 네, 달래볼게요. 소쩍새 가져갈게요.
준　원　(조롱을 떼어서 영옥에게 건네준다)
영　옥　그럼, 부디 안녕히 계세요.
준　원　잘 살펴서 가세요.
영　옥　안녕히 계세요. (그를 본다)
준　원　(고개를 끄덕인다)
영　옥　(두 사람을 생각해서 방해가 되지 않도록 떨어져 서 있는 자매에게)
　　　　그럼 여러분 안녕히 계세요. 또 뵙겠어요.

　　　　(이별의 인사를 나눈다. 영옥, 밖으로 나간다. 사이. 모두 가만히 서서
　　　　아무 말도 못 한다)

미　례　조용한 날이네요……. 오늘 같은 날에는 현해탄도 꼭 평온할 거예요.
준　원　미례야, 너는 어떡하든지 도쿄에 가고 싶은 거니?
미　례　네, 가고 싶어요. 나는 이렇게 있을 수만은 없어요. 지금 스물 아홉이
　　　　예요. 곧 서른이란 말이에요. 늦장부리고 있을 수만은 없잖아요.
준　원　그만한 생각이 있으면 가도록 해라. 돈은 내가 보내줄 테니까.
미　례　어머, 오빠가……. 정말이에요?
준　원　거짓말로 들리니?
미　례　그런데, 오빠가 그럴 수 있어요?
준　원　너 한 사람 정도는 못 할 것도 없지.
미　례　고마워요. (운다)
준　원　왜 울어.
미　례　기뻐서요.
준　원　그렇지만 옛날과 같은 생각은 버려야 된다.
미　례　네.

준 성 이것으로 모두 다 잘 됐다. 단지 큰 형만이 미지수인 채로 남았지만.

준 원 (무슨 생각이 들어, 갑자기 일어선다) 음, 어디로 간 거야?

준 성 누가요?

준 원 형 말이다.

미 나 맞아, 안에도 없었는데.

준 원 없었어?…… 나간 것에 틀림없어.

준 성 (일어선다) 큰일 났네요.

미 례 아니에요. 아마 거기 술집 아줌마에게 이별 인사하러 갔을 거예요.

준 성 그게 아니면 풍년제 하는 그곳에?

준 원 (불안하게 웃는다) 그렇게 생각해?……. 아냐, 아무튼 찾아보자.

(바깥으로 퇴장. 마차의 종소리. 집 쪽으로 다가온다)

준 성 마차가 온 것 같구나. (담 쪽으로 간다)

미 례 (담 쪽으로 간다. 바깥을 향해서) 수고하셨어요……. 저기 잠깐만 기다
려 주시겠어요? 준성아, 너 좀 찾아봐.

(준성, 안채로 퇴장)

미 례 기뻐. 너무 기뻐. 가만히 있을 수 없어. 몸에 날개가 돋아난 것 같
아……. 나도 짐을 꾸려야지……. 며칠 후에는 도쿄에 있을 거야.

미 나 언제 떠나니?

미 례 가능한 한 빨리 떠날 거예요.

(하녀와 남자 하인. 고리짝과 상자, 포대 등을 밖으로 나른다. 준성과 두
선 나온다)

두 선 어머, 그이는……. 어디로 가셨나요? 아까 여기서 좀 쉬고 싶다고 그러
셨는데…….

준 성 풍년제 하는 곳에 있는 거 아니겠어요, 준원 형이 찾으러 나갔어요.
(나무문 쪽으로 가서, 마차꾼에게 무슨 말을 건넨다)

두 선 (평상에 앉는다) 내가 같이 가지 않아도 되나요? 마음에 걸려서 못 견디
겠어요. 누가 그 사람을 따라가야 하는 게 아닐까요?

미 례 그래도 그건 안 돼요. 괴로워하는 것을 보면 마음이 약해져서, 모처럼

이렇게까지 된 일이 모두 다 허사가 되고 말 거예요.

두　선　그래도 그 이를 저런 산 속에 혼자 놔두는 게…….

미　례　올케 마음은 잘 알아요. 힘드실 거예요……. 하지만 지금에 와서 그런 감상에 빠져 있으면 아무것도 안 돼요……. 그야말로 냉정하게 마음을 다잡아야 해요.

두　선　그렇게 말할 수 있는 당신이 부러워요.

미　례　올케, 어떻게 된 거죠, 오늘 따라.

두　선　왠지 갑자기 애가 타서 못 견디겠어요……. 그이가 불쌍히 보여요……. 가련해 보여요……. 어떻게 되어도 상관없으니까 그이를 보내면 안 되겠다는 생각이 들어요. 그이를 산에 보내는 것보다, 내가 좋은 동행자가 되는 것이 낫겠어요. 그래야 만족할 수 있을 것 같아요.

(동석, 나와서 등의자에 앉는다)

미　례　정말 오랫동안 올케는 잘 견뎌 냈어요. 끈기있게 잘도 견뎌 냈어요……. 언젠가 보람이 있을 거예요. 오빠는 꼭 완쾌해서 돌아오실 거예요. 그리고 모든 일들이 예전처럼 될 거예요.

두　선　(동석 앞에서 겸손하게) 네, 해님과 달님께 치성을 드렸어요. 하루도 빠지지 않고……. 하느님도 들어주시겠죠?

미　례　네, 언젠가 웃으면서 오늘 일을 떠올릴 날도 있겠죠.

(멀리에서 풍년제의 농악소리가 들린다)

동　석　자, 벌써 시작했어……. 올해는 풍년이다.

(일동, 농악 소리에 귀를 기울인다)

준　성　정말 저 소리를 들으면 저절로 춤추고 싶어져요.

미　례　괜찮아요. 춤 춰 봐요.

준　성　그만둬요……. 그건 그렇고 큰형은 어디로 간 거죠? 준원 형도 안 돌아오고……. 둘 다 길을 잃었나. (담 넘어 바깥을 보고) 음, 거기에 준원 형이 서 있군……. 왜 늪 가에 서 있지? 저것 봐, 할아범이 이 쪽으로 달려오네……. 역시 늪 쪽에서 오나 봐……. 가만히 있어봐요.

(바깥으로 달려간다)

두 선   (깜짝 놀라, 가슴에 손을 얹는다) 무슨 일이죠?……. 늪에서 무슨 일이
            있었나요…….

(바깥으로 달려간다. 일동 깜짝 놀라, 못에 박힌 듯 꼼짝도 않는다. 사
이. 준성, 놀란 얼굴로 들어온다)

준 성   (문을 잡아) 아버지……. 이제 큰형은 절에 못 가요.
동 석   음. 설마.
미 나   (거의 동시에) 설마.
동 석   무슨 일이 있었나?
준 성   물에 빠져 죽은 사람을 싣고 갈 수는 없잖아요.

(또 밖으로 달려간다. 미례와 미나도 밖으로 달려간다. 남자 하인과 하
녀, 아까 들고 나간 짐을 조용히 도로 갖다 놓고 또 밖으로 나간다. 농
악소리가 들린다)

동 석   (홀로) 불쌍한 놈……. 너의 괴로움도 이제 끝났구나……. 이제 괴로워
            하지 않아도 된다……. 나도 이제 얼마 남지 않은 이 세상에서의 날들
            을 조용히 쉴 수 있겠구나……. 어두운 운명의 팔에 안기는 그 날까
            지…….

(집 밖에서 마차가 종소리를 울리며 멀어져 간다. 쓸쓸하게 소리가 들린
다. 사이)

막.

동 상

▷ 서지사항 : 1막, 미국 하버드대학 옌칭도서관 발굴 자료, 박연희 번역
▷ 공연사항 : 극단 황금좌, 박춘명 연출, 부민관, 1943년. 11월 11일~
▷ 특기사항 : 제 1회 연극경연대회 참가 작품, 1944년 4월과 6월 4차례
　　　　　　에 걸쳐 재공연

작의

때는 바야흐로 결전 제2년을 맞이하고 있다. 전쟁에 이기기 위해서는 − 국민은 물심양면으로 총력을 기울여 전쟁에 조력할 각오로 매진해야 한다.
이 초□□적 국가의 전쟁이념을 수행하기 위해서는 꼭 강고한 의지가 필요하다.
그러나, 구세대적인 개인주의적 의지로는 곤란하다. 따라서, 작자□□의 한편의 보잘 것 없는 작품(동상)을 통해서 의지에 대한 새로운 해석을 시도했다. 즉, 성격적으로 상반되는 의지의 갈등으로부터 새로운 의지를 창조하는 데 있다. 「동상」이야말로 모든 것을 초월한 국가이념에 입각한 새로운 의지의 상징이다. 이상

때

쇼와 16년(1941년) 한 여름 저녁부터 달이 뜰 때까지

장소

어느 시골의 강 건너편 작은 평야

인물

綾子夫人 （미망인） 47세
松岡信一 （그 장남） 25세
　　信吉 （그 차남） 22세
白川命坤 （지주） 56세
　　勝子 （그의 딸） 19세
金田 부장 （순사부장） 45세
金助 （마을의 사환） 21세
順伊 20세
마을 부인 甲 （야학 선생） 35세
마을 부인 乙 （야학 선생） 40세
아이 （국민학생） 10세
그 외 농민, 아낙 처녀들 다수 등장한다.

무대

중앙, 조금 높게 쌓아놓은 석축에 松岡 씨의 상반신 동상이 흰 화암석 대 위에 안치되어 있다. 석축은 흰 페인트가 칠해진 목책으로 둘러싸여 있다.
아래쪽으로는 □의 松岡 씨의 집 일부가 보이고 땔감인 보릿단이 반은 목책 위에 쌓여 있다.

위쪽에는 지주 白川 씨의 집 출입구가 보인다.

綾子 부인은 마을 야학생들(부인들과 처녀들도 섞여 있다)과 함께 낡긴 했지만 옛날 모습이 남아 있는 미싱을 둘러싸고 '대 일본 부인회'라고 쓰여진 어깨띠를 만들고 있다.

저녁

동상은 석양빛을 받아 반짝반짝 빛난다.
일동 명랑하게 웃는다.

부인甲   선생님, 그때 일을 한번 더 자세히 말씀해 주시지 않겠어요? 댁의 松岡 선생님의 동상의 유래를. 이 사람들은 선생님의 훌륭한 점을 조금도 모르니까요.

綾 子   뭐 그렇게 대단한 일도 아니에요.

부인乙   하지만, 마을 장로들은 누구 할 것 없이 선생님의 동상을 흡사 마을의 신처럼 존경하고 있지 않습니까? 그렇죠 여러분?

부인甲   順伊 씨! 당신도 잘 들어둬요. 당신도 松岡 집안 사람이니까.

順 伊   어머! 왜 그러세요?

綾 子   그렇네요. 그럭저럭 17년이나 전의 일이니까. 나도 점점 잊어가고 있습니다만 그때는 4년이나 계속하여 큰비가 내렸었죠.

부인甲   그것은 대단한 소란이었죠. 농작물은 못쓰게 되었고, 온 마을이 기근 소동을 일으켜서요.

綾 子   그리고 이것은 어떻게든 안전한 제방을 쌓아 물이 범람하는 것을 막지 않으면 안 된다고 열심히 설득하고 다녔죠. 그러나 의외로 중요한 농민들이 반대했기 때문에 그토록 대단하신 선생님도 실망하셨어요. 소수의 찬동은 있었지만 금전상 무력한 사람들이었죠.

順 伊   왜 반대하셨어요?

부인甲   그건 이웃에 사는 白川 씨의 못된 흉계 때문이지.

順 伊   하지만 이 부근은 거의가 白川 씨의 토지잖아요? 찬동하는 것이 당연하지 않나요?

부인甲   그것이 말이지. 그 영감의 인색한 성격 탓이지. 즉 기부금을 아끼려고 소작인인 농민들을 모아 말을 퍼뜨렸으니까 모일 리 없지 않겠어? 그 영감은 돈을 내라고 오면 언제나 그 수법을 썼으니까.

부인乙   행실이 좋지 않은 술집의 마담들에게는 사족도 못쓰는 물렁한 영감주제에.

일동 웃음

綾 子 남의 험담을 하면 못써요. 白川 씨는 결코 공익 사업에 인색한 사람이
아니요. '물을 베게 삼고 돌로 양치질한다'고 할 정도의 사람이에요.
스스로 솔선수범한 일이 아니면 남의 안건에 따르기를 싫어하는 사람
이지요. 그런 성격의 사람이니까 白川 씨는 일생에 단 한번은 반드시
자신의 의지로 남을 위한 일을 솔선해서 할 때가 있을 테니 두고 보세
요.
부인乙 결국 집안에서만 큰소리치는 사람이군요.

일동 웃음

順 伊 그래서 어떻게 됐어요?
綾 子 어쩔 수 없이 사재를 전부 내어 제방의 사방 공사를 성사시켰지요.
順 伊 그 훌륭한 제방 사방 공사를 선생님의 사재로……?
부인甲 그래 그 이후 아무리 큰비가 내려도 이 마을은 홍수에 침수될 염려가
없어졌지.
順 伊 선생님은 훌륭하세요.
부인甲 훌륭하고 말고. 게다가 제방이 생기고 나서는 년간 만 5천 석이나 되
는 쌀이 여분으로 축적되니까 그것은 훌륭하고 말고. 그리고 마을 노인
들이 선생님의 동상을 마을을 지키는 신처럼 모시는 이유를 알았겠죠?
順 伊 훌륭해요.
부인甲 그리고 마을 사람들이 의논한 결과 白川 씨의 반대를 무릅쓰고 선생님
의 업적을 기념하기 위해 저 동상을 세운 거야.
부인乙 하지만 난 선생님을 생각하면 분하다는 생각이 들어요. 그렇잖아요. 선
생님댁은 저 사방공사 때문에 저렇게 가난해졌잖아요? 그런데 白川 씨
는 어때요, 일 년에 만 오천 석을 자기 혼자 다 갖잖아요. 천리를 거스
르는 모순에도 정도가 있다고 생각해요.
부인甲 그 뿐만이 아니에요. 금년처럼 가물은 해에는 그 영감, 말버릇처럼 '저
사방 공사는 뭐야' '수로를 잘라서 마을 사람들이 굶어 죽어도 좋은가?
모두 松岡 탓이다'라고 불평을 퍼뜨리고 있어요. 그렇게 뻔뻔할 수가
없어요.

綾　子　실은 우리 信一이도 그 소문을 가장 힘들어하고 있어요. '아버지의 사업이 사람들의 웃음거리가 되어서는 안 된다. 어떻게든 해서 그 소문을 없애지 않으면 사람의 자식으로서 부모에게 면목이 없다. 면목이 서지 않는다.' 하고 말하고 있어요. 그래서 수리 조합을 설립해 보이겠다고 저렇게 애쓰고 있지만 동생 信吉이가 제일 먼저 반대하니까 信一이도 여러 가지로 애먹고 있어요.

부인甲　정말 사모님도 힘드시겠어요.

綾　子　무엇보다도 그 아이는 모든 것이 아버지를 닮아서 한번 고집을 부리면 그걸로 끝이니까요.

順　伊　信吉 씨가 왜 반대하는 걸까요?

綾　子　白川 씨가 마음에 안든다는군요. 아버지의 사방사업도 형의 수리조합도 더욱더 白川 씨의 부를 축척시켜 주는 것이라고 하면서 고집을 부려서.

부인甲　당연하지요. 信吉 씨가 그렇게 이야기하는 것도 무리는 아니라고 생각해요. 그렇죠 順伊 씨?

順　伊　하지만 이렇게 중요한 때에!?

綾　子　그렇지. 그 아이 지금이 어느 때인지 모르고 그렇게 말하지만 白川 씨의 감정은 개인적인 일이에요. 어떻든 사방공사나 수리조합은 결코 白川 씨 한사람의 복리를 위한 것은 아니에요. 적어도 이 마을 전체의 사활에 관계된 문제니까요. 게다가 지금 나라는 쌀이 아무리 많아도 부족한 실정인걸요.

부인甲　그것도 그렇군요.

綾　子　자 모두 완성됐습니다. 그만 이야기가 길어져서……. 정리하고 빨리 돌아가서 저녁준비 해야죠.

일동 정리한다.

順　伊　선생님! 어깨에 걸어보지 않겠어요?

부인甲　그것도 좋겠네요. 모두 어깨에 걸고 서 보세요. 선생님! 어때요?

웃는다. 일동 어깨띠를 어깨에 건다.

綾　子　그 작업복도 그 어깨띠도 모두 훌륭한 대일본 부인의 모습이군요. 그러나 체제는 아직 진짜 대일본 부인이라고 말할 수는 없어요. 앞으로 여러분의 남편이, 아이가, 오빠가, 동생이 나라에 불리어 갈 테니까 그

때의 마음가짐이 중요합니다. 오늘은 일요일이니까 야학은 쉽니다. 집에 돌아가서 푹 쉬세요.

일　동　선생님, 안녕히 계세요.

綾　子　수고했어요. 안녕히 가세요.

일　동　모두들 안녕히 가세요.

여자들은 서로 이야기하면서 돌아간다. 동상 앞에서 경례한다.
信一 기운 없이 들어온다.

부인甲　信一 씨, 지금 오세요?

信　一　벌써 가십니까?

부인乙　예 모두 완성한걸요. 이것 보세요.

信　一　와 훌륭하네요. 정말 수고 하셨어요.

일　동　안녕히 계세요.

信　一　안녕히 가세요.

한 사람을 남기고 다른 여자들 간다. 信一 동상 앞에서 가만히 생각에 잠긴다. 綾子 부인은 또 다른 일에 파묻혀 미싱 손잡이를 열심히 돌리고 있다.

사이.

順　伊　(겨우) 信吉 씨가 반대 한다구요?

信　一　(침묵한 채 응시한다)

順　伊　걱정이에요.

信　一　順伊!

順　伊　(잠자코 바라본다)

信　一　나와 함께 가 주겠어?

順　伊　……?

信　一　동경에!

順　伊　동경?

信　一　동경에 가서 공부할 거야. 학문도 학문이지만 세상일도 더 배우고 싶어. 順伊도…….

順　伊　저도 가고 싶어요. 그런데 왜 그래요?

100

信 一 나 같은 풋내기로서는 이번 수리조합운동은 조금도 진척시킬 수가 없어. 나는 완전히 단념했어.

順 伊 그렇지 않아요. 信一 씨의 아버지도……

두 사람 모두 무심코 동상을 우러러 본다.

順 伊 (겨우) 松岡 선생님도 불과 33세의 나이로 그 큰일을 해냈잖아요?

信 一 나는 올해 겨우 26세의 약관이야. 그 때 아버지의 나이와 비교해도 7살이나 차이가 나. 게다가 학문도……

順 伊 信一 씨는 이 마을에서 중학교를 졸업한 유일한 중견 청년이에요. 농민의 지도자잖아요.

信 一 내가 중학교를 졸업한 그 해 2월, 아버지가 갑자기 돌아가셔서 학문도 중도에 그만두고, 낙심한 탓인지 의지를 잃은 것 같아.

順 伊 그렇게 의지가 약해서는 안돼요. 돌아가신 선생님께도 면목이 없잖아요?

信 一 하지만 중요한 白川 씨가 전혀 상대도 해주지 않는 걸 어떻게 해? 거기다 信吉이도 그렇게 막무가내로 고집을 부리니 어쩔 수 없다구.

順 伊 그럼, 뭐든 포기하는 거예요?

信 一 그러니까 동경에 가는 거야. '싸우다 죽겠다'는 정신력을 기르는 거지. 그리고 나서 □□

順 伊 그럼 어머니는 어쩔 생각이에요?

信 一 어머니는 信吉이에게 부탁할거야. 아버지 유산인 □논이 있으니까, 그 녀석은 □이 토지에 착 달라붙어서 꼼짝도 하지 않을 거야.

順 伊 그럼, 松岡의 후계를 信吉 씨에게 물려줘도 좋다는 말이에요? 그런 마음이라면 난 절대 반대예요. 후계자는 어디까지나 장남이어야 해요. 그것이 장남의 권리예요.

信 一 후계라든가 장남이 어떻든가 그런 문제로 언제까지나 꾸물대고 있을 때가 아니야. 나는 아버지 사업의 그 정신을 이어가고 싶은 거야. 그것이 장남의 진짜 권리라고 생각해.

順 伊 안 돼요. 信一 씨는 조금도 어머니를 생각하고 있지 않아요. 어머니는 짐이 과할 정도로 일하고 있어요. 지금 하는 야학 일만해도 그래요. 나와 다른 두 부인이 돕고는 있지만 그것은 아주 작은 거예요. 우리가 빨리 식을 올리지 않으면 난 어머니를 돕는 일마저 열심히 할 수 없을 거

라 생각해요. 하필 이럴 때 당신이 힘들어하다니……. (운다)
信 一 順伊 왜 그래?
順 伊 생각도 안 해봤어요. 분해요.

사이.

信 一 順伊! 네 기분도 잘 알아. 그러나 이렇게 사면초가라면.
順 伊 아무리 信吉 씨가 고집을 부려도 그렇지 당신은 형이잖아요. 설득하면 반드시 납득할 사람이라고 생각해요.
信 一 그게 말이지…….
順 伊 아니오, 당신은 겁쟁이예요. 분해요, 분해.(달아나듯이 간다)
信 一 順伊! 順伊! (큰소리로 부른다)
綾 子 (미싱 손잡이를 멈추고) 信一이냐?

信一 하는 수 없이 들어온다. 信吉, 보릿단 안에서 나온다.

信 一 어머니! 다녀왔습니다.
綾 子 어서 오너라.
信 一 어머니……?

사이

綾 子 왜 그러니? 얼굴색이 좋지 않구나?
信 一 白川 씨가 도저히…….
綾 子 알았다. 빨리 저녁 먹고 쉬려므나. 아버지도 그 일을 하루 아침에 이룬 것이 아니란다. 아마도 장기전을 각오해야 할 거야.
信 一 그러나 나에게는 재력이 없어요.
綾 子 무슨 말을 하는 거냐. 재력만으로 일을 하는 것이 아니야. 의지와 정신 - 너의 피 속에는 松岡 가문의 정신이 흐르고 있다.
信 一 하지만 어머니, 松岡의 혈통을 직접 잇고 있는 것은 信吉이고 내가 아닌 것 같은 기분이 들어요.
綾 子 (자세를 바로 잡고) 信一아!
信 一 白川 씨는 이렇게 말합니다. '마을의 복리를 위해 수리조합운동을 일으킨다고 큰소리치기 전에 우선 너희 제방에 수로를 열어라!' 하고요.

102

綾　子　제방에 수로를?

信　一　그 제방은 강 상류의 수원지를 가로로 막고 있는 형태로 되어 있습니다.

綾　子　그래서?

信　一　그 제방에 수로를 열면 당분간은 이 가뭄을 막을 수 있기 때문에 白川 씨가 말하는 것도 무리는 아니라고 생각합니다. 그리고 白川 씨는 '그 수로만 열어주면 수리조합에 관해서는 뒤에 천천히 생각해 보겠다'고 합니다.

綾　子　그럼 그 수로를 열어 주면 되지 않니? 그게 어려운 일은 아니지 않니?

信　一　그것이 어렵습니다. 信吾이가 저렇게 고집을 부리니 말이죠.

綾　子　그러고도 네가 장남이냐? 넌 信吾이의 형이다.

信　一　그 토지는 아버지가 信吾이를 위해 준 것이니 하는 수 없지 않습니까?

綾　子　물론 형제간의 싸움은 좋지 않다. 그러나 수리조합은 네가 信吾이의 토지를 탐내는게 아니잖니. 마을을 위해서야.

信　一　어머니.

綾　子　이걸 모른다면 네가 하는 일은 당연히 어렵지 않겠니?

信　一　예 알겠습니다.

綾　子　엄마도 기쁘다. 엄마도 도울테니까, 안심하고 기운내서 하렴.

信　一　고맙습니다 어머니,

綾　子　자 저녁이라도 먹지 않으련? 順伊가 밥을 해 주었단다. 네가 편하도록 말이지.(부엌으로 들어가면서) 그렇다고는 해도 信吾이의 귀가가 늦구나. 어떻게 된 걸까?

信　一　信吾이 오면 같이 먹겠습니다.

綾　子　그래 그게 좋겠다.

信　一　아니요. 어머니는 먼저 드세요. 제가 가서 데리고 올테니까.

綾　子　아직도 논에 있지 않을까?

信　一　아니오, 아까 돌아 봤는데 없었어요. 분명 金助 씨네 집에 있지 않을까 싶어요. 하여튼 다녀오겠습니다.

綾　子　다녀오너라.

信　一　信吾이 아니니?

　　　　信吾, 동상의 석대 앞에 앉은 채 위를 보고 있다.

信 一　여기서 뭐하니?

信 吉　(그대로 잠자코 있다)

信 一　밥 먹자. 어머니가 기다리고 계셔. 빨리 가자. (손을 잡는다)

信 吉　(그 손을 뿌리친다)

信 一　(천천히 옆에 앉으면서) 信吉아! 형이 많이 찾았어.

信 吉　나에게는 형도 어머니도 없어.

信 一　무슨 소리 하니? 너와 나는 진정한 松岡가의 두 아들이 아니냐.

信 吉　형은 어머니의 자식, 나는 아버지의 자식, 그것 뿐이야.

信 一　너 뭔가 오해하고 있구나.

信 吉　확실히 말하지 않으면 모르나? 자 그럼, 뭐든 말해 주지. 형은 아버지
　　　의 자식이 아니야. 나와는 생판 남이지.

信 一　信吉아! 무슨 말을 하는 거냐.

信 吉　형은 학문이 있으니까 그 정도는 알 거야.

信 一　몰라.

信 吉　왜 아버지가 모처럼 남겨준 토지를 저 □영감 때문에 희생해야 하냐
　　　구.

信 一　그 일이라면 충분히 이야기하지 않았니? 결코 白川 씨 한 사람 때문이
　　　아니라고.

信 吉　그럼 누구 때문이라는 거야.

信 一　마을 전체 농민들 때문이야.

信 吉　하하하

信 一　뭐가 우스워?

信 吉　생각해 봐 웃기잖아? 강 건너편 토지는 대체 누구 거라고 생각해? 전
　　　부 白川의 토지야. 농민이라고 해봤자 또 전부 白川의 소작인들이야.
　　　결국 白川를 위한 희생이 아니고 뭐야?

信 一　그것은 너의 인식 부족이야. 눈앞에 아버지의 동상을 보고 있지 않니?
　　　그 사방 공사 이후 수해를 입지 않았던 것이 그 하나이고 그 둘은 일년
　　　에 1만 5천 석의 수확 중 소작료를 5할이라쳐도 일년에 7천 5백 석은
　　　이 마을 소작인이 분배 받는 것 아니냐?

信 吉　白川 쪽은 7천 5백 석을 혼자 다 먹잖아? 그런 주제에 옛날 공덕도 생
　　　각 못하고 나쁜 소문이나 퍼뜨리고 있으니 아니꼽단 말이야. 그런 은혜
　　　도 모르는 영감에게는 조금도 적선하기 싫어.

信 一　그럼, 白川 씨 한 사람이 미워서 마을 전체의 이익을 없는 걸로 해도

좋다는 거냐?

信 吉　형은 白川과 한 통속이 되어 내 토지를 빼앗을 생각으로 말하는 거지.

信 一　(흥분을 억누르고) 아무도 그 토지를 갖고 싶다고 말하지 않았다. 다만 수로를 열기 위해 땅을 잠깐 동안 빌려 달라고 말하는 것이다.

信 吉　안 돼. 아버지의 사업에 대해 욕하는 녀석은 아버지의 원수야. 부모의 원수의 이익을 위해 내 토지를 빌려 줄 것 같아?

信 一　끝까지 고집 부릴 거니?

信 吉　그 토지는 말이지. 아버지가 임종하실 때 '그 토지는 信吉이에게 준다'고 말씀하셨어. 그때 당신도 어머니도 분명히 수긍했잖아. 설마 아버지의 유언을 어길 속셈은 아니겠지. 그 토지는 분명히 내 소유야. 수로를 열든 열지 않든 내 마음이야.

信 一　네가 그런 생각이라면 (흥분하여 일어서면서) 좋아. 장남의 권리로 그 토지를 내 마음대로 처분해 보일 테니 기억해둬.

信 吉　(같이 일어서면서) 뭐!

信 一　나는 松岡가의 장남이다.

信 吉　많이 컸군. 그런 협박은 누구한테서 배운 거야? 어머니와 順伊가 사주했겠지. 順伊년, 도둑놈 마누라치고는 약삭빠르니 말이야.

信 一　뭐라고! 지금 한말 다시 한번 더 해봐!

信 吉　마음에 들면 몇 번이라도 말해주지. 그렇잖아? 장남의 권리라니. 미안하지만 누가 사주했는지 이 눈과 이 귀로 분명하게 직접 보고 듣고 안 것이니까, 말 못 할 것도 없겠지. 도둑놈의 약삭빠른 여편네라고 몇 번이든 말할 수 있는 것 아니야?

信 一　이 자식 (信吉의 멱살을 잡고 때린다)

信 吉　뭐 하는 거야. (信吉도 信一의 멱살을 잡는다)

두 사람 싸운다.
綾子 부인, 조금 전부터 부엌에서 나와 형제의 말다툼하는 소리를 듣고 있다가 급히 중재에 나선다.

綾 子　信一아! 信吉아! 놔라! 놓지 못하겠니?

信 一　아. (信吉이 목을 조르는 바람에 괴로워한다)

綾子, 信吉의 팔을 문다.

信 吉 (놓으면서 아얏…… 뭐 하는 거야)

信 一 이 자식

綾 子 信一아! 그만둬.

信 吉 흥 이것이 어머니가 말씀하신 조력입니까?

信 一 뭐라고? (또 뛰어들려고 한다)

信 吉 (반항적으로 信一을 노려본다)

信 一 어머니! 저렇습니다.

綾 子 아니. 信吉이는 결코 고집만 부리는 아이는 아니다. 결국 너의 설명이 충분하지 못했기 때문에 오해했을 뿐이야. 信吉아! 수리조합은 말이다. 白川 씨 개인이나 마을의 복리만이 아니다. 나라를 위해서 증산운동에 꼭 필요한 사업이야 알겠니? 그것 봐라 信一아. 너는 왜 이 말을 설명하지 않았니? 이 말을 들었다면 信吉이는 저렇게 순순히 납득할 사람이다. 그렇지? 信吉아!

信 吉 흥 최후의 방법이군요. 확실히 졌습니다. 수로는 열어 주겠지만 수리 조합을 기공한다는 분명한 증서를 白川 씨에게서 받아주세요. 그런 교환 조건이 아니면 나도 한 발짝도 양보 못합니다.

　　　　　綾子 부인과 信一 서로 얼굴을 마주 본다.

信 一 곤란한 녀석이군.

綾 子 그게 말이다. 白川 씨는 이렇게 말하나 보더라. 수로만 열어주면 수리조합 건은 뒤에 천천히 생각해 보겠다고.

信 吉 절대 안 돼요. 형도 어머니도 그 교활한 白川의 간계에 놀아난 겁니다.

信 一 놀아났단 증거를 말해 봐!

信 吉 그 영감에게는 이 동상이 눈앞에 혹인 거야. 이 동상에 눌려서 그 영감은 이 마을에서는 인정받지 못할 정도니까요. 그래서 이번에는 형과 어머니를 조종해서 형제 싸움을 시키고 수로가 열리면 자기는 어부지리 할 계략이에요. 그 반면 우리 집은 파산하고, 파산하면 어쩔 수 없이 동상을 버리고 이 마을을 떠나야 한다는 것이 그 교활한 영감의 계획입니다.

信 一 信吉아! 그것 정말이지.

綾 子 白川 씨 일이니 분명 근거 없는 말이라고는 할 수 없겠지.

信 吉 金助에게서 확실한 정보를 들었어요.

綾 子　나는 金田 부장한테 갔다 올 테니까, 너희 형제는 마음을 합쳐서 천천히 이야기해 보거라. 어떻게든 좋은 방법이 떠오를 거야. (간다)

信 一　다녀오세요.(생각에 빠진다)

　　　사이

信 一　信吉아, 어쩌면 좋겠니?

信 吉　그 영감이 스스로 굽히고 올 때까지 기다려 보는 거지.

信 一　그 아저씨 얼마나 기다려야 그 교활한 성격을 버릴까.

信 吉　아마 죽을 때까지 버리지 않을 거야.

信 一　信吉아…….

信 吉　……?

信 一　너한테는 미안하지만 그 논을 나에게 양보해 주지 않겠니?

信 吉　상의에 의해서라면 양보해도 좋지만 그 수리조합 건이라면 절대 양보 못해.

信 一　나는 차라리 그 아저씨에게 져보고 싶다. 그래서 이 마을을 결연히 뛰쳐 나가 주고 싶어. 그러면 白川의 그 싫은 얼굴도, 마을 일도, 완전히 날 려 버리고 산뜻한 기분이 될 것 같다. 기차를 탄 것만으로도 기분이 상 쾌해지는 것처럼…….

信 吉　順伊 씨와 함께 가겠지. 흥! 형들은 무거운 짐을 벗어서 시원하겠지만 어머니와 난 어쩌란 말이야. 이 동상만도……

信 一　결코 順伊와 둘이서만 행복해지자고 하는 말이 아니야. 나는 더욱더 밑바닥으로 들어가 보고 싶은 거야. 그래서 나의 체력과 정신력이 얼마 나 되는지를 시험해보고 싶은 거야. 그리고 나서 그 시련을 벗어나기 위해 높은 정신력과 그 정신을 지탱하기 위한 체력을 만들고 싶은 거 야.

信 吉　아버지의 명예도 어머니도 동생도 모두 희생시키면서 말이지.

信 一　아니! 결코 그렇지 않아. 이 현실에서 달아나려는 게 아니야.

信 吉　모양 좋게 빠져나가려고 하는 거잖아.

信 一　너는 왜 그렇게 외고집이니?

信 吉　결국 형은 타인으로부터 과대평가를 받고 있는 거 아니야? 형에게는 그것을 실행할 만한 굳은 의지가 없어. 그래서 굳은 의지를 갖고 싶다 는 초조감이 오히려 역으로 형을 다그쳐서 자포자기 상태가 된 것이

아닐까?

信 一　그럴지도 몰라.

信 吉　그래서 형을 갈대장군이라고 하는 거야.

信 一　갈대장군?

信 吉　白川 영감이 형을 갈대장군이라고 사람들 앞에서 떠들었대.

信 一　그래. 뭐라든 상관없어. 다만 松岡가를 이을 의지가 필요해.

信 吉　형! 형은 배운 탓인지 그렇게 어려운 말만 하는데 어머니에 대해 생각
　　　해 본 적 있어?

信 一　정말 어머니에게는 고생만 시키는구나.

信 吉　있잖아 형. 다시 한번 생각해보지 않겠어? 어머니도 형이 장남이니까
　　　무리를 해서 형을 돕고 있는 거야.

信 一　아니 어머니는 그렇지 않아. 결국 어머니는 아버지의 위대함을 그대로
　　　우리들에게 이어주고 있는 거야.

信 吉　그것이 바보 같다는 거야. 자기 것은 몽땅 없애가면서 남에게는 웃음
　　　거리가 되고, 이 집 꼴을 좀 봐! 이런 걸 松岡가라느니 사업이라느니
　　　하는 말을 쓰는 게 웃긴다구.

信 一　…….

信 吉　어머니 얼굴이 요즘 부쩍 늙었어.

信 一　그렇지……. 信吉아……. 너는 정말로 어머니를 행복하게 해 드릴 수
　　　있는 아이다.

信 吉　형도 하면 돼.

　　　사이.

信 一　信吉아, 너 그 白川 씨의 딸과 결혼하지 않겠니?

信 吉　勝子 말이야.

信 一　그 아가씨가 너를 아주 끔찍이 생각한다고 소문이 났어.

信 吉　웃기지 말아. 누가 그 영감 딸과 결혼할 것 같아.

信 一　그래? (다시 실망한다)

　　　석양이 진다.
　　　사이.
　　　白川과 金助 들어온다.

白　川　金助야, 그 信吉이 녀석의 입발림에 넘어가서 또 우리 비밀을 까발리면 이번에는 용서 안 한다.

金　助　예.

白　川　뭘 꾸물거리냐. 빨리 가.

金　助　예. (信一의 집 쪽으로 간다)

白　川　꼴을 봐라. 고소하다. 헷헤헤……. (자기 집으로 들어간다)

金　助　갈대장군.

信　吉　(화가 나서) 뭐라고? 다시 한번 말해봐.

金　助　아 미안해.

信　吉　이 자식. (때리려고 한다)

信　一　어이 信吉아, (말린다) 왜 왔어.

金　助　저기 그게 말이야. 뭐라더라 수리인가 뭐라고 했는데…….

信　一　수리 조합 말이야?

金　助　그래 수리조합 건을 상의할 테니까 빨리 오라고 전하러 왔어.

信　一　그래 어디서?

金　助　마을 집회소에서.

信　一　고마워. (서둘러 간다)

信　吉　金助야.

金　助　왜?

信　吉　그 이야기 누구한테서 들었어?

金　助　응 白川 어른이 사람들 앞에서 그렇게 말했어.

信　吉　이런 제기랄.

　　　　사이.

金　助　필시 안 좋은 소리일 거라고 생각은 했지만 정말 그런가? 갈대장군이 미칠 일이라면서.

信　吉　그 영감은 지금 어디에 있어? 집회소에?

金　助　응 집회소에서 나와 함께 여기까지 왔어.

信　吉　너와 함께? 그리고? 어디에 갔냐고 묻는 거야.

金　助　어차피 자기 집에 있지 않겠어?

信　吉　이 영감 소작인들을 모아서 또 간사한 꾀를 부리고 있군.

金　助　(깜짝 놀란다) 너 어떻게 그것을 알아? 와 봤어?

信 吉	그렇지? 험담을 퍼뜨렸지?
金 助	응. 수로를 열어주지 않는다고 너희 논을 전부 파헤쳐 버리겠대.
信 吉	뭐?
金 助	그리고 나서 이 동상도 부수어 버린다고 했어.
信 吉	뭐? (목을 조른다)
金 助	아 숨막혀. 내가 아니야. 白川 어른이 그렇게 말했어.
信 吉	어이 金助야, 너 빨리 가서 이렇게 전해. 松岡가의 信吉이는 그래도 수로를 열어주지 않을 테니까 마음대로 하라고 알았지.
金 助	응.
信 吉	자 빨리 가. 망아지는 북풍에 우는 거다. 달려라! (엉덩이를 철썩 때린다)
金 助	(말처럼 울면서 부리나케 달리기 시작한다)
勝 子	信吉씨! (싸움닭을 안고 자기 집에서 나온다)

金助와 勝子, 부딪혀 두 사람 모두 엉덩방아를 찧으며 비명을 지른다.

金 助	뭐야.
勝 子	너.
金 助	勝子야?
勝 子	金助 이 바보.
金 助	왈가닥 勝子.
勝 子	뭐라고!
金 助	히히히…….
勝 子	눈이 없어?
金 助	망아지는 북풍에 우는 거야. 왈가닥 勝子 따위가 보일 테냐.
勝 子	엉덩이 다쳤단 말이야.
金 助	그것 안됐네. 시집가도 아기도 못 낳겠다. 두고 봐라.

勝子 金助의 뺨을 친다.

勝 子	이 바보!
金 助	에…….
信 吉	하하하하. 金助야, 망아지는 북풍에 우는 거야. 달려!

金 助　(혀를 내밀고) 메롱이다. (달리기 시작한다)

勝 子　저 자식! (돌을 던진다)

信 吉　하하하하. (보릿단 위에 앉는다)

勝 子　뭐가 우스워? (옆에 앉는다)

信 吉　진짜 재밌다. 낄낄낄……. (위를 보고 앉는다)

勝 子　심술궂다.

信 吉　勝子야. (일어난다)

勝 子　아직 시집도 안갔어. 勝子야, 勝子야라니 기분 나빠.

信 吉　하지만 너 창씨개명 했잖아? 나는 분명히 호적대로 부르고 있다구.

勝 子　信吉 씨! 나를 네 아내로 받아줄래? 그러면 나 勝子라고 해도 참을게.

信 吉　사람 무시하지마. 너 같은 왈가닥이 내 아내라면.

勝 子　아내라면 어쩔건데.

信 吉　불평 없이 이혼장을 써 주지.

勝 子　아이 분해.

信 吉　너 그 싸움닭은 또 어떻게 된 거야? 우리 집 닭을 또 괴롭힐 작정이지?

勝 子　그러니까 내 말을 들어주면 봐 준다고 하잖아.

信 吉　뭘 들으라는 거야?

勝 子　信吉 씨! 내 가슴에 귀를 대 봐. 내 심장이 반드시 信吉 씨에게 내 마음 속의 비밀을 진실 되게 말할 거야. 나의 진실을 들어줘.

信 吉　웃기는군. 네 마음의 진실따위 들을 필요 없어.

勝 子　그럼 그 손을 내 가슴에 대봐. 분명 勝子의 괴로움이 信吉 씨의 손에 전해질 거야. 응 信吉 씨!

信 吉　…….

勝 子　자 내 가슴에 손을 대봐. (信吉의 손을 잡아당긴다)

信 吉　(잡힌 손으로 勝子의 가슴을 민다)

勝子 위를 보고 쓰러진다. 信吉 勝子 위에 보릿짚을 씌운다.

信 吉　(일어나서) 이 철면피! 다음에 올 때는 그 싸움닭의 목을 (안보임). 그러면 네 이야기를 들어주지.

마을 아이가 달려온다.

아 이 信吉 씨, 信吉 씨.

　　　　白川 자기 집에서 나온다.

아 이 信吉 씨.
信 吉 (어떤 예감에) 왜 그래?
아 이 信一 씨가 심하게 싸우고 있어요. 白川 어른의 소작인들을 상대로 싸우
　　　　고 있어요.
信 吉 뭐?
아 이 집회소 바로 앞에서요. 상대편은 수가 많아요. 빨리 가요.

　　　　信吉 달려간다. 아이 따라 간다.

白 川 헤헤헤헤 꼴 봐라. 고소하다.

　　　　勝子 닭의 목을 비튼다. 白川 닭의 비명에 놀라, 와서 본다.
　　　　勝子 닭을 白川 쪽으로 내 던지고 보릿단위에 드러눕는다.
　　　　白川 닭을 주워든다.
　　　　사이.

白 川 勝子야, 어떻게 된거냐? 이 닭 네가 죽였니?
勝 子 (엎드린 채) 죽인 것이 뭐 어쨌다는 거예요?

　　　　사이.

白 川 勝子 너……. 혹시……. 松岡가의 누구에게……. 반한 건 아니겠지? 설
　　　　마 白川의 딸에게 그런 착오는 없겠지. 그렇지……?
勝 子 아버지 바보. 바보, 아버지 바보.
白 川 뭐? 그럼 역시……. 勝子야, 그 상대는 누구냐? 松岡가의 주인 갈대 장
　　　　군이니?
勝 子 그 분은 중학교를 나온 사람이야. 나같이 못 배운 여자를 그 분이 상
　　　　대할 거라고 생각해? 그 정도 학문을 가르쳐 준 기억 있어?
白 川 그럼 信吉이냐?

112

勝子 앙하고 울기 시작한다.
사이.

白 川　그래, 장남의 상대는 못되니까 겨우 차남으로 맞췄다고? 헤헤헤…….
　　　(갑자기 웃기 시작한다)

　　　勝子 여우에 홀린 듯 白川를 본다.
　　　綾子 부인과 金田 부장을 선두로 「대 일본 부인회」라고 쓰인 흰 띠를
　　　어깨에 두르고, 깃발을 손에 든 마을 부인들이 다수 들어와서 동상 앞
　　　에 모인다. 金田 부장, 빨간 띠를 꺼낸다.

綾 子　金田 부장님, 그 띠 제 손으로 걸어드리고 싶습니다만.
金 田　그래요? 그러시죠 그럼. (띠를 준다)
白 川　金田 부장님.
金 田　白川 씨.
白 川　안녕하세요, 부장님. 松岡 선생이 출정하십니까?
金 田　그렇습니다.
白 川　경사스러운 일이군요. 정말 선생님께는 대적할 수가 없군요.
金 田　진심으로 감탄하여 축하하시는 겁니까?
白 川　그래요. 오늘 이 시간부터 나도 완전히 마음을 바꿔 먹기로 했습니다.
金 田　정말이지요?
白 川　부장님! 다음에 信一 군과 의논해서 수리조합을 설립하고 싶군요. 아니
　　　비용은 전부 내 사재에서 내지요.
金 田　그래요? 白川 씨 고마워요.

　　　綾子 부인, 그 사이 의자에 올라가 출정띠를 동상에 걸고 내려와 동상
　　　앞에서 경건한 기분으로 늘어선다.

白 川　勝子야 너도 이쪽으로 오너라.

　　　勝子 함께 늘어선다. 綾子 부인, 앞에 와서 악수를 한다. 노을이 진다.

일 동　(綾子 부인에게) 축하합니다.

綾　子　정말 감사합니다.

金　田　綾子 부인, 이 白川 씨가 이번 수리조합 설립에 필요한 비용 전액을 내겠답니다.

白　川　요전의 일은 잊어버리시고 저의 뜻을 받아주세요.

綾　子　그것 정말 감사합니다. 信一이나 信吉이가 들으면 무척 기뻐할 거예요.

金　田　(반 농담으로) 白川 씨! 수리조합 설립에 당신이 아무리 많은 사재를 내놓는다 해도 이번에는 동상은 설립하지 않습니다.

일동 웃는다.

白　川　예, 알겠습니다. 그런 것은 바라지도 않고 각오한 것입니다. 때가 때이니 말입니다. 헤헤헤……

무리의 소란한 소리가 들린다.
白川 허둥댄다.

金　田　뭐지 저 소동은? 뭐라고 하는 거야?

白　川　그것이 그 저…….

金助 부상당한 信一을 업고 들어온다.

綾　子　어떻게 된 거냐? (들어온다)

順　伊　信一 씨. (들어온다)

金　田　(따라온 아이들에 둘러싸여) 어떻게 된 거야? 싸운 거야?

아　이　저 白川 씨의 소작인들이 때렸어요.

金　助　(아이와 함께) 수로를 열라고 하다가 큰 싸움이 된 거예요. 부장님 많은 사람들이 몰려옵니다. 松岡 씨의 동상을 부순다구요.

金　田　무엇을?

順　伊　信一 씨!

順伊와 다른 사람들은 무의식적으로 동상 주위에 모여 방어 태세를 취한다. 信吉 살기등등해서 씩씩거리며 달려온다.

信　吉　형! 형!

114

順 伊 信吉 씨.

綾 子 信吉아.

信 吉 괜찮으니까 형을 간호해줘요. 부탁해요. (부엌으로 들어가 식칼을 들고 나온다)

信 一 (겨우 정신이 들어서) 信吉아!

信 吉 형 내게 맡기고 가만히 누워 있어.

信 一 내가 할 테니까. 너는 아버지를 지켜. 동상 있는 곳으로 가.

信 吉 안 돼. 내가 할 거야.

信 一 칼 이리 줘.

信 吉 싫어! 형은 누워 있어.

　　　順伊와 綾子, 당황하여 信一과 信吉을 부르고 서 있는 사이에 信一과
　　　信吉은 서로를 감싸는 마음에 식칼을 서로 잡으려고 하면서 동상쪽까지
　　　온다.

金 田 (信一과 信吉을 양쪽으로 떼어 붙잡고) 어이 信一아, 信吉아.

　　　한편 농민들이 손에 무기를 들고 우르르 몰려오는 것을 보고 白川이 땀
　　　을 흘리며 호통친다.

군 중 길을 비켜라. 동상을 부수겠다. 信一이를 내놔. 수로를 열어라. 사방공
　　　사가 다 뭐야. 信吉이를 내놔. (하고 소리 지른다)

白 川 조용히 해. 조용히 못해. 모두들 내 말 안 들을 참이냐? (하고 호통친
　　　다)

　　　그와 동시에 한편에서는 信吉과 信一도 난폭하게 굴기 시작하자 金田
　　　부장은 그것을 위로한다.

信 一 놓으세요.

金 田 信一아 나다.

信 吉 놓지 못해요?

金 田 나에게 맡겨라.

　　　한편 부인들은 돌을 손에 들고 형세를 바라본다. 勝子 참지 못하고 군

중에게 돌을 던진다. 군중 비명을 지르고 일시적으로 소란이 일었지만 겨우 잠잠해진다.

白 川   여러분 조용히 하고 내 말을 들어! 松岡 선생은 오늘 출정하신다. 출정하시는 선생님께 난동을 부리는 것은 적군인 미국과 영국의 행위와도 같으니 결코 용서받을 수 없는 일이다. 너희들은 적군이 되어 국적이 될 셈인가? (일동 조용해진다) 자! (길을 열어 주면서) 들어오려면 들어와 봐! 국적이 되어서 들어와 봐! (아무도 들어오지 않는다) 너희들은 선량한 국민이며, 산업전사였다. 그것을 내가 나쁘게 꼬드겼다. 죄는 내게 있다. 때리려면 자 나를 쳐라.

일동 찬물을 끼얹은 듯 조용하다.

金 田   그렇다! 내가 눈치채지 못했다. 信吉아 저걸 봐라. 아버지는 출정하신 거야.
信 一   信吉아!
信 吉   형!

형제 서로 끌어안는다.
사이.

綾 子   (감격해서 조용히 끄덕이면서) 信一아, 信吉아, 고맙다. 엄마는 이제 겨우 안심하겠구나. 오늘 처음으로 형제의 위대한 힘에 감격했다. 정말이지 엄마는 이제 안심이 된다.
信一 信吉   어머니 고마워요.
綾 子   이것은 모두 金田 부장님을 비롯하여 白川 씨와 마을 사람 모두의 덕이야. 앞으로 白川 씨는 사재를 내어 수리조합을 설립하겠다고 말씀하셨다.
信一 信吉   여러분 감사합니다. 白川 씨 감사합니다.
白川 군중   아니오, 면목없습니다.
金 田   누구보다도 松岡 선생님의 공덕 덕분이에요.
일 동   (동상에 대해) 감사합니다.

달이 뜬다.

116

綾　子　달이 떴다. 동그란 달이……. 信一아! 信吉아! 아버지는 두 번 다시 돌
　　　아오지 않아. 출정의 출발을 축하하여 노래해 드리거라.

　　　信一과 信吉이 먼저 노래하기 시작하자 모두가 그에 맞춰 함께 부른다.

　　　이기고 돌아오리라고 용감하게
　　　맹세하고 고향을 떠난 이상은
　　　공훈을 세우지 못하고 죽을 수 있겠는가
　　　진군 나팔 들을 때마다
　　　눈에 떠오르는 깃발의 파도
　　　흙도 초목도 불도 타오른다.
　　　끝없는 황야를 헤쳐 나아가
　　　전진하는 일장기 철모
　　　말의 갈기를 쓰다듬으며
　　　내일의 목숨을 누가 알겠는가
　　　(소화 18년(1943년) 8월 17일)

광 명

▷ 서지사항 : 1막, 1942년 4월 창작, 송태욱 번역
▷ 특기사항 : 1945년 3월 보문사 발행 작품집 ≪蓬島物語≫에 수록

인물

때

서기 1861년경

장소

바그너의 임시 주거지

바그너, 작곡에 열중하는 모습, 피아노에 달라붙어 통통 쳐보고는 악보에 기입하기도 하고 고치기도 한다.

바그너   그대여 아는가 남쪽 나라를, 레몬은 꽃이 피고······. 레몬은 꽃이 피고, 음 그 다음은 어둑어둑한 나무 그늘에 오렌지가 빛난다. (다시 피아노를 쳐본다) 다음은, 밀레 나무는 조용히, 월계수 높이 서 있네, 그대여······.

하녀 로자   (문을 열고) 선생님······.

바그너   (그대로 계속한다)······. 아는가, 남쪽 나라를······.

로 자   (큰 소리로) 선생님!

바그너   (피아노를 치고 다시) 저편 멀리, 멀리 그대와······.

로 자   (들어와서) 선생님!

바그너   ······. 함께 가지 않겠나. (비로소 얼굴을 들고) 뭐야? 한창 좋은 악상이 구름처럼 떠오르는데······.

로 자   죄송합니다. 선생님, 빚쟁이가 또 찾아왔어요. 웬만한 사람이라면 제가 쫓아보내겠지만, 이 사람은 현관에서 아까부터 끈질기게 버티고 있어요. 오늘은 기둥뿌리라도 뽑아간다고 하면서······.

바그너   그럼 오늘은 괜찮겠군, 로자.

로 자   (두 눈을 반짝이며) 어머 기뻐요. 선생님, 어디서 돈이라도 생겼나요?

바그너   그게 아니야. 기둥뿌리든 뭐든 가지고 간다고 하잖아. 오늘은 한 군데 빚을 갚을 수 있다는 거지.

로　자　어머, 전 그걸 착각하고 기쁘다는 말까지 했는데…….

바그너　가서 말해줘. 제발 그렇게 해주실 수 있다면 고맙겠다고 말야.

로　자　어머나 선생님, 제가 그런 말을 할 수 있을까요?

바그너　그쪽에서 바라는 일인데, 왜 말을 할 수 없다는 거야. 바라는 대로 제
　　　발 그렇게 하라고 하면 되는 거야.

로　자　제가 가서 조금만 기다려달라고 부탁해 볼게요.

바그너　이 바그너가 부자가 되면 두 배로 갚아준다고 말해.

로　자　그렇게 말하면 틀림없이 선생님 방까지 우르르 쳐들어와서 날뛸 거예
　　　요. 월말까지 기다려 달라고 부탁해 보겠어요.(한숨을 쉰다)

바그너　너 좋을 대로 말해. 다음부터는 작곡할 때만은 절대 들어오면 안 된다.
　　　물론 어떤 손님이라도 들이지 않도록……. 아, 리스트만은 예외야. 알았
　　　지?

로　자　예. 그렇게 하겠어요. (퇴장)

바그너　악상이 흐트러졌잖아. (피아노를 마구 두드려 본다)
　　　그대여 아는가, 남쪽 나라를
　　　레몬 꽃이 피고
　　　어둑한 나무 그늘에
　　　오렌지가 빛난다
　　　밀레 나무는 조용히
　　　월계수 높이 서 있네
　　　그대여, 저편 멀리 멀리
　　　그대와 함께 갈 수 없는가
　　　오! 나의 연인이여!
　　　(괴테)
　　　(다시 피아노를 친다. 그것이 이윽고 '로엔그린'[1])의 심포니가 되어 무대
　　　가득 울려 퍼진다. 악상의 일루전을 나타낸다. 그는 잠시 몰아의 경지
　　　에 도취되는 모습이다)

　　　그 절정에서 격렬한 노크 소리, 동시에 심포니는 뚝 그친다.

---

1) 13세기 독일의 서사시(성배 기사 로엔그린과 브라반트의 미녀 엘자의 연애를 그린 작품)를
소재로 한 바그너 작 가극.

바그너 누구야?

베젠독 부인 (문으로 나타난다) 저예요. 왜 로자한테 저를 방으로 들어오지 말라고 했어요?

바그너 (조용히 일어서면서) 아, 베젠독 부인, 잘 오셨습니다.

베젠독 부인 너무 냉혹해요.

바그너 화가 나셨군요. 자 이쪽으로 앉으세요. (의자를 그쪽으로 돌리면서) 사실은 제가 화를 내야 하는데.

베젠독 부인 왜 그렇죠?

바그너 나는 지금 대악곡으로 완성해야 할 교향곡의 환상에 한창 빠져있는 중입니다. 그것은 이따금씩만 찾아오는 영감보다 더 구체적인 환상입니다. 그것은 내 머리 속에 나타날 뿐만 아니라 나는 마치 세계 제일의 '심포니 오케스트라'에 의해 연주되는 것처럼 하나의 음악을 듣습니다. 바로 지금 나는 그 연주를 듣고 있던 참입니다. 연주가 끝나는 대로 그 환상이 내 머리에서 사라지지 않는 동안 나는 그것을 악보에 옮기기만 하면 되는 겁니다.

베젠독 부인 그래서 제가 방해를 했다는 말씀이죠?

바그너 그래요. 당신은 위대한 악곡 하나를 짓밟을 겁니다.

베젠독 부인 그러나 그것은 당신 탓이에요. 저를 화나게 하지 않았다면 작곡이 끝날 때까지 밖에서 기다렸을 거예요.

바그너 당신은 오해하고 있습니다. 특별히 당신만을 들여보내지 않도록 한 것이 아니에요. 로자는 지나치게 고지식한 시골 사람이라, 제가 작곡할 때는 손님을 들여보내지 말도록 했는데 눈치 없이 그대로 했을 뿐입니다. 과연 충실한 하녀지요, 하하하……

베젠독 부인 리스트 씨를 빼고는 누구도 들여보내지 말라고 하셨다면서요?

바그너 그렇습니다.

베젠독 부인 심하네요. 모욕이에요.

바그너 요컨대 당신이 다시 찾아주실 거라고 저는 전혀 예상하지 못했어요.

베젠독 부인 우리가 설령 거지가 되었다고 해도, 당신이 늘 고독과 빈곤의 밑바닥에서 괴로워하고 있다는 걸 생각하면, 자연스럽게 이쪽으로 뒷덜미가 끌리는 걸요.

바그너 당신의 마음은 고맙습니다. 그러나 고맙다는 것 이상의 아무 것도 아닙니다. 저는 한때 모든 불행은 그저 이성(異性)의 희생에 의해서만 구원을 받고, 생명을 발견하는 거라고 믿었습니다. 그러나 지금은 모든 것은 믿을 수 없을 정도로, 저는 절망의 심연에 빠져 있습니다.

베젠독 부인 당신의 예술까지 믿을 수 없나요?

바그너 그렇습니다. 아니, 아주 조금은 저의 예술에 대한 희망만은 아직 가지고 있는 증거로, 전 이렇게 벌레를 씹은 듯한 얼굴을 하면서도 여전히 살아가고 있습니다.

베젠독 부인 (아주 동정을 표하면서) 제가 당신에게 광명을 줄 수는 없을까요?

바그너 저에게 광명을 주기보다 당신의 남편에게 주십시오.

베젠독 부인 (□□ 와서) 저는 위대한 예술가를 구원하고 싶어요.

바그너 위대한 예술가라니? 그건 대체 누구인가요?

베젠독 부인 바그너, 독일이 낳은 위대한 예술가, 바로 당신이에요!

바그너 (자조적으로) 천만에요. 예술은 길고 인생은 짧다. 저의 나이 이미 오십 고개를 넘으려고 하고, 이제 겨우 음악의 음자를 알게 되었을 뿐입니다. 제가 앞으로 몇 십 년 더더욱 노력한 결과를 몇 십 년 후에 비로소 다소라도 인정을 받는다면 다행이겠지요. 동시에 당신이 위대한 예술가를 구원해주겠다는 그 의지만은 사겠지만, 생각해보면 우스운 이야깁니다.

베젠독 부인 뭐가 우스운가요? 모욕도 심하네요.

바그너 당신은 제가 가난한 걸 보고, 매달 백 원 정도의 돈을 던져주면 구원받을 거라고, 그렇게 간단하게 생각하고 말하는 겁니다. (일어나 걷기 시작한다)

베젠독 부인 매월 백 원 내지 이백 원만 있으면 당신은 안심하고 작곡에 정진할 수 있지 않나요?

바그너 (방을 걸어 돌아다니면서) 그러니까 우습다고 말한 겁니다. 빵을 얻을 수 있건 없건 그건 문제가 아닙니다. 저는 현대의 천박한 물질주의를 가장 싫어합니다. 물질의 힘으로 모든 것이 해결된다든가, 행복은 물질에 의해 얻어진다, 물질이 모든 문제의 기본이다, 이런 악습을 저는 감연히 배격합니다. 제가 스위스 망명생활에서 해방되어 큰 희망을 품고 조국 독일로 돌아온 것이 작년입니다만, 우리 동포의 칠칠하지 못한 물질주의의 어리석은 사상이 조국을 풍미하고 있는 모습을 봤을 때, 저의 희망은 헛된 공상이었다는 걸 깨달았습니다. 암담한 절망의 캄캄한 생활, 그 속에서 일 년이라는 귀한 세월을 쓸데없이 소비해버렸습니다. 저는 평생을 통해 세계를 평화롭고 아름답고 밝게 하기 위해 모든 사람들의 영혼을 맑고 높고 가치 있게 해야 한다고 생각해 왔습니다. 그렇게 하기 위해서는 문학이나 미술 같은 것보다도 음악의 힘에 의해서만 목적을 달성할 수 있다고 믿고, 이 길로 매진해 왔습니다. 단지 음악만이 근심 많고 괴로움과 번민으로 가득 찬 인생의 광명이라고 믿어왔습니다. 조국에, 동포에, 그리고 전 세계의 인류에게 좋은 음악을 주려고 생각했습니다. 다시 말해 그것이 전 인류에게 광명을 던져주는 일이라고 믿었어요. 가장 위대하며 가장 가치있는 일입니다. 저는 자살을 몇 번이나 생각했는지 모릅니다. 실례지만 유한계급인 당신을 저는 경멸합니다. 입만 열면 가난에 찌든 예술가를 구원해준다고 말하는 것, 이건 당신들의 모양 좋은 허영 이외에 아무 것도 아닙니다. 매월 백 원 정도 남편 지갑을 얇게 하면서 예술가를 구원하려는 자기 도취는 인정합니다. 그러나 그렇게 해서 구원되는 예술도, 예술가도 없습니다. 당신들은 예술가를 이러쿵 저러쿵 얘기하는 것 대신 먼저 당신들 남편을 소중히 하세요.

베젠독 부인 (분연히 일어나면서) 더 이상 모욕을 참을 수 없어요. 당신의 우울한 얼굴을 보고 있으면, 저까지 마음이 우울해져요. 이제 다시는 오지 않을게요. (황황히 방을 나간다)

바그너 (그녀의 뒤로) 안녕, 베젠독 부인. 이제 다시는 다른 데 가서도 예술가를 구원합네 어쩌네 하는 얘기는 하지 말아주세요.

베젠독 부인 (문 있는 데서 돌아보며) 당신과는 영원히 절교에요. (훌쩍 나간다)

바그너 제발 그렇게 해요, 베젠독 부인. (피아노를 마구 친다) 아아, 상당히 손해봤는 걸!
(다시 이리저리 걸으면서)
흘러가거라 사랑스러운 노래여
망각의 바다로……
한 사람의 소년도 노래하지 말아라
한 사람의 소녀도 ─ 꽃피는 때
너는 나의 사랑만을 노래해왔다
지금 그녀는 나의 진심을 비웃는다
너는 물위에 쓰여진 노래다
물과 함께 흘러가거라……

로 자 (등장) 선생님, 이 봉투, 지금 베젠독 부인이 돌아가는 길에 선생님께 전해달라고 한 겁니다.

바그너 (열어 보고) 지폐가 2백 원 정도 들어 있네. (종잇조각을 꺼내 읽는다) "너무 적어서 죄송합니다. 우선 용돈으로라도 써주시면 아주 다행이겠습니다. 또한 오늘 받은 모욕만큼은 영원히 잊지 않겠습니다." 이상한 여자인걸. 로자.

로 자 (기쁜 듯이) 이상하지도 아무렇지도 않아요. 정말 고마운 분인 걸요.

바그너 음, 정말 고마운걸. 그렇지만 이 돈은 그대로 잘 간수해 둬, 다음에 부인이 오면 돌려주라고. 알았어?

로 자 모처럼 주신 돈인 걸요. 받아두면 안 될까요. 당장 쌀값이랑 반찬값 등 빚을 갚지 않으면 그 다음엔 곤란해요. (좀 머뭇머뭇하면서) 그리고 선생님, 저도 두세 달 분이 밀려있어요. 조금이라도 돈이 필요한데요…….

바그너 음. 알았다. 물러가 있거라.

로 자 (뭔가 말하려다가 그만두고) 예. (퇴장)

바그너 (걸으면서 독백)
눈과 비와 바람을 거슬러
골짜기 아래 짙은 안개 속을
저편으로 저편으로 쉼 없이……
생의 기쁨을 동경하니
고통의 밑바닥을 나아가자
마음에서 마음으로 쏟아 부은 상사(想思)는
아아 왜 이다지도 내 마음을 괴롭히는가
어디로 도망칠까, 산으로 갈까
모든 일은 무익하다
사랑이여, 너야말로 삶의 왕관
끝없는 행복이라
(피아노를 마구 두드린다)

로 자 (등장) 선생님, 카인이 찾아왔어요. 오늘은 무슨 일이 있어도 선생님과 만나지 않고는 돌아가지 않겠다고 하는데요.

바그너 (조용히) 할 수 없지. 이쪽으로 오라고 해. 죽음과 빚쟁이는 피할 수 없는 운명이니까……. (의자에 앉는다)

사이.

카 인 안녕하시오, 바그너 선생님.

바그너 안녕하시오, 자 이쪽으로.

카 인 (바그너와 마주보고 앉으면서) 단도직입적으로 말하지요. 오늘은 꼭 어떻게든 해주시지요.

바그너 좀 더 기다려 주시오. 오늘은 무슨 일이 있어도 안 됩니다.

카 인 그렇다면 피아노라도 가지고 가야지요. 어쩔 수 없습니다.

바그너 (약간 곤란해하며) 그것만은 용서해주시오. 내 생명이나 마찬가지니까……

카 인 벌써 네 번째인걸요. 세 번이나 속았으니까요. 낡은 것이라 그다지 값나가지는 않지만 피아노라도 가지고 가지 않고서는 정말 계속 손해니까요. (큰소리로) 어이?

(예하고 대답하고, 두세 명의 남자가 들어와 피아노를 끌어낸다)

카 인 (물러가면서) 바그너 씨, 이걸 고물상에다 매도하고 계산서를 건네줄 테니까, 잔금은 월말까지 틀림없이 청산해 주시오. (피아노를 복도 쪽으로 끌어낸 후) 안녕히 계시오. (영차, 영차 하는 소리만 멀어진다)

(바그너, 멍하니 실신한 듯 선 채 문쪽을 쳐다보고 있다)

사이.

로 자 (울상을 하고 황망히 등장) 선생님, 빚 대신 피아노를 줘버렸나요?

바그너 응……. 피아노까지 없어지니 방안이 정말 텅빈 느낌이군.

로 자 (훌쩍거리면서) 어떻게 할 거예요? 선생님.

바그너 울지마, 로자. 너까지 울면 너무 슬퍼서 견딜 수가 없어. 나가 있어.

로 자 (앞치마로 눈물을 닦으면서) 예. (퇴장)

바그너 (침통한 어조로 독백)
창백하고 초췌해진 모습으로 갑판에 서서
그는 암흑 속을 내다본다
아아, 그 밤은 앞 바다도 어두웠다
그러나 그 암흑 속에 점 하나
그건 빛이었다 ― 불빛이었다
점점 다가온다…… 깃발이 걸렸다

126

밤은 희미하게 밝아오며 물러갔다
아아, 그는 세계를 얻었다 ― 그리고 그는 세계에 주었다
그 최고의 교훈을 ― 바꿔 말하면, 앞으로, 앞으로, 앞으로!

(문에 노크, 리스트 등장)

리스트 (쾌활하다) 바그너 씨!

바그너 오오, 리스트 군. 난 자네를 기다렸소. 콜럼버스가 바다 위에서 섬 그림자를 초조하게 기다린 것처럼…….

리스트 (감동적으로) 좋은 뉴스를 가지고 왔어요.

바그너 뭔가요? (두 사람 모두 앉는다)

리스트 괴테의 유산으로 '괴테 재단'을 만들어, 거기에 예술상 제도를 두어 예술을 크게 진흥시키기로 했답니다. 어떻습니까?

바그너 그것도 좋겠지요. 그러나 예술은 어쩔 수 없는 자연적 충동에 의해 나오는 것이오. 상금을 목적으로 한 예술은 자칫하면 저급한 것이 되기 십상이지요. 그보다도 직접적인 양성 기관이라든가 발표 기관 등에 더욱 유의했으면 하오.

리스트 바그너 씨를 위원 중의 한 사람으로 추천하려고 생각하고 있었는데요.

바그너 물론 자네의 우정만은 지금까지도 충심으로 감사하고 마음에 새겨두고 있소.

리스트 (비로소 알아차리고) 피아노는 어떻게 됐나요?

바그너 빚쟁이 카인이 가져갔소.

리스트 그것 참 안됐군요! 제가 돈을 마련해서 되찾아 오지요.

바그너 고맙소. 피아노까지 빼앗겨, 실은 텅 빈 방안에서 공허하게 의지할 데 없는 마음을 어떻게 해야할지 주체하지 못하고 있던 참이오. 우선 어두운 죽음의 함정이 입을 떡 벌리고 이 바그너를 삼켜버릴 것 같은 공포와 싸우고 있었소. 그러나 난 용기를 북돋아, 시를 ― 어둠 속에서 한 줄기 광명을 찾아내는 시를 읊었소. 누가 지었는지 이름은 잊어버렸지만 말이지요. 사실, 뭔가 상상이랄까 이 절망의 심연 속에서도 얼마 안 있어 광명이 찾아올 것임에 틀림없다는 꿈이 내 뇌리에 머물러 왔소. 이상한 희망의 상념이오. 그것이 소위 낭만적 정신이라고 할 만한 것인지도 모르오. 사실 난 50년 생애를 낭만적 정신에 의지해 넓은 하늘을 올려다보면서 살아왔으니까요. 리스트 군, 저 소리가 들리지 않소? 점

점 이쪽으로 다가오는 저 마차의 방울소리와 바퀴 소리. 이건 아마 귀한 손님이 찾아오는 증거요. 보세요, 더욱 크게 들리지 않소?

리스트 (불쑥 일어나면서 큰소리로) 정말 벌써 현관까지 온 것 같습니다. 네 마리가 끄는 아주 훌륭한 마차인 것 같아요 — 저 떠들썩한 소리라니! 아마 귀한 손님이 타고 왔음에 틀림없어요. (창가로 달려가 창밖을 내다본다) (잠깐 동안) (미칠 듯이 기뻐하며 외친다) 궁정마차가 현관에 와서 멈추었어요! 굉장한 일이 있을 거예요, 분명히.

바그너 (앉은 채로 조용히) 궁정용 마차라고……?

리스트 제가 손님을 모시고 올게요. (빠른 걸음으로 퇴장)

바그너 (황홀하게) 궁정 마차!

사이.

(노크 소리에 바그너는 불쑥 일어난다)

바그너 들어오세요. (문 쪽으로 맞으러 간다)

하인리히 (문으로 나타나) 바그너 씨죠?

바그너 (그 몸치장을 보고 고귀한 사람임을 알고 정중하게 예를 표한다) 그렇습니다. 자 이쪽으로……. (방안으로)

하인리히 고명(高名)은 일찍부터 알고 있었습니다. 저는 버버리 왕 로드위치 2세 전하의 사자(使者) 하인리히 폰 에센슈탈입니다.

바그너 이런 누추한 곳까지 찾아주셔서 영광입니다.

하인리히 폐하로부터 당신을 궁정악사로 맞이하라는 분부를 받고 이렇게 승락을 받으러 왔습니다.

바그너 감사히 그 명령에 따르겠습니다.

하인리히 감사합니다. 5-6일 후 마차를 보내드리겠으니 모든 일을 준비해 두시고 그 날 틀림없이 떠나실 수 있도록 하시고, 이건 약소하지만 그때까지 쓰실 용돈입니다.

바그너 잘 알았습니다.

하인리히 그럼 다른 데 일이 있어서 이제 그쪽으로 가야합니다. (퇴장)

바그너 (따라 나가면서) 먼길을 일부러 이렇게 찾아주셔서 감사합니다.

리스트 (지금까지 바그너 옆에 서 있었지만 혼자 남겨져서) 아아, 위대한 예술가 바그너에게 광명이 찾아왔구나. 이제 바그너가 세상에 광명을 던져

줄 차례다.
(곡 로엔그린이 점차 크게 들린다)
조용히 막.

(1942년 4월)

부여의 달

▷ 서지사항 : 1막, 1941년 6월 창작, 송태욱 번역
▷ 특기사항 : 1945년 3월 보문사 발행 작품집 ≪蓬島物語≫에 수록

인물

이애라 — 자살을 기도하는 미모의 젊은 여자
김문학 — 시인
천년수 — 애라의 남편
그 외에 마을의 젊은이들 몇 명

현대, 3월 초순, 10일 남짓한 달밤. 백제의 도읍 부여에서 생긴 일.

무대

언덕으로 되어 있고, 왼쪽에는 그 언덕으로 통하는 완만한 오르막길, 오른쪽에는 사비루(泗沘樓)의 왼쪽 절반 정도가 보인다. 중앙에는 긴 의자 하나, 거기에 이애라와 김문학이 앉아 있다. 언덕 가득히 왼쪽 위쪽에서 10일 남짓한 달빛이 비치고 있다. 언덕 여기저기에 '……. 기념 식수'라고 적힌 하얀 팻말이 있는 소나무 등이 재미있는 가지 모양을 한 채 서 있다. 긴 의자 너머에는 별빛이 흐릿하게 빛나는 밤하늘, 그들이 앉아 있는 바로 뒤에는 낭떠러지가 있는 듯 보여준다. 의자 왼쪽에는 꽃망울이 한껏 부풀어오른 벚나무가 한 그루 서 있다.

김   정말 기연(奇緣)이군요. 내가 만약 시인이 아니었더라면 애라 씨 — 애라 씨라고 했죠? 애라 씨는 정말 훌륭한 미모에다 꽃다운 나이에 안타깝게도 저 세상 사람이 되었을 겁니다.

이   김문학 선생님이 시인이든 뭐든 그런 게 나와 무슨 관계가 있다고 말씀하시는 거예요?

김   이런 야심한 밤이라면 애라 씨 같은 자살자나 저같은 시인이 아니라면 누가 이런 적막한 산 속을 지나 낙화암 같은 델 찾아오겠어요? 저는 제가 시인이라는 걸 축복한 것은 오늘밤이 태어나서 처음인 걸요.

이   저는 시라는 걸 상당히 애독했습니다만, 오늘밤처럼 시인이라는 인종을 원망해본 적이 없는 걸요!

김   그건 또 왜 그런가요?

이   왜 남의 권리를 방해하는 거죠?

김   권리라뇨, 다시 말해—?

이   선생님은 시인이라면서 머리 회전이 상당히 느린가 봐요.

김   자살하려는 걸 당신의 특권으로 인정하라는 거겠지요. 당신이야말로 머리가 어떻게 된 거 아니에요?

이   제가 죽든 살든 그건 제 자유예요. 저의 권리라구요. 그렇지 않다면 누

132

김 그건, 애라 씨의 생명은 애라 씨 자신의 것이다, 그러니까 마음대로 하게 내버려둬라, 이런 거지요? 그건 낡고 진부한 관념이죠. 장황한 것 같지만, 당신은 전체 속의 한 사람입니다. 우리 모두는 서로의 것이죠, 저도 그렇구요. 동시에 당신 자신 속에 실제로 싹트고 있는 새 생명의 겁니다.

이 (분연히 일어나면서) 전 태어나서 보지도 못하고 알지도 못한 김문학이라는 분에게 수신 강화를 들을 이유 같은 건 전혀 없어요.

김 예, 물론 모든 인간이 서로 다 알게 되는 건 불가능하지요. 그러나 당신은 우리의 동포입니다. 그리고 더 중요한 건 당신이 시를 애독하신다는 사실이지요. 이를테면 당신과 저는 오늘밤 낙화암에서 처음 만났을 뿐이지만, 훨씬 이전부터 알고 서로 이해하는 친구였습니다.

이 저는 시 읽는 걸 좋아했을 뿐이에요. 시인 같은 건 꿈에도 이해하려고 한 적이 없어요. 저는 고독한 여자였으니까 시라고 해도 슬픈 시만 저의 심금을 울렸어요. 선생님이 쓴 '아세아의 여명'이라든가 '광명은 동아에' 같은 논문 비슷하게 호언장담하는 시는, 전 다섯 줄도 제대로 읽을 수 없어서 내던졌거든요.

김 네, 바로 그 점입니다. 단 한 줄이라도 읽었다는 사실. 아니, 그저 제 이름 석자를 읽었다는 것, 그것만으로도 좋아요, 그것으로 이미 친구 사이니까요.

이 그럼 매호 이름이 오른 편집 겸 발행인과도 친구라는 논법이네요?

김 그렇지요. 편집 겸 발행인과 독자는 친구여야 합니다. 하긴 매호 반드시 보게 되니까 혹 원수처럼 생각되는 경우도 있겠지만요……

이 제가 한 말이 아니에요. 저를 다시 이 세상으로 돌려놓은 김 선생님이야말로 저의 원수라는 거예요. 제발 저를 내버려두세요. 어쩌면 남편이 이 근처까지 찾으러 올지도 모르니까요. 김 선생님은 빨리 돌아가세요. (뒤 낭떠러지를 내려간다)

김 (서둘러 일어나 그녀의 치맛자락을 잡으면서) 다시 시작했군요. 내버려두지 않겠어요.

이 (뿌리치며) 내버려두세요. 전 어차피 죽을 바에야 낙화암에서 화려하게 최후를 맞이하고 싶어요. 그것 외에 저의 행복 같은 건 없다고 생각하고 멀리 경성에서 여기까지 찾아 왔으니까요. 제발 제 행복을 방해하지 말고 어서 돌아가세요.

김   (손을 놓아주면서) 그럼 당신이 정말 당신의 행복이 죽음 이외에 없다
       고 믿는다면, 저도 더 이상 잡지 않겠어요. 하지만 단 한 가지 부탁이
       있어요.

이   (경멸하듯 차가운 시선으로 힐끗 한번 보고) 죽을 사람한테 새삼스레
       무슨 부탁이죠?

김   제발 죽을 장소만은 낙화암으로 하지 말아주세요.

이   (의아하다는 듯 아무 말 없이 쳐다본다)

김   당신은 백제의 삼천 궁녀의 뒤를 좇는다는 낭만적인 꿈을 안고 자살을
       향락하려고 하지만, 그러나 생각해 보세요. 삼천 명의 궁녀가 정조를
       지켜 산화했는지, 아니면 이제 인생에서 쓸모없이 노쇠한 노파 궁녀가
       저 낭떠러지를 기어 내려가 백마강에 빠졌는지, 누가 알겠습니까?

이   그렇지만 역사가 전해주는 엄연한 사실인 걸요.

김   그거야, 애라 씨. 나당 18만 연합군이 이 사비성에 밀물처럼 밀어닥쳐
       의자왕을 생포하고 당나라 장수 소정방이 적어도 한 나라의 군주를 옆
       에 앉게 해 술을 따르게 했기 때문에, 열을 지어 앉은 백제의 문무대신
       등이 너무 굴욕스런 나머지 대성통곡했다든가, 또는 폭악한 적병 때문
       에 아름다운 궁녀들이 한 사람도 남김없이 굴욕을 당했다기보다는 말
       이죠. 삼천의 궁녀 — 설마 궁녀가 삼천 명이 있지는 않았겠지만, 중국
       식 필법으로 그 정도로 많은 궁녀들이 비분강개한 나머지, 적에게 항복
       하여 목숨만을 건지기보다는 낙화암의 꽃으로 옥쇄(玉碎)함으로써 군주
       에 대한 정조를 지키고, 이름을 영원히 남겼다고 운운하는 쪽이 적어도
       백제의 마지막 페이지를 장식하는 감상적인 역사가의 희곡적 수법이라
       는 겁니다.

이   어쨌든 전 그렇게 믿고 있어요.

김   저도 낙화암의 전설만은 그렇게 믿고 싶습니다. 그러나 의자왕이 소정
       방에게 술을 따랐다든가 하는 건 얼마나 굴욕이었겠습니까? 이것만은
       믿고 싶지 않습니다. 아니, 또 있어요.

이   (얼굴을 들어 김을 쳐다본다)

김   (왼손을 위쪽으로 달 아래를 가리키면서) 애라 씨, 저쪽을 보세요. 백마
       강이 저 부소산 기슭에서 활처럼 구부러져 멀리 서쪽으로 꼬리를 감춘
       부근으로부터 의자왕 이하 효(孝), 륭(隆), 연(演) 등 세 왕자와 대신과
       장수 88명에다 농민 만 2천 8백 명 등이 포로가 되어 소정방의 당나라
       배로 납치되었습니다.

이　　(약간 놀란 표정으로) 왕을 포로로 잡아갔다니……. 그 다음에는 어떻
　　　게 되었나요?

김　　의자왕 등은 결국 당에서 천세에 한을 남기고 돌아가셨다고 합니다.

이　　어머나?

김　　산서성(山西省) 어느 풀숲에 의자왕의 묘가 있다더군요.

이　　그게 정말일까요?

김　　글쎄요, 낙화암의 전설처럼 알 수 없지요. 아니, 혹 사실이겠지요. 구라
　　　파 천지를 휩쓸었던 나폴레옹도 세인트헬레나의 그 쓸쓸한 작은 섬에
　　　서 최후를 맞이했을 정도니까요!

(아무 말 없이 탄식)

사이.

어딘가로부터 바람이 불어와 나뭇가지를 살랑살랑 흔든다. 백마강에서
멀리 뱃노래 소리가 끊일락말락 들려온다.

김　　우리가 서 있는 이 주변이 바로 백제 왕궁 — 사비성 내의 송월대(松月
　　　臺)입니다. 임금은 여기에 화려하고 사치스러운 누각을 짓고 저 백마강
　　　으로 지는 달을 읊으면서 많은 미녀들을 대동하고 잔을 기울이고 있는
　　　사이에 백제의 국운도 기울었습니다.

이　　모두가 운명이죠.

김　　운명?

이　　예, 전 개인도 국가도 모두 어떤 운명의 지배에 의해 성쇠가 좌우된다
　　　고 생각해요. 저 같은 경우를 봐도 왜 아내가 있는 청년과 사랑하는 사
　　　이가 되었을까요? 아무리 생각해도 거기에는 저의 의지를 지배한 어떤
　　　숙명이라는 것이 있는 게 아닌가 생각되거든요.

김　　일생에서 가장 중대한 일을 왜 미리 알지 못했나요? 당신은 그만큼 경
　　　솔했던 겁니다. 그것이 이를테면 현재의 입장으로 운명지어진 겁니다.
　　　역시 어떤 동기나 원인이 뒤얽혀 비로소 다음 운명이나 사실을 만들어
　　　낸다는 식으로 생각할 순 없습니까?

이　　저는 그 원인을 만드는 데 어떤 운명의 작용이 있다고 생각돼요. 경성
　　　에서 지금의 남편과 결혼식을 올리고 나서야 비로소 그에게는 호적상
　　　의 아내가 있다는 걸 알았어요. 그때까진 사랑에 빠져서 그런 건 알려

고도 하지 않았고, 또 사실 그런 일이 있어서야 되겠는가 하고 독단으로 생각하고 있었어요. 원래 전 부모를 일찍 여의고 언니 밑에서 자란 외로운 몸이거든요. (거의 울음을 터뜨릴 듯이) 다만 결혼으로 과거의 불행을 보상하려는 바람이 이런 비참한 현실에 부딪혀 엉망진창이 될 거라고, 누가 꿈에라도 생각했겠어요. 절망의 밑바닥에 내팽겨처져 죽기로 결심하게 된 거예요. 그리고 신혼여행을 부여로 가자고 제가 부탁했어요. 어차피 전 스스로 죽음을 재촉하지 않으면 안 되는 박복한 여자인 걸요. 적어도 죽을 장소만은 낙화암으로 하고 싶어요. 그러면 조금이라도 전 위안을 받을 거라고 믿어요.

김 예예, 잘 알겠습니다. 그러나 그렇게 서둘러 죽을 필요는 없으니까 잠깐 앉아서 얘기라도 하지 않겠어요? (자신이 먼저 앉고 다음에 애라의 치마를 당겨 앉힌다) 지금 저는 당신이 말한 운명이라는 걸 좀 생각해봤습니다. 백제가 망한 것은 향락에 빠져, 위로는 군주로부터 밑으로는 농민에 이르기까지 나태했기 때문에 강건한 육체도 정신도 심하게 병들었기 때문입니다. 바로 영국에 의지하고 있던 프랑스가 멸망한 것처럼, 당시 일본군이 아주 먼 수로를 거쳐 구하러 달려갔지만 이미 국력이 어쩔 도리가 없을 정도로 약해져 있었기 때문에 대세를 만회할 방법은 전혀 없었던 겁니다. 백제는 훨씬 전부터 왕인(王仁) 등 훌륭한 학자나 탁월하고 뛰어난 예술가들이 아주 많이 일본으로 건너가서 그 문화 발달에 공헌했습니다. 백제와 일본은 그렇게 밀접하게 일체가 되어 융합했던 겁니다. 그래서 백제는 설사 나태로 흐른 당연한 결과로 멸망했지만 그 문화는 일본에 이식되어 저 찬연한 아스카(飛鳥) 문화를 꽃피웠고, 그리고 오늘날에 이르기까지도 귀중한 문화적 유산으로 전해지고 있습니다. 그뿐 아니라 천 몇 백 년 후의 오늘날, 이 부소산에 부여신궁(扶餘神宮)을 건립하는 공사가 진행되고 있는 걸 보면, 그 양자 사이의 숙명이라는 것에는 어떤 필연성이 있다는 걸 알 수 있지 않습니까? 우연히 만들어지는 역사라는 것은 없습니다. 숙명이라거나 운명이라고 하지만, 결코 동기나 원인을 무시하고서는 생각할 수가 없습니다. 실제로 일어나고 있는 사실, 그것은 이전의 원인에서 유도된 운명입니다. 그러므로 다음의 사실, 다음의 운명을 만들어내기 위해서는 그것을 초래해야 할 동기나 원인을 만들어야 합니다. 거기에 우리들이 운명에 지배되는 길과 운명을 지배하는 길의 분기점이 있는 겁니다. 동시에 엄연한 사실, 엄연한 역사를, 우리는 거부할 수 없습니다. 그렇게 되어야 할 필연성 없이 그렇게 되지는 않기 때문입니다. 그것을 거부하려는 자에게는 그저 암흑이 있을 뿐입니다. 오늘날 세계에 있는 이 사실, 만들어지고 있는 역사를 도대체 누가 감히 거부할 수 있겠어요? 사실이라는 건 운명입니다. 역사입니다. 사실을 사실로 향수하는 자만이 다음 운명으로 비약하겠지요. 사실 앞에서 눈을 가리는 자, 그것은 죽은 자입니다. 이 사비성의 달빛을 신비하게 생각한다거나 백제 흥망의 흔적을 단지 허무적이고 감상적으로만 해석한다면, 그것은 우리의 인생에 아무것도 더해주지 못합니다. 단지 그 정도에서 그쳤다면 돈을 들여 부여까지 올 필요는 전혀 없으니까요. 하하하……

이   전 청아한 죽을 장소를 찾아 왔어요. 부여의 달에 눈물을 흘리러 온 감상 시인이 아니에요. 그런 걸 의외로 현실주의 시인 같은 사람이 뛰어나와 방해한 거지요. 그래서 제가 살아남는다고 해도 평생 빛을 볼 수 없는 인생이니까 내버려두세요.

김   애라 씨, 잠시만 기다려주세요. (미소를 띄우면서) 애라 씨, 이렇게 두 사람이 나란히 앉아 있으니 마치 잘 어울리는 연인 사이 같지 않습니까. 하하하, 사실 저도 죽을 생각으로 왔어요.

이   (놀라서) 예? 정말이에요?

김   (태연하게) 예예, 자살할 생각으로 낙화암까지 왔어요.

이   (흥미를 느낀 듯) 왜 죽지 않았어요.

김   당신이 백화정(百花亭)에 기대어 달을 바라보면서 눈물에 잠겨있는 것을, 솔밭 속에 숨어서 가만히 지켜보고 있었습니다. 그리고 이건 틀림없이 자살자임에 틀림없다고 단정하자 애가 타 가만히 있을 수 없어서 당신을 구해야만 한다고 생각했어요. 그래서 나 같은 건 완전히 잊어버렸던 겁니다. 게다가 실제로 낙화암에 와보니 생각한 것보다 아주 험하고 높지 않습니까? 이렇다면 보통 용기로는 좀 뛰어내릴 수 없겠구나 하고 생각했습니다. 게다가 또 한 가지, 이것이 좀더 중요한 이유입니다만.

이   그게 뭔가요?

김   그건 말이죠, 낙화암은 백제 삼천 궁녀의 지순한 영혼에만 맡겨두고 싶다는 겁니다. 다시 말해 우리 범인(凡人)의 하찮은 죽음에 의해 낙화암의 아름다운 전설을 더럽히고 싶지 않다는 그럴 듯한 이유로, 저는 결국 죽음을 포기한 데다, 게다가 미모의 젊은 여성을 구한다는 일거양득의 좋은 일을 한 겁니다. 하하하……

이   (생사의 갈림길에서 고민하는 모양)

사이.

바람이 더욱 거세져 나뭇가지를 세게 흔들고 올빼미가 기분 나쁘게 멀리서 울어대기 시작한다.

김　　(사방을 둘러보면서) 대체 애라 씨의 남편은 상당히 느긋한 분 같으시네요. 실례지만 가장 사랑하는 새 신부가 죽을 생각으로 방을 나온 것도 모르다니…….

이　　(결심한 듯이 불쑥 일어나 뒤쪽의 낭떠러지로 내려간다. 점점 보이지 않게 된다)

김　　(약간 놀라 당황하면서) 또 어디로 가는 겁니까, 예?

이　　(아무 말도 하지 않고 새치름하게 결국 무대에서 보이지 않게 된다)

김　　저는 제가 할 수 있는 최선을 다 했으니까 죽고 나서도 저를 결코 원망하지는 마세요.

사이.

애라의 발소리도 멀리 사라진다. 바람도 더욱 거세져 나무들은 웅웅거린다. 올빼미가 우는 소리는 한층 더해진 채로 무대는 잠시 침묵.

김　　(다소 애가 타는 표정으로 한 손으로 벚나무를 짚고 뒤를 돌아본다) 아 이거 난처한 걸. 무사태평한 남편이라는 놈은 쿨쿨 자고 있는 것 같고. 데리고 와서 간다고 해도 그땐 늦을 것 같고……. 쳇! 멋대로 하라지. 내 노력은 신이 알아줄 테니까.

사이.

얼마쯤 있다가 왼쪽의 보이지 않는 곳에서 사람들이 달려오는 발소리가 점점 다가오는 것과 함께, "애라아……."라거나 "어-이!"라고 찾는 소리가 들려와 무대에 초조감을 불러일으킨다.

김　　(방향을 바꾸면서) 앗! 이제야 찾아오는가 보네. (그리고 또 뒤를 열심히 쳐다본다. 잠시 후, 의자에 앉아 담배를 꺼내 물고 피기 시작한다)

사이.

30세 정도의 천하태평하게 보이는 살찐 천년수를 앞세우고 젊은이 3-4
명, 숨을 헉헉 헐떡거리면서 언덕길을 허둥지둥 뛰어올라온다. 손에는
지팡이나 회중전등 같은 걸 들고 있다.

천　(우스꽝스러울 정도로 숨을 헐떡거리면서) 젊은 여자 한 사람, 보지 못
　　했나요?

김　(태연하게) 저쪽 낙화암으로 가는 고갯길을 내려간 것 같은데요.

천　(깜짝 놀라며) 예, 낙화암으로요? 애라아— 어-이 —! (외치면서 뛰어내
　　려간다)

젊은이들도 "빨리 가야돼!"라거나 "큰일이다!"라고 외치면서 천년수 뒤
를 좇아 내려간다.

김　(독백) 저런 뚱보라서 천하태평인 거군.

사이.

바람이 더욱 점차 거세지고, 막이 내릴 때까지 단속적으로 계속된다. 올
빼미도 가까이서 애타게 운다. 그때 무대 뒤에서 그들의 발소리가 멀어
졌다고 생각하는 순간 '앗!'하는 날카로운 비명소리와 함께 돌멩이 등이
굴러 내리는 소리와 사람들이 술렁거리는 잡음이 들려와, 예삿일이 아
니라는 걸 알게 해준다.

김　(비명소리에 깜짝 놀라 일어나 뒤쪽을 유심히 쳐다본다) 저런, 저런! 바
　　보 같은 짓을 했군!

사이.

멀리서 종소리가 들려온다. 황란사(皇蘭寺)의 종이다. 처음은 멀리서 조
용히 그리고는 빠른 리듬으로 바뀜과 동시에 그들 일행이 뒤쪽에서 올
라온다. 선두에 천년수, 다음에는 애라가 고개를 떨어뜨리고 힘없이 걸
어온다. 그 뒤로 부상한 한 청년을 좌우에서 부축하며 젊은이들이 따라
온다. 부상자, 신음하는 모양.

김　(다가가며) 많이 다치진 않았나요?

청년 1	예, 좀 중상입니다.
청년 2	언덕길을 뛰어내려오다가 그만 미끄러졌습니다. 다행히 소나무에 걸려 살았던 것 같습니다.
청년 1	저희는 먼저 병원으로 가야할 것 같은데요.
김	예, 빨리 가서 응급 처치를 받으세요.
천	정말 죄송합니다. (청년1에게 지폐를 건네면서) 이것으로 일단 처치를 받으세요.
청년 1	예, 그럼 실례하겠습니다.
청년 2	실례하겠습니다.

    젊은이들 왼쪽으로 퇴장.

이	(김에게) 제 남편입니다.
천	(서투르게 고개를 꾸벅하며) 천년수라고 합니다. 이번에는 정말 뭐라 감사의 말씀을 드려야 할지 모르겠습니다. 앞으로도 오랫동안 잘 부탁드립니다.
김	잘 부탁드립니다…… 부인을 말리느라 한참 고생했어요. 당신이 찾으러 올 때까지는 어떻게든 붙잡아 놓으려고 천박한 지식을 있는 대로 다 털어냈습니다.
이	(다소 부끄러운 듯이) 김 선생 덕분에 전 완전히 목숨을 구했어요. 그리고 과거는 과거로 하고 앞으로 전, 저의 새로운 역사를 만들어가려고 생각해요. 전, 운명적인 하나의 포인트를 잡았어요. 정말 고맙습니다. (얌전하게 머리를 숙인다)
김	아니오, 정말 기쁩니다. 정말 굳세게 사세요. 그리고 용감하게 당신의 행복한 역사를 펼쳐나가세요. 우리 모두가 지금 그런 순간에 있습니다. 서로 협력해서 굳세게 살지 않겠습니까. 애라 씨. — 그런데 마지막에 당신을 내버려둔 것은 이제 당신의 심리가 저의 설교로 죽음에서 삶으로 움직이고 있는 것을 확실히 알았기 때문이었습니다. 교활하지요. 하하하…….
천	(새삼스럽게 다시 한번 고개를 숙이고) 아닙니다. 선생님은 정말 생명의 은인입니다. 정말 감사합니다.
이	(빙긋 웃으면서) 그런데 선생님, 선생님은 왜 죽는다고 말했나요?
김	(웃으면서) 예, 전 시인으로서의 자신이 막다른 길에 몰렸다고 느껴서,

시인을 폐업하고 다시 시작할 생각이었습니다. 그런데 오늘날 여기에 와서 백마강 일대 부여의 산하를 바라보고 있는 동안 마음이 완전히 바뀌었습니다. 그래서 저는 점점 강하게 자신을 몰아세워 이 아름다운 산하를 노래하려고 결심하기에 이르렀습니다. 반드시 새로운 세기가 올 겁니다. 실제로 저는 이 부소산 위에 서서 이 산하가 점점 변해가는 모습을 보면서 저 빛나는 시대의 환영을 확실히 봤습니다!

이   (웃으면서) 전, 선생님이 정말 죽을 생각을 했다고 생각했어요.

천   (안심한 듯) 정말 이런 속된 사람이 처 덕분에 이런 아름다운 부여의 달을 볼 수 있어서 기쁩니다. 하하하……

김   자, 이제 밤도 깊었고, 게다가 아까 그 청년도 어떻게 되었는지 병문안 하러 가봐야죠!

김을 앞세우고 퇴장. (왼쪽으로)
조용히 막 내린다.

쇼와 16년 6월

심 청 전

▷ 서지사항 : 1941년 12월 赤塚書房에서 발행한 희곡집 ≪심청전, 춘
       향전≫에 수록, 박연희 번역

시대

수 백년 전 이조 중엽

곳

서조선이 있는 곳

인물

심청
아버지
어머니의 영혼
왕
후처
스님
뱃사공
사람들

이른 새벽, 멀리서 닭 우는 소리. 바로 옆에서 사람의 발자국 소리, 얼음을
깨는 소리, 질그릇 항아리를 돌 위에 놓고 두레박으로 물긷는 소리.

부 인 아 추워. 오늘 아침 추위는 정말 잔인하네. 바람도 없는데 살을 도려내
는 것 같네.

멀리서 아기 우는 소리. 이어서 자장가.

부 인 어머나 저런 곳에서 아기가 울고 있네. 대체 누구네 집이지.

자장가 조금 커진다.

부 인 아 그래. 이웃 마을의 그 소경이네. 불쌍하게도 아내를 잃고 저렇게 해
서 아기를 키우고 있네. 태어난 지 이레도 되지 않은 아기를 두고 죽어
간 사람은 얼마나 괴로웠을까? 거기다가 배가 고파 우는 아기도 그렇
고 그 아기를 키우는 소경 아버지의 괴로움은 또 어떨까.

음악 반주로 자장가는 시작된다.

꽃은 져도 나비는 울지 않네.

144

우리아기 착하지 울면 안돼요.
외롭다고 울다 지쳐도
없는 어머니는 돌아오지 않아.

친구를 찾아서 기러기가 울어도
나는 슬퍼서 눈물을 흘린다.
우리 아기 똑똑하지 웃어보렴.
비록 소경이지만 아버지가 있단다.

아기 또 운다.

아버지 오 착하다. 이제 울지 마라. 금방 누가 젖을 나눠 줄거야.

부 인 저 여보세요. 그쪽은 위험하니까 그 위쪽으로 돌아오세요. 도랑에 얼음
이 잔뜩 덮여 있으니 발밑을 조심하세요.

아버지 예예 누구신지 모르지만 마음써주셔서 감사합니다. 부인 혹시 젖이 나
오면 조금만 이 아이에게 나눠주지 않겠습니까? 나는 나이 30에 눈을
잃고 40 넘어서 겨우 이 아이를 얻었습니다만 불행하게도 아내를 앞세
우고 말았습니다.

부 인 당신에 대해서는 잘 알고 있습니다. 자 이쪽으로 아기를 주세요. 어머
나 귀엽기도 하지.

아기 칭얼거린다.

부 인 저런 이렇게 배가 고팠어. 우리 아기가 먹은 뒤라 젖이 잘 안 나와서
보채네요.

아버지 고맙습니다. 정말 고맙습니다. 엄마 품을 찾아서 밤새 울었어요. 이렇
게 아침이 되자 우물가로 걸어 다니며 여러분의 자비로움에 의지합니
다만 먼 훗날을 생각하면 정말 앞이 캄캄해집니다.

부 인 정말 당신 부인만큼 남편을 잘 모신 사람도 없었다는데 말이에요.

아버지 예 감사합니다. (울먹이는 목소리로) 그런데, 그런데 그 아내를 저 세상
으로 보냈습니다. 귀여운 아기가 자라는 것도 기다리지 않고 가 버렸습
니다. 죽을 때도 몇 번이고 몇 번이고 아기를 걱정하고 내가 고생할 것
을 염려하여 울었죠. 필시 죽기 힘들었을 테지요.

부 인 (운다) 갓 태어난 아기를 포기할 수 없었겠지요.

아기 운다.

부 인 　어머 젖이 안나온다고 이렇게 화내는 모양이네. 오 그래 그래. 아줌마가 마을에 가서 젖이 많이 나오는 아주머니를 찾아 주마. 그럼, 잠깐만 아기를 안아주세요. 항아리를 머리에 일게요.
아버지 　예 예 고맙습니다.
부 인 　자 함께 갑시다.

아기 운다.

아버지 　예 그럼 따라 가겠습니다. 아 난처하네. 한번에 배부르지 않다고 이렇게 우니 말이다.

아기의 울음소리 점차 사라지고, 다음 장소로 바뀐다.
음악 조용히 시작된다. 애련한 리듬이 있는 가운데 아버지의 독백과 대화.

아버지(독백) 　이렇게 젖 동냥을 하기 위해 아침은 우물가에서 물 긷는 아주머니에게, 낮에는 강가에서 빨래하는 사람에게 그리고 여름은 밭에서 김매는 사람에게 가을은 추수하기 바쁜 아주머니들에게 수치스러움도 체면도 상관 않고 동정심을 구걸한 것이다. 그것도 아기일 때 뿐이지 두 살이 되고 세 살이 되니 젖이나 미음만으로는 해결할 수 없게 되어 쌀과 죽을 얻기 위해 익숙치 않은 몸으로 발 품팔이를 한 것이다. 이런 고생 속에서도 신기하게 청이는 무럭무럭 잘 자랐다. 그리고 청이의 웃음소리나 더듬거리는 말을 들을 때 나는 괴로움도 슬픔도 모두 잊어버리고 장래에 대한 즐거움에 마음이 떨릴 뿐이었다. 그리고 이제 청이는 일곱 살이 되었다.

청 　아버지 내 부탁 좀 들어 줘요.
아버지 　뭐, 부탁이라고.
청 　응 오늘부터 내가 아버지 지팡이 끌고 길 안내할게요.
아버지 　내 지팡이를 끌고 길 안내를 한다고?
청 　그래요, 나 이제 이렇게 컸으니까.
아버지 　안된다 안돼. 청이는 아직 어리니까 얌전히 집에서 아버지가 돌아오는 것을 기다리렴.

146

청　　　싫어 싫어 아버지 언제처럼 또 도랑에 빠지면 나 슬퍼요.

아버지　이제 그런 일은 없을 거야. 앞으로는 조심해서 다시는 그런 실수 하지
　　　　않을게.

청　　　싫어요 싫어. (울기 시작한다)

아버지　오 착하지. 자 울지 마라. 청아 울지 마라. 그러면 청이 말대로 하자.
　　　　자 자 지팡이를 빨리 끌어주렴.

청　　　예 그럼 앞으로 매일 지팡이 끌게 해 줘야돼.

아버지　아 그럼 좋고 말고, 좋고 말고.

　　　　다른 음악, 기쁜 리듬

청(독백)　나는 부자유스러운 몸으로 벌이를 하러 다니는 아버지가 불쌍해서
　　　　견딜 수 없었어요. 돌에 걸려 넘어져서 다치지는 않을까, 사나운 개에
　　　　게 물리지는 않을까, 아버지가 집에 돌아오실 때까지 걱정이 되어 견딜
　　　　수가 없었어요. 그래서 아버지를 안내하여 다닐 때 나는 얼마나 기쁘고
　　　　즐거웠는지 모릅니다. 하지만 내가 아홉 살이 되고 열 살이 되자 이번
　　　　에는 아버지가 하시는 일이 아버지의 몸으로는 얼마나 힘든 일인가를
　　　　알고, 저는 또다시 슬퍼졌지요. 그래서 열한 살이 되었을 때 저는 아버
　　　　지 대신 제가 일할 결심을 했어요.

청　　　아버지 이제 아버지는 일 안 해도 돼요.

아버지　왜?

청　　　내가 할 테니까요.

아버지　뭐? 네가? 겨우 열한 살인 네가 무슨 일을 해. 당치도 않다. 그런 소리
　　　　말고 친구와 놀다 오렴.

청　　　저 무슨 일이든 할 수 있어요. 아기 보는 것도 할 수 있고, 잔심부름도
　　　　할 수 있고, 사랑에 불도 지필 수 있고 절구도 찧을 수 있어요. 그러니
　　　　까 아버지는 정말 이제 일 안 해도 돼요. 나 벌써 이웃집 아줌마랑 약
　　　　속해 뒀어요. 나하고 싶은 대로 하게 해주세요. 그럼 집 잘 보세요 아버
　　　　지. (발소리 멀어진다)

아버지　저런 벌써 가 버렸군. (눈물을 머금고) 젖동냥을 하러 다니던 것이 바
　　　　로 어제 같은데 어느새 날 보살피겠다고 말할 만큼 컸구나. 여느 집 아
　　　　이라면 아직 소꿉놀이하면서 놀고 있을 나이인데……. 아아 가엾게도.

사이.

사계절을 나타내는 계절의 음향과 함께 음악의 반주를 넣은 다음 청의 독창.

청(독창) 황혼 속을 혼자서 터벅터벅 돌아오는 모습은
　　　　눈보라치는 숲에서 엄마를 찾는 새를 닮았네
　　　　비바람을 견디는 어린 것의 돈벌이도 괴롭지만
　　　　위험한 길에 지팡이를 짚은 노인의 몸을 생각하면
　　　　비록 낡은 옷에 낡은 신발이지만 내 몸으로
　　　　아버지 대신 연명할 양식을 얻고자 하노라
　　　　이리하여 꽃이 피고 새가 지저귀는 봄도 가고
　　　　푸른 잎이 무성하고 제비가 어지럽게 나는 여름도 지나
　　　　결실의 계절 가을, 동백꽃 피는 겨울이 지나면
　　　　나도 언젠가 열다섯 살이 된다.

사이.
바람소리, 아버지가 기침한다. 사이를 두고 두 번 정도.

아버지 청아 청아. (사이) 누군지 모르지만 무슨 이야기가 그렇게 길어. 청아, 청아.
청 　 (멀리서) 예 아버지 이제 금방 돌아갈게요. (발소리 가까워지며) 아버지, 기다리게 해서 죄송해요.
아버지 아니 뭘……. 그런데 누구 심부름을 간 거냐?
청 　 예 무릉동 장제상 댁의 큰 마님 몸종이었어요.
아버지 뭐! (놀라서) 장제상 댁 큰마님 몸종이?
청 　 예.
아버지 그랬니. 그래 무슨 일이었니?
청 　 큰마님이 저를 만나고 싶어 하신대요. 꼭 하고 싶은 말이 있으니까 몸종과 함께 오라는 거예요.
아버지 아아 그래, 그래. 장제상 댁의 큰마님 같은 이 지방에서 으뜸가는 명문 대가의 분이 너를 부르시다니 이것 참으로 기쁜 일이구나. 하물며 우리들 같은 가난뱅이에게 이런 명예스러운 일이 또 있겠느냐 청아.
청 　 예.

아버지 이건 분명 너의 효심이 지극하다는 소문을 들으신거다. 이 세상에 둘
도 없을 터인 너의 효행이 하늘에 닿은 것이다. 아아 고맙구나, 고마워,
그런데 그 몸종은 어떻게 되거냐.

청 나와 함께 간다고 담 밖에서 기다리고 있습니다.

아버지 그래, 그러면 너도 빨리 준비하고 머리도 예쁘게 빗어라. 그리고 새로
지은 옷으로 갈아입고 버선도 새하얀 것으로 갈아 신어라.

청 예 말씀대로 할 테니 걱정마세요. 만약 내가 늦게 돌아 오더라도 아버
지 불편한 몸으로 나를 마중나오시거나 하시면 안됩니다. 그리고 여기
에 점심진지 차려 됐으니까 허전하시겠지만 먼저 잡수세요.

아버지 아 알았다. 내 걱정은 말고 큰마님 앞에 가면 앉는 자세도, 묻는 말씀
에 대답도 실례가 안되도록 주의하고 또 주의하거라.

청 예 조심할테니 걱정마세요. 그럼 아버지 다녀오겠습니다.

아버지 아 그래 다녀 오너라. 그리고 이야기가 끝나면 바로 돌아 오너라. 얼마
나 기쁜 이야기인지 빨리 와서 내게 들려주렴.

사이.

아버지 아 가버렸구나. 비록 원래는 좋은 가문이었다 할지라도 지금은 이렇게
몰락한 비천한 신분이다. 장제상 댁의 초대를 받다니 이 얼마나 명예스
러운 일인가. 그것도 모두 그 아이 덕분이다. 어미 없는 아이를 젖동냥
해서 길러 사람들의 동정으로 컸지만 일곱 살이 되자 나의 지팡이를
끌고 길안내를 하겠다고 말하더니 열한 살이 되자 이제는 그 어린 몸
으로 돈벌이를 해서 한결같이 나를 보살피기만 해온 아이였다. 열다섯
살된 아이가 어른도 따라갈 수 없을 만큼 바느질도 잘해서 남의 집 삯
바느질이며, 삯빨래로 훌륭하게 생활을 꾸려 가는 것이다. 이런 훌륭한
아이가 또 있을소냐. 아 고마운 일이다.

사이. 바람소리.

아버지 그런데 늦네. 지금까지 큰마님과 이야기를 하고 있다고는 생각되지 않
은데. 돌아오는 길에 장난이 심한 남자들에게 붙잡힌 것은 아닐까? 진
창에 발이 미끄러져 도랑에 빠진 것은 아닐까? 아아 걱정이다. 걱정돼
서 견딜 수 없다. 어디 저 앞까지 마중 갔다 올까. 아 춥다……

사이.

스 님 (다가와서) 자, 자. 여기가 당신 집이지요?

아버지 정말 위험했었는데 도와 주셔서 감사합니다. 감사합니다.

스 님 그건 그렇다치고 어쩌다 그렇게 깊은 도랑에 빠졌습니까. 때아닌 큰 비로 물이 넘쳐 있는데다 둑도 질척거려서 잡을 곳은 없고 다행히 내가 지나가는 길이었으니 망정이지 하마터면 익사할 뻔했습니다.

아버지 예 예, 감사합니다. 평소에는 익숙한 길인데 몹시 질척인데다 다리 위치가 변해서 눈 깜짝할 사이에 떨어지고 말았습니다.

스 님 자, 자. 빨리 방에 들어가세요. 혹시 갈아입을 것이 입으면 좀 주시겠습니까?

아버지 예 여기 딸아이가 바느질해둔 무명옷이 있으니……. 자 입으시지요.

스 님 아 그러고 보니 아까 말씀으로는 따님을 마중가는 길이라고 하셨지요?

아버지 그렇습니다. 그 아이는 열한 살 때부터 나를 위해 돈벌이를 해왔습니다. 내 몸이 불편해서 그 어리고 애처로운 아이에게 고생시킨 걸 생각하면 안타까움에 살을 깎는 것 같습니다. 어쩌다 또 앞을 못 보게 되었는가 생각하니 그것 또한 억울하기 짝이 없습니다. 눈만 보였더라면 그 아이에게 그런 고생을 시키지 않아도 된다고 생각하면 무슨 수든 쓰고 싶습니다.

스 님 그렇습니까. 아까부터 당신의 신상에 대한 이야기를 들었습니다만 정말 측은한 생각이 듭니다. 나는 아시리라 생각합니다만 몽운사라 하는 절의 중입니다. 절의 건물 수리비를 모으러 단가(절에 시주하는 사람의 집)를 돌던 중인데 우리 절의 부처님은 정말로 영험하셔서 어떠한 기원이든 성심으로 기도하면 반드시 소원성취 할 수 있습니다.

아버지 뭐라구요? 그럼 스님 부탁입니다. 부디 저를 위해 기도해 주십시오.

스 님 그건 하겠습니다. 하지만 기도는 스스로 하셔야 하고 내가 대신 한다 해도 절에 어느 정도 시주를 하지 않으면 안 됩니다.

아버지 시주를 말입니까? 그건 하고말고요. 이 눈만 뜨인다면 무엇이든 하겠습니다.

스 님 먼눈에 빛을 주기 위해서는 적어도 공양미 삼백 석은 시주 하셔야 하는데.

아버지 공양미 삼백 석?

스 님 그렇습니다. 백미 삼백 석을 부처님에게 올리면 좋겠지요.

150

아버지 삼백 석, 삼백 석. 아 좋아요, 좋습니다. 시주 장부에 적어 주세요.

스 님 예? 당신이 삼백 석을? 하하하 이건 안될 말입니다. 정신차리세요. 당신이 어떻게 해서 백미 삼백 석을 시주한다는 말씀입니까. 한번 들러보니 백미 삼백 석은커녕……

아버지 뭐라구요. 무슨 말입니까. 스님은 나를 무시하는 겁니까?

스 님 아니오. 아무도 무시하지 않아요.

아버지 그럼 왜 사람을 조롱합니까? 나도 백미 삼백 석 정도는 낼 수 있어요. 낼 수 있고 말고요. 나도 까닭도 없이 낸다고는 하지 않습니다. 자 빨리 써주세요. 내 이름 밑에 공양미 삼백 석이라고 크고 분명하게 써 주세요.

스 님 아니 화나셨습니까? 당신을 조롱할 생각은 아니었습니다. 분명히 시주하신다면 적지요.

아버지 그럼 지금 당장 적어 주세요.

스 님 자, 적었습니다 공양미 삼백 석이라고 당신의 이름 밑에 크게 써 두었습니다.

아버지 그렇습니까? 안심했습니다. 하루라도 빨리 눈이 뜨여서 자유자재로 생각하는 대로 일하고 내 딸을 행복하게 해 줄 수 있도록 기도해 주세요.

스 님 알았습니다. 그럼 바로 절에 돌아가서 부처님께 기도하지요. 하지만 말입니다. 시주는 잊지 말아 주세요. 약속을 어기면 천벌이 내립니다.

아버지 물론이지요. 집요하게 말씀하시는군요.

　　　　사이.

아버지 아아 안 돼, 큰일이다. 스님 말에 무심코 걸려들어 그만 시주를 약속해 버렸으니. 나 같은 가난뱅이는 백미 삼백 석은 커녕 단 세석도 낼 수 없는데. 눈이 뜨이는 것에만 정신이 팔려 시주장부에 이름을 쓰라고 큰 소리쳤으니 이것 정말 큰일났다. 이 늙은이가 미쳤지. 이 무슨 바보 같은 짓을 한 건지. 아아 큰일이다, 큰일이야.

　　　　마지막에는 우는 소리가 된다.

청　　　아버지 다녀왔습니다. 오래 기다리셨죠? 점심 진지는 잡수셨어요?

아버지 아아 청이냐? 청아.

청　　　예 어머 아직 점심도 잡수지 않았네. 어머나 이 옷의 흙은! 아니 이렇게 흠뻑 젖어서……. 아버지 아버지, 어떻게 된 거예요. 빨리 연유를 말씀해 보세요.

아버지　청아 나는 도랑에 빠진 거다.

청　　　예? 도랑에요! 그럼 아버지는 제가 늦게 돌아와서 마중나오신 거군요. 그래서 도랑에 빠진 거지요? 어디 다친 데는 없으세요? 얼마나 추우셨어요? 죄송해요 아버지, 늦어서 죄송해요.

아버지　청아 안심하거라. 아무데도 다치지 않았다. 운 좋게도 몽운사의 스님이 도와주셔서.

청　　　아아 고맙기도 하지. 스님이 도와주시다니. 부처님의 가호가 있었던 거지요.

아버지　응 그래. 부처님의 가호인 게야.

　　　　아버지 운다.

청　　　아니 왜 그러세요? 왜 우시는 거예요. 도랑에 빠진 게 억울하세요? 마을 젊은이들에게 조롱당한 것이 화나세요?

아버지　아니야 아니다. 그런 게 아니야. 아니 아무것도 아니야. 네가 돌아와서 기뻐서 그래.

청　　　거짓말이죠? 거짓말이에요. 아버지는 제게 뭔가 감추고 계세요. 빨리 말씀해 주세요.

아버지　아니야 아무 일도 없었다니까.

청　　　아니요. 무언가 감추고 계신 거예요. 말씀해 주시지 않으면 저도 같이 울겠어요. 울고 울고 계속해서 울겠어요.

아버지　청아, 울지마라. 네가 울면 나는 괴로워서 견딜 수가 없다. 그럼 말하마. 말할 테니 놀라지 않겠다고 약속하렴.

청　　　예 놀라지 않겠어요. 절대 놀라지 않겠어요.

아버지　실은 말이다. 당치도 않은 일을 저지르고 말았다. 몽운사에 공양미 3백 석을 시주한다고 방금 전에 스님에게 약속해 버렸구나.

청　　　예? 공양미 삼백 석을요?

아버지　그래 그래. 이 아버지가 망령이 난 거야. 이 늙은이가 미친 거야.

청　　　아버지, 그런 말씀하시면…….

아버지　아니 정말 그렇다. 하지만 청아 걱정 말거라. 내가 금방 뛰어가서 시주를 취소하고 올 테니.

청　　　그건 안돼요. 한번 부처님 앞에 한 약속을 이제 와서 취소할 순 없어
　　　　요. 더 큰 화를 입게 될 거예요.

아버지　그럼 어떡하면 좋겠느냐?

청　　　저에게 맡겨주세요. 제가 어떻게든 해볼게요.

아버지　뭐? 네가? 겨우 열다섯 살인 네가 무엇을 할 수 있다는 거냐?

청　　　아니오. 할 수 있어요. 할 수 있으니까 안심하세요. 부디 슬퍼하지 마
　　　　세요. 너무 슬퍼하면 몸이 상해요.

　　　　음악 비애의 장단.

청　　　아아 큰일이다. 정말 큰일이다. 아버지를 안심시키려고 그렇게 말은 했
　　　　지만 내가 무엇을 할 수 있단 말인가.

뱃사공　(멀리서 희미하게) 처녀 삽니다. 처녀. (이를 반복한다)

청　　　어머 저건 무슨 소리지.

뱃사공　처녀 삽니다 처녀. 올해 열다섯 살 된 처녀 사요.

청　　　어머 열다섯 살 된 처녀라면 나와 같은 나이 (사이) 그래 (달리는 소리)
　　　　여보세요, 뱃사공 아저씨.

뱃사공　예, 나를 부른 게 당신이오?

청　　　예 그래요. 열다섯 살 된 처녀를 사서 무엇하시려구요?

뱃사공　그건 차마 들을 수 없을 만큼 무자비한 것이라오. 묻지 않는 게 좋아
　　　　요.

청　　　아니오, 들려주세요. 경우에 따라서는 제가 팔려갈까 생각하고 있으니
　　　　까요.

뱃사공　당신이?

청　　　그래요. 나도 올해 열다섯 살 된 처녀니까요.

뱃사공　아아 그래요. 하지만 그만 두는 게 좋을 거요. 산다고 해도 몸을 사는
　　　　것이 아니라 목숨을 사는 것이니 말이오.

청　　　예? 목숨을요?

뱃사공　그래, 놀랄 거요. 모두들 놀라서 달아나지요. 당신도 그만두는 것이 좋
　　　　을 거요.

청　　　값은 얼마죠?

뱃사공　원하는 대로 주지요.

청　　　백미 삼백 석이래두요?

뱃사공	삼백 석이 아니라 천 석을 주고라도 사야 돼요.
청	그럼 저를 사주세요.
뱃사공	예? 그 그게 정말이오?
청	정말이에요. 누가 거짓말을 하겠어요?
뱃사공	아니 하지만 아버지나 어머니의 승낙 없이는 살 수 없어요.
청	저에게 어머니는 없습니다. 장님 아버지 한 분 있는 외동딸입니다. 아버지의 개안을 기원하기 위해 부처님께 시주를 약속하고 나서 난처한 처지에 있습니다. 도와주신다고 생각하고 사주세요.
뱃사공	그래 그 정도라면 사지요. 우리들은 당나라로 장사를 가는 사람들인데 바다 한가운데에 이르면 임당수라고 하는 파도가 거칠어지는 곳이 있어서 말이에요. 그 곳에 열다섯 살 된 처녀를 희생시켜 바다에 빠뜨려서 바다신의 노여움을 위로하기로 되어 있지요. 그러면 배도 난파당하지 않고 장사도 번창한다오.
청	알겠습니다. 나의 이름은 심청입니다만 아버지 이름으로 백미 삼백 석을 오늘 바로 몽운사에 시주해주세요.
뱃사공	알았네. 백미 삼백 석을 분명히 몽운사에 시주하지. 그러면 다음달 15일이 출항하는 날이니까 그 때까지 출발 준비를 해주게.

사이.

청	아버지 일어나셨어요?
아버지	아아 잘 잤다. 청아 무슨 일이냐?
청	아버지, 기뻐하세요. 몽운사에 백미 삼백 석을 시주했습니다.
아버지	응? 절에 공양미를? 그건 또 어떻게 네가?
청	말씀드린다는 게 늦어졌습니다만 언젠가 장제상의 큰마님이……
아버지	아아 그랬지. 그 날 너는 큰 마님에게 불려갔었지.
청	예. 그 날 큰 마님은 나를 양녀로 삼고 싶다고 하셨어요.
아버지	너를 양녀로? 아아 그것 참 고마운 일이구나.
청	하지만 그때는 제가 아버지를 봉양해야 하기 때문에 거절했었어요.
아버지	그래 그래 이 어리석은 아버지 때문에 모처럼의 영화도 버렸었구나.
청	아니오, 그렇지 않아요. 그리고 나서 매일 곰곰이 생각하다 어제 저는 큰 마님에게 갔어요. 그리고 역시 양녀가 되기로 약속했습니다만 그것은 공양미를 내주시기 때문이었어요.

아버지   뭐 공양미를? 그것 참 고마운 일이구나. 큰 마님에게는 어떻게 은혜를 갚아야 좋을지 모르겠구나.

청   하지만 다음달 15일부터는 아버지 곁에 있을 수 없는 것이 슬퍼요.

    사이.
    음악 애수의 가락.
    청의 독백이 있는 중에도 계속되고 독창에는 그 반주.

청(독백)   아버지에게 거짓말을 할 생각은 없었지만 아버지를 안심시키기 위해서는 어쩔 수 없는 일이었다. 하지만 내일 아침이 되면 영영 아버지와는 생이별이다. 내가 있는 동안에는 옷도 꿰매고 갓도 만들었지만 지금 꿰매고 있는 이 버선이 아버지에게 해 드리는 마지막 일이라 생각하니 눈은 눈물에 젖어서 바늘도 보이지 않는다. 아버지는 누구를 의지하고 누구의 보살핌을 받을까. 아아 아버지.

    청 운다.
    울면서 다음의 노래를 부른다.

청(노래)   아버지와 지내는 것도 오늘밤이 마지막
      내일이 되면 저승으로 여행을 가니
      이것이 마지막 일이 되는구나.
      봄 겹옷과 겨울 무명옷
      성심을 다하여 바느질을 하였지만
      크게 슬퍼하실 아버지의 신상은 어찌할까.

      태어난 지 이레째 어머니를 잃고
      젖동냥을 하여 키운 나를
      사지로 보내는 이별인 것을 알면
      아버지의 한탄은 어떨지.
      오장육부가 찢어질 듯 한 고통스런
      나의 마음을 그 누가 알까.

    사이.
    닭운다.

청   아 벌써 날이 밝았네. 이별의 시간도 점점 다가온다. 아버지 여기에 무
      명옷, 여기에 겹옷을 둘게요. 여름에 땀 흘리고 겨울에 더러워지면 바
      로 갈아입으세요. 너무 더러워서 마을 사람들에게 경멸당하지 않도
      록……. 그래도 이 옷과 버선이 완전히 더러워지면 누가 만들고 꿰매어
      줄까요.

      운다.

청   아 그래. 빨리 아침밥을 짓자. 내 손으로 따뜻한 밥을 지어드리는 것도
      이것이 마지막이구나 아아 아버지.

      운다.

뱃사공 여보시오, 심청. 이제 출발할 시간이오.
청   앗, 당신은 뱃사공 아저씨. 부디 조용히 해주세요. 부디 아버지를 깨우
      지 않도록 지금 아침밥을 짓고 있으니, 상을 차려 아버지의 베갯머리에
      두면 바로 가겠습니다.
뱃사공 그럼 빨리 하세요.
청   아버지, 아버지. 여기 상 차려 두었습니다. 아무것도 모르고 아직 주무
      시는 아버지. 나는 이것을 마지막으로 이 세상에는 없습니다. 아버지의
      얼굴을 보는 것도 이것이 마지막입니다. 아버지의 얼굴과 손을 아 아버
      지.

      흐느껴 운다.

아버지 오, 왜 그러느냐? 왜 울고 있는 게냐? 응 왜 그러니?
청   아니오, 아무것도 아닙니다. 아침진지 다 되었으니 빨리 드세요.
아버지 아아 그래. 깜박 늦잠을 자버렸구나. 아 그래그래 아주 이상한 꿈을 꾸
      었단다. 네가 금은으로 장식된 꽃가마를 타고 가는 꿈을 꾸었는데 오늘
      은 장제상 댁 큰마님이 너를 데리러 오는 날이었구나.
청   예, 아버지. (운다)
아버지 그래서 네가 울고 있었구나. 무슨 슬픈 일이라고 우느냐. 네가 큰마님
      의 양녀가 되어도 바로 이웃마을이다. 만나고 싶으면 만나러 가마. 게

다가 다행히 눈이 뜨이면……

청이 참을 수 없어서

청　　　아버지 그것은 거짓말이었어요. 거짓말을 했습니다. 이 거짓말쟁이를
　　　　때려주세요.

아버지　뭐? 거짓말이라고? 그러면 무슨 다른 이유가 있는 거냐?

청　　　예. 말씀드릴게요. 말씀드리지 않고는 도저히 도저히 이대로는 헤어질
　　　　수 없습니다. 아버지 놀라지 마세요. 슬퍼하지도 마세요. 저는 제 몸을
　　　　팔았습니다. 공양미 삼백 석에 제 목숨을 바꿨습니다.

아버지　뭐? 무슨 소릴 하는 거냐? 공양미 삼백 석에 네 몸을 판 거라니?

청　　　예 뱃사공에게 팔았습니다. 바다신에게 드리는 제물로 목숨을 파 팔았
　　　　습니다. (운다)

아버지　뭐? 뭐 뭐라고? 처 청아 처 청아 그 그것 크 큰일이로구나. 그런 일이
　　　　될 말이냐? 누 누가 너의 목숨을 팔아 눈을 뜨고 싶다고 했느냐? 안 된
　　　　다 안 돼. 그것은 안 돼.

뱃사공　여보시오. 이제 시간 됐으니까 빨리 갑시다.

아버지　뭐? 뭐라고. 그럼 내 딸의 목숨을 사는 것이 너희들이구나. 이런 극악
　　　　무도한 놈들 잘도 아직 나이도 차지 않은 처녀를 유혹했구나. 이리 오
　　　　너라 내 목숨과 바꾸게. 너희들의 그 숨통을 지금 당장 빼내주마.

청　　　아버지 이미 벌어진 일이니 어쩔 수 없어요. 내가 안가면 저 분들도 난
　　　　처할 거예요. 한번 약속한 일이니 어떤 일이 있더라도 지켜야 해요.

아버지　안 된다. 가면 안 돼. 눈을 뜨게 되는 것도 싫다. 행복해지는 것도 싫
　　　　다. 나는 너와 둘이서 살고 싶다. 네가 없는데 어떻게 내가 살 수 있겠
　　　　느냐? 청아 내 곁에서 떠나지 마라. 네가 없으면 누가 나를 보살피겠느
　　　　냐? 아파서 쓰러져도 바람이 차가워도 배가 고파도 나는 너를 찾아 헤
　　　　맬 것이다. 나를 불쌍히 여겨 가지 말아 주려므나.

청　　　아버지 저도 슬퍼요. 하나뿐인 부모를 먼훗날까지 보살펴 드릴 수 없
　　　　는 것이 안타까워요. 아버지 곁을 떠나 바다 속의 물고기 먹이가 되는
　　　　것도 슬퍼요. 하지만 만약 다행히 은덕이 있어서 눈이 뜨이면 마음씨
　　　　고운 사람을 얻어 똑똑한 사내아이를 낳아주세요. 그리고 저 같은 불효
　　　　녀는 잊어주세요.

아버지　안 된다 안 돼. 뭐라고 해도 그것은 안 되는 거야. 청아, 청아. 어디에

가는 거냐. 내 옆을 떠나서는 안 된다.

청 아버지 놓아주세요. 저는 가야만 합니다.

뱃사공 여보시오. 언제까지 있든 마찬가지오. 빨리 갑시다.

아버지 오 아직 게 있었구나. 내 딸을 데려갈 수 있으면 데려가 봐라.

사람들 아아, 불쌍도 하지. 도울 방법이 있다면 도와주고 싶구나.

뱃사공 어이 이보게, 어쩌지? 저 분 몸도 불편한데 말이야. 우리들이 할 수 있을 만한 일을 해보지 않겠나?

뱃사공 다수 아아 좋아요, 좋고말고.

뱃사공 여보시오, 한탄하시는 것은 당연합니다만 이제 와서 어쩔 수는 없습니다. 그래서 우리들의 모처럼의 마음이니 받아주시오. 현금 삼백 냥에 백미 백 석입니다. 이것만 있으면 당신의 남은 여생동안은 충분할 겁니다.

아버지 필요 없다 필요 없어. 그 돈과 백미를 가지고 돌아가서 다른 처녀를 구해라.

청 아버지 그럼 건강히.

아버지 앗, 너는, 너는 청아. 청아, 손을 주렴. 손을 줘. 절대 내게서 떨어지지 마라. 내게서 떨어지면 이 자리에서 나도 죽겠다.

청 아 여보세요. 마을 사람들, 아버지를 부탁합니다. 제가 없더라도 짬을 내서 아버지를 보살펴 주세요. 저 세상에서도 당신들에게 은혜를 갚을 테니까요.

사람들 청아, 안심하거라.

청 예 감사합니다. 그럼 뱃사공 아저씨 빨리 갑시다.

아버지 청아, 청아. 나를 두고 어디에 가는 거냐.

소리 점점 멀어진다.

아버지 나도 함께 나도 함께 데려가라. 청아 아비를 불쌍히 여긴다면 나를 데려가라. 네가 바다속에 목숨을 던지는 것을 알면서 내가 살아갈 수 있다고 생각하느냐. 청아 청아 죽으려면 같이 죽자꾸나. 청아 청아.

청 아버지 얼마나 힘드시겠어요. 그것을 생각하면 저도 견딜 수 없습니다. 아아 아버지, 아버지, 아버지 저는 금방 잊어버리세요. 그리고 건강히, 건강히 지내세요. 아버지, 아버지.

소리 마침내 희미하게 사라진다.
사이.
파도소리, 닻줄 감는 소리, 노 젓는 소리.
북을 둥둥, 둥둥하고 두박자로 친다. 이런 소리에 반주를 넣어 음악 시작된다.

뱃사공　자 출항이다. 닻줄을 감아라. 돛을 올려라. 높이 높이.

뱃사공(독창)　둥둥쳐라 늠름하게
　　　　　북소리에 배를 내어라.

뱃사공들(합창)　어-기-여-차 닻을 감아라.
　　　　　닻을 감으면 파란 파도
　　　　　움직이는 뱃머리에 휙하고 흔들린다.
　　　　　어-기-여-차 그물을 끌어 올려라.
　　　　　그물을 끌어 올리면 하얀 돛은
　　　　　순풍을 받아 미끄러지기 시작한다.
　　　　　어-기-여-차 거친 파도를 넘자.
　　　　　거친 파도를 넘어 몇 천리
　　　　　아득히 먼 저편 당나라에
　　　　　어-기-여-차 서둘러라 당나라로

사이.
돌풍, 노도치는 소리 계속된다.

뱃사공　아아 폭풍이다. 각각 위치로. 이봐, 돛을 지탱해라. 돛이 찢어진다. 그물을 느슨하게 하여 돛을 내려라. 그 쪽은 물을 퍼내라. 파도가 폭포처럼 넘쳐난다. 아아 드디어 임당수에 왔다. 파도가 거친 것은 알지만 오늘 바다신의 노여움은 듣도 보도 못했을 정도다. 어이 어이, 자네들은 뱃머리에 제단을 준비하게. 제주와 등불을 올려라. 아아 그리고 심청이는 제단 앞에 나와 앉아 입수 준비를 하시오.

노도와 같은 소리 계속된다. 제사의 북 둥 둥 하고 울려 퍼진다.
음악 반주와 함께 뱃사공의 기원의 노래가 시작된다.

노　래　하늘에 계신 우리들의 신이시여
　　　　　미천하지만 이 기도를

불쌍히 여겨 들어주소서.
북해 신에게 사나운 바람을
서해 신에게 굶주린 물고기를
빨리 거두어 주시옵소서.
남해신의 성난 용도
동해 신의 악귀도
이 제물로 진압하여 주소서.

뱃사공 심청아, 자 입수할 때다. 이미 각오한 만큼 곧장 실행하거라.

청 예, 그럼 여러분 해로만리 근심 없이 건너시고 상업번창을 기원드립니다. 돌아오시는 길도 근심 없이 여기 지나실 때 저를 생각해 주세요. 그리고 저희 불쌍한 아버지를 찾아봐 주세요.

뱃사공 아아 하고말고. 꼭 너의 바램을 이루어 주마. 자 이제 조금도 늦출 수 없다. 지금 금방이라도 배는 전복할 것 같다.

청 지금 바로⋯⋯. 단 한마디, 아버지에 대한 기도만 허락해 주세요. 아버지, 아버지, 저는 바로 지금 이 광폭한 바다의 성난 용처럼 검푸른 소용돌이 속으로 몸을 던져 물고기의 밥이 됩니다. 아버지 부디 건강하세요. 신이시여, 저희 불쌍한 아버지를 지켜 주세요. 그럼 여러분.

많은 사람들 앗 파도가 삼켜버렸다.

뱃사공 아아 불쌍한 심청이. 매정하게 뛰어들라고 재촉은 했지만 아아 이 얼마나 가련한 일인가.

많은 사람들 아아 파도가 잠잠해졌다. 파도가⋯⋯.

사이.
환상곡, 잠깐 동안 계속된다. 수중 깊은 곳으로 들어가는 소리를 넣고 생(生)에서 사(死)로 그리고 영혼의 세계로 음악은 옮겨간다.
이 곡이 끝나면 천상의 곡이 시작된다.

청 아 여기는 어디일까? 나는 죽었을 터인데 눈 앞에는 오색 구름이 끼어 있고 황금 기둥, 수정 지붕, 붉고 푸른 꽃들이 보이고 훌륭한 음악, 그윽한 향기. 아 그래, 나는 저승에 온 걸까? 그리고 여기가 용궁일까? 앗 저기 하늘에 닿을 듯한 돌계단에 줄지어선 사람들. 몇 천 명인지 알 수 없는 사람들의 진귀한 모양의 복장. 춤추고 있는 공작에게 이끌려 이쪽으로 걸어오는 분, 아 저 분의 몸은 빛나고 보기에 참으로 눈부시구나. 저 분은 누구실까? 아 저분은 나의 어머니일지도 몰라.

어머니의혼령 그대는 심청이인가?

청 예 제가 심청입니다.

어머니의혼령 오오 심청아 나다. 나는 저 세상에서 네 엄마였단다.

청 아 어머니.

어머니의혼령 오오, 그립구나. 더 가까이 오너라. 그리고 내게 안겨 보렴. 손도
잡고 뺨도 비벼보고 싶구나.

청 어머니 꿈에도 잊은 적이 없는 어머니.

어머니의혼령 나도 한시도 잊을 수 없었다.

청 어머니를 드디어 뵈었군요. 한번도 본 적 없는 어머니 얼굴을 나는 언
제나 마음속에 그리고 있었습니다. 언젠가 혹시라도 어머니를 만날 수
있다면 내 마음속에 그리던 얼굴과 같은 얼굴일까 하고 혼자서 살짝
눈물짓곤 했는데 지금 눈앞의 어머니는 내가 생각하고 있던 어머니 모
습 그대로입니다.

어머니의혼령 너를 낳고 엿새째 나는 신의 부름으로 천상으로 왔단다. 어린 네
가 눈에 밟혀서 천상으로의 여행도 괴로웠는데 오늘 여기서 만날 수
있으리라고는 생각도 못했단다.

청 저는 아버지의 눈이 뜨이게 하려고 공양미 삼백 석에 몸을 팔아 바다에
몸을 던졌습니다.

어머니의혼령 그것이다. 너의 효행은 하늘나라의 상제에게도 닿은 모양이구나.
그래서 특별히 생각하여 사해의 용왕에게 명하여 너를 이 수정궁으로
오게 한 것이다. 그리고 나에게도 빨리 가서 너를 만나라고 명하여 지
금 막 여기에 온 거란다.

청 어머니, 저는 언제까지나 어머니 옆에서 섬기고 싶습니다. 아버지만 마
음에 걸리지 않으면.

어머니의혼령 그럴 수는 없단다. 나는 나의 임무가 있다. 그리고 너는 지금 한
번 더 현세에 돌아가지 않으면 안 된다.

청 싫어요. 언제까지나 어머니 옆에……

어머니의혼령 안 된다. 하늘나라 상제의 명령이다. 게다가 여기는 시간의 흐름
이 없는 곳이다. 이제 곧 저 세상에 돌아가지 않으면 안 된다. 올 때와
마찬가지로 돌아갈 때도 용왕쪽의 수호를 받을 것이다. 그리고 아마 큰
연꽃에 실어 국왕의 궁전에 데려가서 너는 왕후가 되는 거란다.

청 싫습니다. 싫어요. 오랫동안 사모하던 어머니를 겨우 만났다고 기뻐한
것도 잠시 또 이별이라니 너무나 너무나 괴롭습니다.

어머니의혼령   헤어지기 싫은 것은 나도 마찬가지다. 하지만 신의 엄중한 명령
          이니 피할 수는 없단다. 자 빨리 저쪽으로……

청(노래)   황금 기둥 하늘에 치솟고
         일곱 빛깔 구름 길게 깔려 있다.
         궁전안에 계신 어머니는
         성스럽고 현명한 어머니이시니
         저 세상에서는 아버지를 섬기고
         수정궁의 지금은 행복하시다.
         즐거운 한때는 어느새 가고
         아아 이별은 참으로 괴롭구나.

     사이.
     궁중악(이왕가 아악 중에서)
     청의 독백 사이 궁중악을 크게

청(독백)   이상한 일도 다 있구나. 나는 어머니와 헤어지고 얼마되지 않아 연
         꽃에 실려 다시 바다 위에 나타났습니다. 용궁에서는 단 한순간이라도
         세상에서는 벌써 수년이나 지난 것 같고 내가 탄 연꽃이 바다 위에 나
         타났을 때, 나를 샀던 뱃사공들의 귀항하는 배가 지나가던 길이었습니
         다. 그리고 꽃을 탄 채로 남의 눈에 띄지 않고 국왕에게 헌납된 것이었
         습니다. 국왕은 마침 왕비를 잃고 슬퍼하고 있던 때인지라 꽃이란 모든
         꽃은 정원에 모아서 외로움을 달래고 있었습니다만 어느 날 나의 모습
         에 눈을 돌리시어 왕비가 되라고 권하셨습니다.

     궁중악 낮아지고 음악 반주로 청의 독창.

청(독창)   신의 은혜로 임금님의 왕비되어
         임금님과 능라 요에서 지내며
         이 세상의 괴로움 잊었지만
         아버지를 생각하면 그만 슬퍼지는 나의
         고민은 끊이지 않고 영원하다.

     노래, 끝나면 궁중악으로 돌아가 이윽고 낮아지고 왕과의 대화.

162

왕 　왕비, 그대는 무엇을 그리 고민하고 있는 거요. 지금 막 만개하여 흐드
　　　러지게 핀 모란보다 더 화려한 그대의 입에서 한탄소리가 나오다니 어
　　　찌된 일이오?

청 　어머나 제가 한탄하다니 당치도 않은 말씀입니다.

왕 　왕비, 말은 그렇게 하지만 그대가 부른 지금의 노래를 나는 이 귀로 분
　　　명히 들었다오. 그리고 바로 지금 그대의 옥 같은 눈동자에 근심의 빛
　　　이 지나간 것을 봤다오. 자, 뭐든 분명히 말하는 것이 좋아요. 그대는
　　　신의 계시로 나의 왕비가 되었지만, 듣자니 용궁에서 이 세상에 보내진
　　　것이라고 하는데 그런 일이 세상에 있을 리 없는 바 항상 이상한 일도
　　　다 있구나 하고 생각하고 있었소. 하지만 최근 들어 그대의 고민하는
　　　듯한 표정은 필시 무언가 사연이 있는 것 같은……

청 　전하.

왕 　무엇이오.

청 　제 신상에 만일 연유가 있다면 어쩌실 건가요?

왕 　있든 없든 그대가 나의 왕비인 것에 대해서는 아무 지장이 없소. 자 빨
　　　리 말해 보시오. 그대 덕분에 나라는 바로잡히고 백성은 태평악을 노래
　　　하고 있지 않소. 그대 마음에 우수가 있어 좋을 리가 없지 않소.

청 　그렇게까지 말씀하여 주시면 전하께 무엇을 숨기겠습니까. 제가 용궁에
　　　서 왔다고 말씀드린 것은 반은 거짓이고 반은 진실입니다. 사실을 말씀
　　　드리자면 저에게는 늙은 아비가 이 나라의 어딘가에 살고 있을 겁니다.
　　　그 아비의 눈이 뜨이도록 부처님께 공양미 삼백 석을 시주할 약속을
　　　한 후 당나라로 가는 상인에게 몸을 팔아 바다신에게 제물로 바쳐졌습
　　　니다. 바다 속 깊이 몸을 던졌는데 이상하게도 저는 수정궁으로 불려가
　　　저를 낳고 이레도 안되어 저 세상으로 가신 어머니를 만나고 다시 이
　　　세상으로 돌아온 것입니다. 그리고 지금은 이렇게 귀한 신분이 되었습
　　　니다만 한시도 아버지를 잊은 적이 없습니다.

왕 　오오 그랬습니까? 실로 이상한 일도 다 있군요. 아니 그대의 아름답고
　　　도 존귀한 마음에 더욱 감탄했소. 그리고 반드시 그대의 아버지를 찾아
　　　내어 근심이 걷히게 하겠소.

청 　감사합니다. 그에 대해 한 가지 방안이 있습니다.

왕 　방안이란?

청 　전국의 소경을 한 사람도 빠짐없이 궁전으로 불러들여 각자에게 성대
　　　한 음식을 대접하고 연회를 펼친다면 불행한 사람들에 대한 위로도 되

고 저의 아버지도 만날 수 있지 않을까 생각됩니다.

왕　　　아아 그것 참 좋은 생각이군요. 그럼 빨리 그 준비를 하도록 합시다.

　　　　사이.
　　　　갑자기 그릇 깨지는 소리.

아버지　당신은 왜 그리 조심성이 없어. 들어올 때나 나갈 때나 그릇을 안 깬
　　　　적이 없어.

후　처　당신이야말로 정말 잔소리꾼이야. 내일 서울로 여행을 가느라 사람이
　　　　바빠서 서서 일하고 있는데 좀 실수하면 어때요.

아버지　아 이제 됐어. 당신과 싸워서 이긴 적이 없지. 결국 나의 판단착오로
　　　　인한 자업자득이다.

후　처　뭐라고요. 뭐 뭐라고요.

아버지　아니 나 혼잣말이다. 당신이 알 바 아니야. 마을 사람들이 그렇게나 친
　　　　절을 베풀어 밭도 논도 쌀도 몇 배나 늘려 주었는데 친절한 척 나를 속
　　　　여서 후처로 들어온 건 좋은데….

후　처　말하게 내버려두었더니 제 멋대로네. 내가 들어와서 무슨 재난이 있었
　　　　어요. 거기다 지금만 해도 그래요. 서울로 가는 멀고 험한 길도 마다 않
　　　　고 길 안내하려는 것은 다 존경하는 남편을 생각하기 때문이라고요. 이
　　　　렇게 더위가 한창일 때 어떤 바보가 겨우 보름만에 서울로 서둘러 가
　　　　줄 사람이 있다고 그러는 거예요.

아버지　아 뭐 됐네. 소경의 연회에만 가 주면 나중 일은 또 나중 일. 그래 노
　　　　자 돈으로 쓰게 이웃에 맡긴 돈은 받아 왔는가?

후　처　그런 돈은 한 푼도 남아 있지 않아요.

아버지　뭐? 한 푼도 남아 있지 않아?

후　처　다른 곳에서 빌린 돈을 모두 갚았어요.

아버지　빌린 돈을 갚았다고? 대체 얼마를 갚았어.

후　처　담배 값으로 오십 냥.

아버지　뭐? 담배 값이 오십 냥? 아아 잘도 피워댔구나. 그럼 빌린 것은 그것 뿐
　　　　이야?

후　처　당치도 않아요. 기름 사는데 이십 냥.

아버지　기름을 이십 냥? 기름을 이십 냥. 그것 참. 기름을 이십 냥 어치나 사서
　　　　뭐에 쓴 거야?

후　처　머리에 발랐어요. 그리고 술값에 사십 냥.

164

아버지 뭐? 술값에 사십 냥? 아아 (울듯이) 나는 남자인데도 술을 마시지 않는
데……. 아니 이제 와서 말해 무엇하겠나. 그래서 빌린 돈은 다 갚았는
가?

후 처 아직 있어요. 사탕값 삼십 냥.

아버지 (큰소리로) 사탕을?

후 처 그래요.

아버지 먹는데도 정도가 있지. 사탕이 삼십 냥 어치라니. 아아(울며) 내 재산을
그런 것에 모두 쓴 거란 말인가. 그럼 달리 소중히 간직해둔 삼백 냥을
옆집 부인에게 맡겨 두었다. 이것은 자네에게는 비밀로 해 두었는데 그
것을 받아오게.

후 처 홍, 그 돈도 벌써 오래전에 썼어요.

아버지 (놀라서) 뭐? 그 돈도 썼어?

후 처 은행을 사 먹었어요.

아버지 (뛰어 오를듯한 큰소리로) 은행을?

후 처 그래요. 은행값으로 삼백 냥 썼어요.

아버지 은행을 삼백 냥! 와아 은행을 삼백 냥? 이 계집년 이 극악무도한 년 그
돈이야말로 나의 소중한 딸이 목숨을 판돈이다. 그런 피 같은 돈을 하
필이면 은행값으로 삼백 냥이나……. 아아 잘도 그런 당치 않은 짓
을……. 아아 아 아. (기절한다)

후 처 앗, 기절해 버렸네. 마침 잘 됐다. 이 때 달아나자. 누가 이 더운 날 먼
길을 걸어 서울에 갈 수 있겠어.

　　　　사이.

아버지 아 물, 물을 줘. 물 줘. 이봐, 거기 없어? 필시 달아나 버린 게지. 아아
이 얼마나 극악한 계집이냐. 네가 달아난 것은 상관없지만 나는 노잣돈
도 없고 안내해 주는 사람도 없이 어떻게 이달 말까지 서울에 간단 말
이냐.

　　　　사이.
　　　　궁중악(앞의 아악과는 다른 연회곡)
　　　　군중의 소리.

청   아아, 오늘도 벌써 날이 저물었는데 아버지는 안 오시는 걸까? 오늘로

삼일째, 마지막 날이다. 저렇게 많은 소경들이 모였는데 아버지 같은 사람의 모습은 여태까지 한 사람도 보이지 않구나. 그렇다면 아버지는 돌아가신 걸까? 한번 뵙고 그 후의 일을 이야기하면서 아버지와 함께 그리운 재회의 기쁨을 맛보고 싶었는데.

사람들 웅성거린다.

청　　앗, 저 분이다. 지금 대문 쪽으로 들어오는 분이 어쩌면 아버지일지도 몰라. 누가 빨리 가서 저 분의 주소와 이름을 물어 오너라.

아버지　(멀리서) 뭐? 나다. 내가 그렇다. 뭐? 왕비님이 부르신다고? 나 같은 미천한 사람이 왜 왕비님의 눈에 띄었을까? 잘못 보신 거겠죠. 분명 잘 못 보신 거겠죠.

점점 다가온다.
계단을 내려가는 소리.

청　　앗, 당신은 아버님. 그래 아버님이에요. 아버님 저예요. 접니다.

아버지　그것 참. 왕비님의 목소리가 내 딸 심청이를 꼭 닮았군요…….

청　　그래요. 제가 바로 심청입니다.

아버지　뭐라고? 당신이 심청이라고? 아니 사람을 잘 못 봤겠지요. 왕비님, 내 딸 심청이는 바다신의 제물이 된지 바야흐로 수년…….

청　　그래요. 그래요. 저는 그때 한때는 망해에서 죽을 뻔했습니다만 용왕님의 부르심으로 수정궁에 가 그곳에서 어머니도 뵙고 까닭이 있어 이 세상에 다시 돌아 왔습니다.

아버지　오 그것이 정말입니까? 그런 일이 이 세상에 있다니…….

청　　말 그대로 저는 여기에 있습니다. 자 저의 얼굴을 만져 보세요. 내 손을 만져 보세요.

아버지　앗 정말이다. 정말 너구나. 오오 이런 이상한 일이, 이런 기쁜 일이, 아 아 내가 볼 수만 있다면 이 눈으로 찬찬히 널 보고 싶구나.

청　　그리운 아버지, 기뻐요. 하지만 눈이 뜨여서 저를 보시지 못하는 것이 다만 분합니다.

아버지　나도 분하다, 분해. (갑자기 큰 소리로) 아앗 이게 어찌된 일이냐. 눈에 빛이 들어 왔다. 하얗고 희미한 것이 보이는구나. 앗 청아 눈이 보인다. 오오 기쁘다. 청이의 얼굴이 보이다니. 오오 청아.

166

청 앗, 아버지 정말 눈이 뜨였어요. 기뻐라. 자자 제 눈을 잘 보세요. 아
정말이에요. 아버지의 눈동자에 빛이 들어 제 얼굴이 비추어져 있습니
다. 기뻐요. 아버지.

음악 효과 좋게 끝나도록 한다.

춘향전

▷ 서지사항 : 6막 10장, 1941년 12월 赤塚書房에서 발행한 희곡집 ≪심
청전, 춘향전≫에 수록, 박연희 번역

시대

　수 백년 전, 조선 중엽

장소

　조선 전라북도 남원 부근

인물

　춘향, 몽룡, 향단, 방자, 춘향모, 신관사또.
　그 외 운봉영장, 이방, 호방, 통인, 급창, 승려, 옥리각 한 명.
　사령, 농민, 선비, 죄수, 기생, 손님, 각 수명.
　역졸 수십 명.
　군중.

제 1 막

미인 풍류

제 1 장

때

　꽃이 만발한 초하루

장소

　광한루

인물

　이몽룡, 춘향, 방자(종의 대칭), 향단

배경

　무대 오른쪽 반은 광한루의 측면, 굵고 둥근 기둥이 있다. 계단 아래는 무성한 숲이며 계단 위로 조각이 있는 난간이 있다. 누각의 전면 중앙에 높게 굵은 글자로 '광한루'라고 옆으로 새겨진 현각이 걸려 있다. 그 외, 서화의 횡면과 종면이 누각 위의 기둥이나 난간에 적당하게 배치되어 있다.

누각의 측면과 뒷면, 즉 무대 안쪽은 바로 산을 향해 있다. 노송, 느티나무, 상수리 나무 등 노목이 무성하다. 멀리 보이는 산 중턱이나 (무대 좌측의) 평원에는 봄꽃들이 만발해 있다.

개천 하나가 무대 좌측 평원을 흘러 누각 앞에 닿는다. 오작교라는 이름의 낮은 나무 다리가 절반 정도 관객에게 보인다.

몇 그루의 수양버들이 개천가 여기저기에 산재해 있다.

(주 = 오작교란 매년 칠월 칠석이 되면 지구상의 까치가 전부 은하수에 모여 머리를 맞대어 다리를 만들고 견우성을 무사히 건너편 기슭에 건네서 직녀성과의 만남을 기뻐하게 한다고 하는 고사에 의한다)

몽 룡   (방자에 이끌려 무대 오른쪽에서 나타나 누각을 바라보고, 감탄을 금하지 못하는 시늉을 한다, 무대 중앙에 나가 누각을 감상한다) 음. 아취 있는 건물이 아니냐. 누구 작품인지는 모르겠으나 풍류를 아는 인사인 듯 하구나. 난간의 청초한 조각은 어떠하고 그 옆의 봉황, 현각의 서체는 또 어떠한가! 이 아름다움을 너도 안다고 하겠지만 눈 뜬 장님과 같은 너 따위에게는 쇠귀에 경 읽기다. (누각 앞으로 몇 걸음 움직이자 산 경치가 눈에 들어온다) 게다가 지붕위에 튀어 나온 것처럼 보이는 기암과, 연무에 둘러싸인 산의 노목이 이루어내는 조화는 참으로 아름답구나. 정말 좋은 곳으로 안내해 주었다.

방 자   (경박하게) 헤헤헤헤 황송합니다.

몽 룡   (아까의 감흥 그대로) 이건 무어냐? (귀를 기울인다) 새가 지저귀는 소린가, 아니면 풍경인가. (누각 위 지붕의 네 귀퉁이에 매달린 풍경을 본다)

방 자   풍경입니다. (풍경 희미하게 울린다)

몽 룡   아니, 아니다.

방 자   그럼 꾀꼬리일까요?

몽 룡   그것도 아니다.

방 자   그럼 신선들이 시조를 읊는 소리일까요?

몽 룡   바보 같으니. 무슨 당치않은 소리를 하는 거냐. 이 시대에 신선이 있다고 생각하느냐?

방 자   예 제가 특별히 본 것은 아닙니다만 여기 경치가 매우 빼어나서 인기척이 없는 때는 천상에서 신선들이 자주 내려와 술을 마시면서 시조를 읊는다고 해서……

몽   룡   하하하 뭐 이제 됐다. 바보 같은 소리는 이제 그만 두거라. 하하하 하지
        만 분명 선경이기는 하구나. 기분 탓인지는 모르지만 묘하게도 새 소리
        나 나뭇가지 스치는 바람소리로 밖에는 안 들린단 말이다, 음…… 실
        로 좋은 곳이다. 매일 방에 틀어 박혀 네모난 문자하고만 생활하던 터
        라 가슴이 뻥 뚫리는 것 같구나. 가끔 이런 곳에 나와 기분 전환도 하
        고 마음도 깨끗이 해야겠다. 그렇지 않느냐 방자야, 앞으로는 매일 여
        기에 오자꾸나.
방   자   아유 당치않은 말씀을. 오늘 일만으로도 만약 대감마님이 아시면 얼마
        나 진노하실지 모르는데. 도련님은 고작 2, 3일 칩거하는 걸로 끝나시
        겠지만 이놈은 곤장 50대는 물론이고 심하면 반년 정도는 감옥살이입
        니다요. 대감마님이 이놈을 도련님 몸종으로 명하실 때 가장 주의하신
        것이 만일 도련님을 좋지 않은 곳에 유혹하거나 기분을 산만하게 하는
        행동을 할 때는…….
몽   룡   아아 됐다. 사설은 그쯤 해 두어라. 너의 입심에는 질렸으니 말이다. 홍
        을 깨는 소리는 그만하고 어서 여기로 술상을 내어 오너라. 한잔하고
        시라도 읊어보자 (하고 말하면서 누각 위로 가는 계단을 오른다)
방   자   (예? 하는 표정으로 몽룡의 뒷 모습을 보고) 쳇 항상 저렇다니까. (더
        작은 소리로) 응석받이로 자란 놈은 정말 감당하기 힘드네. 여기로 술
        상을 내어내라니. 홍 나이도 어린 놈 주제에…….
몽   룡   뭘 궁시렁 거리느냐? 또 내 욕을 하고 있지?
방   자   아유 다…… 당치도 않은 말씀을, 이놈은 아무 말도 안했는데요.
몽   룡   (누각 위에 올라가서) 나를 귀머거리라고 생각하는 거냐? 아니면…….
방   자   그 그런 적 없습니다. 저 실은 조랑말이 음식을 흘렸을지도 몰라서 만
        약 술을 한 방울이라도 흘렸다간 볼기짝을 호되게 때려 주겠다고 혼잣
        말을 하고 있었습니다. 예 정말입니다.
몽   룡   음, 됐다. 조랑말에게 차이지 않도록 조심 하거라. 하하하.
방   자   예. 황송합니다. (방자, 오른쪽으로 사라졌다가 잠시 후 나타나 누각
        위에 자리를 깔고 술과 점심을 옮긴다)

        그러는 동안 몽룡은 누각을 둘러보고, 거기에 써있는 글을 읽고 있다.
        조랑말 우는 소리. 새소리, 풍경 소리가 들린다.

방   자   도련님, 준비가 다 되었습니다.
몽   룡   아 그래? 한잔 마셔 볼까? (자리에 앉아, 한두 잔을 방자에게 따르게

172

하여 마신다) 음, 맛있구나. 어떠냐, 너도 한잔 마시거라. 오늘은 상하구
별을 두지 말자꾸나. 이런 곳에서
양반, 상놈이 있겠느냐. 자 한잔 어떠냐?

방　자　헤헤헤. 황송합니다요. (잔을 받아 마신다) 화아, 정말 맛이 좋습니다
요. 이렇게 맛있는 술은 아직껏 마셔본 적이 없습니다. (잔을 돌려준다)

몽　룡　하하하. 너도 이 풍아한 경치를 조금은 아는 듯하구나. 술은 말이지 이
런 곳에서 마셔야 참 맛이 나는 법이다.

　　　　두 사람은 계속해서 마신다. 방자는 점점 취해서 자세가 흐트러지고 무
　　　례해진다.

몽　룡　(문득 시선을 누각 앞 쪽에 두고) 아니, 저 곳에 강이 있었더냐? 자그마
한 다리도 있는데 저것은 뭐라고 하는 다.3리냐

방　자　저 다리 말씀입니까? 저것은 오작교라고 합니다.

몽　룡　오작교라고?

방　자　예.

몽　룡　허면, 저 강은 은하수인가? 흠, 정말 재미있는 다리가 아니냐. 그 다리
의 이름을 들으니 점점 흥이 나는구나. 헌데 잠깐. 저것이 은하수라면
바로 내가 견우성이 되는데, 직녀성은 누가 된다? 강 저 쪽에 직녀성이
없으면 안 될 텐데. 찾아봐라.

방　자　(작은 목소리로) 헹. 또 잘난 체하고 있네.

몽　룡　뭐? 뭐라고 했느냐? 지금 한 말 다시 한번 말해 보거라.

방　자　(놀라서 술이 깬듯이) 아니 아 아무 말도 안했습니다. 저…… 저란 놈
이 무…… 문득 제 친구일이 생각나서……

몽　룡　거짓말 마라. 확실히 들었다. 잘난 체한다고 했을 텐데?

방　자　예 그…… 그것은 그 내 친구 중에 이상한 놈이 있어서, 주막에서 돌
아오면 자주 여자를 취했다는 이야기만 해서 그놈을 두고 저희들은 자
주 이놈 또 잘난 체한다고 하면서 놀리기 때문에, 헤, 정말입니다. 예.
부디 흘려버리시길. 예 부 부디…….

몽　룡　천한 놈을 상대로 말다툼을 할 수도 없고. 너는 나를 어린아이라고 생각
하여 얕보는 것일 테지.

방　자　아유 당치도 않은 말씀을. 비록 나이는 젊다 해도 저란 놈과는 태생이
다르고 학문도 각별하신데 어떻게 얕보겠습니까?

몽　룡　(방자의 망연자실한 얼굴을 보고 무심코 실소하고는) 이제 됐다. 네놈

의 입심에는 당해낼 수가 없구나. 이번만 용서해주마. 앞으로는 조심해야 할 것이다.

방　자　예. 감사합니다.

몽　룡　갑자기 술맛이 떨어졌다.

방　자　그럼, 저 때문입니까?

몽　룡　물론이다. 너같이 못생긴 얼굴을 상대로 술을 마시니 술도 맛이 없어지는 것 아니냐.

방　자　예? 정말 그렇네요. 이런 때야말로 아름다운 여자라도 있으면 하신 거지요?

몽　룡　그렇다고 하면 또 어린아이인 주제에 하고 욕할 생각이냐?

방　자　아니오, 당치도 않습니다. 할 수만 있다면 이놈이 미녀로 바뀌고 싶다고 생각하고 있습니다.

몽　룡　하하하. 그것 정말 볼만하겠구나. 흥이 안 난다. 잠자코 술이나 따르거라. 다리 저쪽이라도 보며 술을 마시자. (문득, 그 쪽에 시선을 주고 깜짝 놀란다)

방　자　(그 순간에도 술을 즐거이 마신다)

몽　룡　저 저것은 무엇이냐.

방　자　(깜짝 놀라며) 예. 무 무엇 말씀입니까?

몽　룡　저것 말이다. 저것을 봐라. (다리 건너편을 가리킨다)

방　자　(당황하여) 예, 이놈에게는 아무것도 안 보이는데요.

몽　룡　저기 말이다. 내 손가락 쪽을 잘 봐라.

방　자　다리 말씀입니까? 오작교란 것은……

몽　룡　(성급하게) 다리 건너편 말이다.

방　자　아 버드나무 말씀입니까? (알면서 일부러 딴청부린다)

몽　룡　(부끄러운 듯이) 그 버드나무 아래를 왔다 갔다 하는 것 말이다.

방　자　그것은 제비인데요. 제비라는 것은.

몽　룡　이놈 또 곤란하게 하는구나. 더 이상 용서하지 않겠다고 말했을 텐데.

방　자　예. 아아, 알겠습니다. 버드나무 아래에서 그네를 타는 처자 말씀이지요? 두 명 있네요. 어느 사이에 나온 걸까요? 아까는 없었던 것 같은데요.

몽　룡　저것은 누구냐? 뭐라고 하는 처자냐?

방　자　예. 잠깐 기다려주세요. (일어나서 손을 이마에 얹고 골똘히 본다)

몽　룡　음. 예쁜 처자구나. 마치 선녀 같구나.

방　자　저어, 아래에 서있는 쪽 말입니까?

몽　룡　이런 바보같으니. 그네를 타고 있는 쪽 말이다. 너 알고 있지? 어디 사
　　　　는 누구냐? 빨리 말해라.

방　자　예 말씀드리겠습니다. (잠깐 염려 하다가 솔직하게) 실은 저 처자는 원
　　　　래 이 군의 관기, 월매의 외동딸입니다. 이름은 춘향이라고 하며 용모
　　　　가 아름답고 시가와 서화에 능하여 누구 한사람 모르는 이가 없습니다.

몽　룡　그래? 춘향이라. 봄 향기라고 쓰겠구나.

방　자　예.

몽　룡　그래? 좋은 이름이구나. 만나보고 싶구나. 함께 시라도 지어 보고 싶
　　　　다. 어떠냐? 여기로 불러오면?

방　자　불러 오라고 말씀하셨습니까? 저 처자를 여기로.

몽　룡　그렇다.

방　자　예? 그것은 안 될 말씀입니다.

몽　룡　왜냐?

방　자　저 처자의 모친은 기생이지만 부친은 전 이조참판 성씨입니다. 그러니
　　　　보통 기생과는 조금 신분이 다르고 저 처자는 아직 기적에도 올라있지
　　　　않습니다. 가령 현감관장이라도 저 처자를 임의로 불러내는 것은 할 수
　　　　없습니다.

몽　룡　바보 같은 소리를 하는구나. 태생이 다르다고 해도 기생의 딸은 기생의
　　　　자식이다. 사또 댁 도련님이 부른다고 말하고 데려오너라.

방　자　예. 하지만…….

몽　룡　말이 많구나. 빨리 가라.

방　자　예. (하는 수 없이 계단을 내려가 왼쪽으로 사라진다)

　　　　사이.
　　　　몽룡은 춘향이 있는 쪽을 주시하며 초조해한다.
　　　　방자 혼자만 돌아오는 것을 보고 실망한다.

몽　룡　어떻게 된 거냐? 안 오느냐?

방　자　예. 아무리 해도 오지 않겠다고 합니다.

몽　룡　내 얘기를 해도 말이냐?

방　자　예.

몽　룡　너, 나에 대해 나쁘게 전하고 왔겠지? 한 번 더 가서 잘 말해라. 풍채
　　　　는 두목지[1] 보다 수려하고 얼굴은 옥과 같고, 시를 짓는 재주는 이태백

보다도 뛰어난 분이라고 듬뿍 칭찬해 봐라.

방 자 (어안이 벙벙하여 작은 목소리로) 잘난 체도 저렇게까지 심하다니……. (말하면서 사라진다)

몽 룡 아아, 못 참겠구나. 만나지 않고는 돌아갈 수 없다. (누각 위를 왔다 갔다 하면서) 이것이 정욕이라고 하는 것인가. 아버님은 자주 말씀하셨지. 봄기운은 좋지 않다, 견딜 수 있어야 한다, 이겨내지 않으면 안 된다. 그래 이대로 돌아가자. (왼쪽을 본다. 진다) 안돼. 안돼. 한번이라도 좋으니 만나보지 않고는 돌아갈 수 없다. 저 녀석, 무엇을 꾸물거리고 있지. 저런 익살맞은 녀석이 하는 일이니, 어떤 말을 할지 모르지. (왼쪽을 쭉 보다가) 아, 저 녀석 또 혼자 돌아오네.

방 자 역시 안 되는데요.

몽 룡 음 뭐라고 전했느냐?

방 자 도련님이 말씀하신대로 전했습니다. 그러자 어떤 사람이든 나는 그런 무례한 한량 같은 사람은 아주 싫어하며, 멀리서 사람을 본 것만으로 반했다느니 데려오라느니 하는 그런 제멋대로이고 경솔한 사람은…….

몽 룡 경솔한 사람이라고?

방 자 예. 분명히 그렇게 말했습니다. 그것뿐이 아닙니다. 데려갈 수 있으면 데려가 보라면서 자기도 뼈대 있는 양반의 피를 물려받은 사람인데 고작 사또의 자제 주제에…….

몽 룡 음 그래서 너는 뭐라고 했느냐?

방 자 예. 이놈도 비록 남의 일이지만 너무나도 화가나서 "좋아. 네가 말한 그대로 도련님께 아뢸테다. 도련님이 역정내실 것은 불 보듯 뻔한 일이니, 내일이 되기 전에 너의 어미는 옥에 갇히고 재산은 몰수당하고, 너는 참수당할 게 뻔하다……."

몽 룡 이런 바보. 누가 그런 소리를 하라고 하더냐. 멍청한 녀석이…….

방 자 예. 하지만 너무나도 무례한 말을 하기에. 게다가 윗전의 권위와 관계되는 일이고 해서 이놈은 조금 겁을 주려고 생각해서 그렇게 말한 것인데 두려워하기는커녕 생각과는 달리…….

이때, 왼쪽에서 춘향이 나타나 말없이 선다.

방 자 "아무리 사또의 자제라해도 남의 규중의 처자를 그렇게 마음대로 부르

는 것은 아닌 법. 듣자니 그 자제분은 아직 나이도 차지 않은 아이라던데, 벌써부터 여색에 미혹되어 있다니 장래가 염려된다……."

이때, 춘향, 두 세 걸음 나오며

춘 향 거짓말입니다. 그런 말을 한 적은 없습니다. (말하면서 몽룡이 있는 누각 아래에 다가간다. 하녀인 향단이 나타나서 왼쪽에 선다) 전 다만 "그건 네가 지어낸 말이지? 도련님이 나같이 천한 것을 부를 턱이 없다"고 말한 것입니다.

방 자 (놀라서) 너, 너. 그 그것은, (더듬거리고 말이 되지 않는다)

몽 룡 (기쁜 한편 놀라서, 할말이 없다)

춘 향 게다가 저 같은 것이 도련님의 명을 받다니 분에 넘치는 광영입니다만, 아직 기적에 들어 있지 않고 어머니의 가르침도 엄하셔서 오직 가무음곡을 열심히 하고, 시화에 몰두하고 있는 시기인지라 함부로 남자분 앞에 나설 수 없다고 생각하여 (문득, 몽룡의 멍해 있는 모습을 알아차리고 제 정신이 들어) 어머나 저 (수줍어하며) 저 (누각 앞으로 나아가 몽룡이 있는 바로 아래에서 한 손을 땅에 다른 한 손을 무릎 위에 놓고, 꿇어앉아서 조용히 머리를 숙이며) 도련님 말씀 올리겠습니다. 저의 성은 성이고, 이름은 춘향이라고 합니다. 처음 뵙겠습니다.

몽 룡 (정신이 들어) 아 그래? 고생했구나. 그 그런 곳에서, 자, 여기에 올라오지 않겠느냐?

춘 향 말씀 고맙습니다. 하지만 곧 집에 돌아가야 하니, 시간도 꽤 지난 것 같고, 어머니가 애타게 기다리고 계실 터이니……

몽 룡 아니, 내가 결례를 했구나. 아까는 그런 말을 해서 필시 화도 났을 게다.

춘 향 아닙니다. 당치도 않습니다. 저 종의 말을 듣고 정말 무례하다고 생각했습니다만 저 방자는 (가리키면서) 제가 전부터 알고 있는 자이고, (방자를 보고 피식 웃으면서) 저 남자의 익살은 마을에서도 평판이 자자해서 누구 하나 모르는 사람이 없을 정도입니다.

방 자 이것이, 무슨 말을 하는 거냐. 도련님 앞에서 무례한……

춘 향 호호호. 무례하다고. 무례는 널 두고 하는 말일 텐데.

방 자 아니, 그런 말을……. (바로 서서, 점잖은 척하며) 그네를 타고 싶으면 자기 집 뜰이나 남의 눈에 띄지 않는 곳에서 타면 될 것을 다 큰 처녀가 남의 눈에 띄기 쉬운 대로에서…….

몽　룡　시끄럽다. 천한 놈이 참견할 때가 아니다. 너는 잠자코 기다리고 있거라. (춘향을 보면서) 자 춘향아, 언제까지 그런 곳에 앉아 있을 거냐. 그러지 말고 올라오는 것이 어떻겠느냐. 이렇게 말하면 왠지 한량처럼 보일 터이나, 그대는 모르겠지만 나도 평소에는 서재에서 매일 매일을 책과 씨름하고 있단다. 아무리 그런 나라도 그렇게까지는 참을 수 없어서 봄 날씨가 화창한 오늘 아버님의 눈을 피해 오늘 하루 유람하러 나온 것이다. 술이나 따르면서 시라도 지으면 어떻겠느냐?

춘　향　(일어서서 몽룡을 올려다보며, 처음으로 얼굴을 본다. 수려한 몽룡의 이목구비에 감동한 듯이 골똘히 바라본다)

몽　룡　자 올라와 주게. 응, 올라와 주지 않겠는가?

춘　향　(눈을 피하며) 예. 감사합니다. 하지만 오늘은 어머니의 허락도 받지 않았고, 해도 꽤 기운 것 같으니 나중에 하기로 하지요. 저 말씀드리기 뭣합니다만 우리 집은 (뒤돌아 가리키며) 저 버드나무 맞은 편에 복숭아꽃이 새빨갛게 피어있는 그 마을에 있습니다. 송죽이 마당에 피어 있고 우물 옆에는 버드나무 세 그루와 복숭아꽃이 피어 있으니까 금방 찾을 수 있을 거라고 생각합니다. 괜찮으시다면 한번 오셔서 어머니와 만나주세요. 그러면 실례하겠습니다. (향단을 보고) 향단아. 너 빨리 가서 돌아갈 준비를 하거라.

향　단　예. (간다)

춘　향　도련님, 그럼 물러가겠습니다. (다시 아까처럼 예를 올리고 일어나 간다)

몽　룡　(꿈에서 깨어난 듯) 낭자, 잠깐만 기다려 주게. (계단을 내려와 뒤를 쫓아간다)

방　자　(몽룡의 팔을 잡으며) 도련님, 도련님, 기 기다리세요. 일간, 기회를 봐서 춘향 집에 가는 것이 좋을 거라고 생각합니다.

몽　룡　응, 그것도 그렇구나. (일어나서 뒤를 주시한다)

제 2 장

때

며칠 후의 밤

장소

광한루

인물

몽룡, 춘향

배경

전장과 같음. 야경

두 사람, 왼쪽에서 등장

몽 룡 이렇게 빨리, 만날 수 있을 거라고는 생각 못했다.

춘 향 그 날은 저도 밤새 자지 못하고 힘들었습니다. 와 주시면 좋을 텐데 하고 그것만 생각하고 있었습니다.

몽 룡 그랬느냐? 나도 그랬다. 아무리 잊으려 해도 잊을 수 없었다. 그 날은 귀가 시간이 좀 늦어서 아버님이 역정을 내시는 바람에 이삼 일을 아무 데도 나갈 수 없었다. 하지만 책을 읽어도 문자가 그대의 얼굴이 되어 버리는 것이다. 그것을 책 탓으로 하여 이것 저것 책을 바꿔서 읽어 봤지만 허사였다. 마침내 참을 수 없어서 그대의 집에 간 것이다. 그러나 그대의 어미가 무엇 하러 왔느냐고 물었을 때는 두려웠다.

춘 향 어머니는 그렇게 오기있게 보이지만 정도 많습니다.

몽 룡 나도 그렇게 생각했다. 내가 사정을 털어놓아도 웃지 않았다. 바로 그대를 불러서 만나게 해주지 않았느냐. 그러나 혼약서약서를 받는데는 놀랐다. 마치 빚증서 같은 것이 아니냐. 하하하하.

춘 향 호호호호, 하지만 어머니는 매우 기뻐하셨어요. 그날 밤 무언가 아주 좋은 꿈을 꾸었다면서 그 꿈은 반드시 좋은 신랑을 얻을 꿈이라고 말이죠.

몽 룡 그래? 어머니가 그렇게 기뻐해 주신다면 우리 사이에 무슨 장애가 있겠느냐.

춘 향 하지만……

몽 룡 아 우리 쪽 말이냐? 뭐 걱정할 필요 없다. 반드시 성취하겠다. 잠깐만
       기다려 주려므나.

춘 향 도련님의 마음만 변치 않는다면요.

몽 룡 무슨 바보 같은 소릴 하느냐. 만약 이 들이 바다로 변한다 해도 내 결심
       은 변하지 않아. 아아, 나는 기쁘다. 그 날 나는 이 위에서 (누각 위를
       가리킨다) 술을 마시고 있었다. 그런데 이 다리가 (가리키며) 오작교라
       고 들었는데— 오작교를 알고 있는 듯이— 일년에 한번 까치라고 하는
       새가 은하수에 모여 다리를 만들어서 견우성이 직녀성이 있는 곳으로
       건네준다고 하는 전설이 있지 않느냐? 나는 문득 그것이 생각났는데
       누군가 그 다리를 건너와 줄 것 같은 기분을 떨칠 수가 없었다. 거기에
       우연히 그대의 모습이 보인 것이다. 더 이상 참을 수 없어서 불러 오라
       고 명한 것이다.

춘 향 전 처음에는 화가 났었어요. 하지만 와서 도련님의 얼굴을 보았을
       때……. (부끄러워 한다)

몽 룡 못 생긴 놈이라고 생각했느냐?

춘 향 어머나, 무슨 그런.

몽 룡 지금 내 마음은 춤이라도 추고 있는 것 같다.

춘 향 언제까지나 그 마음이 변치 않기를 바랍니다.

몽 룡 물론이고 말고. 아 밤공기가 많이 차가워졌는데 그만 돌아갈까?

춘 향 예. (간다)

제 3 장

때

　　몇 주일 후

장소

　　춘향의 집

인물

　　춘향, 몽룡, 춘향모, 방자, 향단

배경

무대 왼쪽의 7할쯤 되는 곳에 대나무담과 기와를 겹쳐놓은 문. 마당에
는 꽃이 핀 복숭아, 버드나무, 송죽 등이 우물을 중심으로 보기 좋게 배
치되어 있다. 자연석으로 된 댓돌 위가 마루. 이른바 '2칸짜리 마루'로
구첩 정도의 넓이, 그 좌우는 온돌. 그 방 사이에 높은 조선 한지문이
네 장씩. 서화족자나 비단 등등이 적소에 배치. 가는 대나무 발 안에 춘
향이 앉아 있고, 향단을 상대로 거문고를 타다가 금방 멈춘다. 달 그림
자가 희미하게 비춘다.

춘 향   (초조한 듯이) 향단아, 한 번 더 나가봐라.
향 단   예. (일어나서 댓돌 위의 신발을 신고 마당에 내려가 문밖에 나가, 손을
        이마에 대고 먼 곳을 뚫어져라 보다가 돌아온다) 누구 그림자 하나 보
        이지 않는데요.
춘 향   (실망하여) 그래. (손가락으로 거문고 줄을 연달아 친다) 오늘도 와 주
        시지 않는구나. 그 분은 이미 나에게 싫증이 난 건지도 몰라.
향 단   아유 그런 일은 없어요. 무슨 일이라도 생긴 것이 아닐까요? 전 왠지
        그런 기분이 드는데요.
춘 향   그래. 어쩌면 그럴지도 모르겠구나. 하지만 못 오실 사정이 있어도 편지
        정도는 주셔도 좋을 법한데.
향 단   그럴까요?
춘 향   응 분명 그래. 마음이 변하신 건지도 몰라. 어느 날 밤에 그분은 아버지
        의 감시가 너무도 엄해서 대문을 열 수 없어서 높은 담을 펄쩍 뛰어넘
        었다고 말씀하시면서 다리를 끌며 와 주신 적도 있었는 걸. 어쩌다 못
        오실 경우가 있어도 반드시 방자를 보내주셨잖아. 그런데 그때부터 벌
        써 여드레나 지났는데 편지 한 장 없고, 방자조차 보내지 않는구나. 분
        명 마음이 변한 거야. 난 그분에게 잊혀진 것이라면 살 수 없어.
향 단   (허둥대며) 그분 마음이 변했다니 그럴 리 없어요. 분명 무슨 일이 생
        긴 걸 거예요.
춘 향   아니야. 그럴 리는 없어. 나에게 질린 거야. 분명 그래. (운다)
어머니   (갑자기 불쑥 나타나서) 흥. 또 시작했구나. 도련님은 이제 평생 너를
        만나러 오지 않을 거다.
춘 향   예? (놀라서 어머니를 마라보며) 그것 정말이에요?
어머니   봐라, 너, 남자에게는 여자의 우는 얼굴만큼 꼴사나운 것은 없다고 하
        지 않니? 뭐가 좋아서 너의 우는 얼굴을 보러 이런 먼 곳까지 오겠니?

그것보다는 근처의 양반집 아가씨와 염문이라도 내는 것이 즐겁지 않
겠느냐.

춘 향 (질려서) 아유 어머니도 참 전 정말인 줄 알고 기절할 뻔했잖아요.

어머니 기절하고 싶으면 해라. 너처럼 남자냄새가 사라지기도 전부터 도련님,
도련님하고 요란을 떠는 여자라면 한달이라도 떨어져 있는 날에는 상
사병이 나 죽을 게 뻔하니 말이다.

춘 향 하지만 어머니. 전 왠지 그 분이 변심한 건 아닐까 하는 기분이 들어 견
딜 수가 없어요.

어머니 변심하다니, 무엇을 변심한단 말이냐?

춘 향 도련님의 마음 말이예요. 저에게 질린 건 아닐까 생각하면 미칠 것 같아
요.

어머니 무슨 바보 같은 소리를. 도련님과 너는 부부가 아니더냐. 그날 밤 도련
님이 너를 원한다고 말했을 때 남자란 변하기 쉬운 법, 언제 변할지 모
른다고 생각하여 너와 백년해로를 약속한다고 하는 증서를 받아 두었
지 않니? 신분이 높은 도련님이 그렇게나 굳은 약속을 깰 리가 없으니
걱정마라.

춘 향 하지만. 이렇게 오래…….

어머니 뭐가 이렇게 오래냐? 이렇게 추하게 남자를 그리워하는 여자는 본 적이
없다. 아직 스무 살도 되지 않은 것이 너무 추하지 않느냐. 소문도 좋지
않다. 자 빨리 들어가 자거라. 아직 공부중인 도련님이시다. 그래서 자
주는 서실을 비울 수 없을 것이다.

춘 향 하지만 그저께 보름날에는 반드시 오셔서 둘이서 달구경을 하자고 약속
했었어요. 삼 일이나 지난 오늘 더군다나 아무 소식도 없는 것은 이상
해요.

어머니 (화를 내며) 이제 적당히 해둬라. 요 삼 일 밤낮을 너의 그 우매함 때문
에 나는 십 년은 늙어버린 것 같다. 꾸물거리지 말고 빨리 들어가거라.
향단아, 너도 같이 들어가거라. 아아 시끄러워. 시끄러워. 도련님도 도
련님이지. 올 거면 빨리 와서, 가을벌레처럼 시끄러운 저 아이 입에서
웃음소리가 나게 해주면 좋을 텐데.

춘향, 향단, 마지못해 오른쪽 방으로 들어간다.

어머니 (뒤돌아보며) 그것 참. 오늘밤은 이것으로 넘어갔다. (생각하더니) 그나
저나 도련님에게 정말 무슨 일이 있는 게 아닐까. 아버님에게 들키기라

도 해서 꾸중 듣고 있을지도 모르겠네. 아니, 그렇게 되는 것이 오히려 좋지. 일이 빨리 정리되어서 의외로 일이 좋은 쪽으로 풀릴지도 모르지. (말하면서 거문고를 정리하고, 춘향과 반대 쪽 방으로 들어간다)

얼마 동안 달빛이 선명하게 비춘다.
왼쪽 문밖에 방자 나타난다. 빨강색과 파랑색을 이단으로 댄 비단 초롱을 손에 들고 몽룡의 발밑을 밝히면서 걷는다.

방　자　불러서 문을 열게 할까요?
몽　룡　기 기다려라. 그렇게 허둥대지 말거라. 그러면 너는 이제부터 곧장 서실로 돌아가거라. 돌아가서 내 방 옆에서 자거라. 알겠느냐? 한밤중에 아버님이 돌아보실 경우에는 내가 책을 보는 시늉을 하는 것이다.
방　자　예 알겠습니다.
몽　룡　정말 알았지?
방　자　예.
몽　룡　흥. (비웃으며) 아무래도 안 듯한 얼굴이 아니구나.
방　자　아니오. 이번에는 틀림없습니다.
몽　룡　흥 그렇게 말은 하지만 또 저번처럼 도중에 오리정 주막에 들러서 한 잔 걸치고는 취해서 쿨쿨 자버리겠지.
방　자　아니오. 이번만은…….
몽　룡　서실에 돌아가지 않고 그 날은 그렇게 늦게 데리러 와서 집까지 돌아간 것은 좋았는데 아버님께 들켜서 책망 당했지. 감금당하여 외출은커녕 세수조차 마음대로 할 수 없는 꼴을 당하게 했었지.
방　자　헤, 죄송합니다.
몽　룡　그 때도 내가 죄를 전부 뒤집어썼으니 망정이지 내가 조금이라도 나쁜 마음을 먹었다면 너는 지금 아직도 갇혀 있을 거다. 어때? 겁나느냐?
방　자　예 그건 정말.
몽　룡　그래? 그러면 곧장 돌아가라. 내일 아침은 닭이 세 번 울기 전에 데리러 오는 거다. 틀림없이 오면 상으로 술 한 되를 사 주마. 친구들과 마셔도 좋다.
방　자　(기뻐하며) 예, 그러면 곧장 돌아가겠습니다. 안녕히 주무십시오. (두세 번 돌아보면서 간다)
몽　룡　(혼자가 되어 얼마 동안 문 앞을 어슬렁거리면서 달빛을 즐기는 시늉을 하는데) 여봐라. (가볍게 두세 번 문을 두드린다)

어머니   (분주히 나와서) 아유 도련님 아니십니까? 이렇게 늦은 밤에 잘도. 자……. (하고 말하면서 문을 열어 몽룡을 맞아들인다)

몽 룡   아 별일 없었는가?

어머니   예. 저희들은 별일 없습니다만, (몽룡의 얼굴을 들여다보며) 도련님께는 무슨 일이라도 생긴 건 아닌가 하고 걱정했습니다.

몽 룡   (뜰 안에 들어와 마루턱에 앉으며) 야아, 혼쭐이 났다네. 그날 집에 돌아갔을 때 이미 해가 중천에 떠있어서 말이야 아버님은 새벽에 일어나시는 분이시라 내 서실 앞까지 돌아보셨던 모양이네. 그 익살스러운 방자가 내가 명한대로 서실을 지켜 주었더라면 아무 일도 없었을 텐데 그놈은 오리정에서 취해서 쓰러진 채 늦게까지 잠들어 있다가 잠이 깨자마자 여기로 달려온 것 같네.

어머니   어머나, 저런 그놈을 어쩌면 좋아요. (마루에 올라 앉아 이야기한다)

몽 룡   내 잘못이지. 돈을 준 것이 잘못이었다. 하하하.

춘 향   (조용히 나와서, 미소지으며, 조금 떨어져 앉는다)

몽 룡   아 너도 많이 기다렸겠구나. 그저께 밤은 함께 달구경하자고 한 약속을 생각하면서 서실에서 나도 괴로웠다. 지금도 문 앞에서 파란 달빛을 바라보면서 그렇게 생각하던 참이다.

춘 향   그날 밤은 특별히 더 아름다운 달이었어요. (눈물을 글썽인다)

어머니   아유, 또 저런 얼굴을. 도련님은 달구경은커녕 요 여드레 간 큰일이 있었다.

춘 향   큰일이라니요?

몽 룡   그것이 말이다. 내가 서실을 비운 것을 아버님께서 알아버리셔서 말이지. 아무리 변명을 해도 믿어주지 않는 것이다. 광한루에 달구경을 갔다던가, 시조를 지으러 갔다던가 생각나는 대로 거짓말을 해 보았지만 광한루도 한두 번 써먹은 것이 아니기 때문에 이제 안 통하더구나. 아버님이 말씀하셨다. 광한루 광한루 하지만 어느 광한루에 가는 것인지 뻔하지 않느냐. 요즘 좋지 않은 풍문이 들리는데, 그렇다면 주색거리에 발을 들여놓고 있는 거겠지 하고 꾸중하시는 것이다. 그리고 나서가 큰일이었다. 마침내 나는 일년 간의 칩거 근신을 명령받았다.

춘향 어머니   어머나.

몽 룡   아니 놀라지 않아도 된다. 어머니가 옆에서 거들어 주셔서 겨우 오늘 아버지가 칩거 근신 명령을 거두어주셨다. 외출은 허락받았지만 두 번 다시 여기에는 가지 말라고 명령하셨다. 그러나 초조한 마음으로 나는 뛰어 왔다. 그대를 만나지 않고는 있을 수가 없었기 때문이다.

어머니 그러면 우리와의 약속은, 말씀을……

몽 룡 아니 이야기하지 않았네. 하지만 어머니에게만은 넌지시 말씀드렸더니 역시 인자하신 어머니셨다. 나의 괴로운 마음을 이해해 주셔서 아마 허락해 주실지도 모른다. 하지만 내가 과거 시험에 통과할 때까지는 우리 결혼이야기는 거론하지 않는 것이 좋겠다. 지금 잠깐만 참으면 된다.

어머니 어머님이 그만큼 이해해 주신다면 안심입니다.

춘 향 하지만 도련님 마음이 변하면 아무 소용없어요.

몽 룡 하하하. 나를 그렇게 쉬 변하는 사람으로 생각하느냐?

춘 향 아닙니다. 하지만 아버님이 그렇게 엄한 분이시니 허락을 안 하시면…….

몽 룡 아니, 어떠한 일이 있더라도 내 마음에 변함은 없을 것이다. 됐느냐? 오늘밤이야말로 나를 믿어 주려므나. 칩거령이 풀리자마자 바로 뛰어 온 것을 보고도 모르겠느냐.

춘 향 그저께 밤 제가 그렇게나 기다리고 있었는데 편지라도 보내주셨더라면 상처받지 않고 있을 수 있었을 텐데.

어머니 넌 무슨 바보 같은 소리를. 감금당해 있던 도련님의 괴로움은 생각도 않고. (몽룡을 보고) 도련님 마음 쓰지 마세요. 아직 나이가 덜 찬 아이라 자기 괴로움만 먼저 생각합니다. 하지만 요 삼일 간 무척 사모하고 있었습니다. 자 춘향아 빨리 도련님을 방으로 모시지 않고 뭐하느냐. 밤기운이 꽤 차가워진 것 같구나. 자 도련님. (자기도 일어나면서)이런 곳에 오래 있으면 독이니까 빨리 올라오세요.

몽룡을 재촉하면서 어머니 오른쪽 방으로 들어가 정리를 한다.
몽룡, 춘향과 얼굴을 마주보고 서로 미소짓는다.

막.

제 2 막

별리

제 1 장

때

전막으로부터 반년 후

장소

전장과 동일

인물

전장과 동일

배경

전장과 동일. 단 뜰의 나무가 모두 가을풍경으로 변해 있다.

막이 열리면 몽룡 기둥에 기대 앉아 가을빛이 만연한 뜰의 나무를 물끄러미 바라보고 있다. 춘향은 비단에 꽃 자수를 놓고 있다.

춘　향　(손을 쉬지 않고) 이제 조금만 더하면 다 놓는데 이 부분의 꽃 모양이 아무리 봐도 마음에 들지 않아요.

몽　룡　……

춘　향　하지만 이대로도 괜찮다면 받아주시겠어요?

몽　룡　(무심코) 어? 아 좋아.

춘　향　(피식 웃으며) 어머 싫어요. 그런 마음에도 없는 대답. 어차피 내가 수놓은 것이 도련님 마음에 들 리가 없지요.

몽　룡　(생각에서 깨어나며) 그렇지 않다. 마음에 든다. 어디 보자…….

춘　향　어머 싫어요. 아직 완성하지 않았어요. 조금만 기다리세요. 나뭇잎 하나와 줄기만 고치면 돼요. 그 뒤에 실만 매듭지으면 되지요.

몽　룡　아아. (말하고 또 생각에 잠긴다)

춘　향　제가 바느질을 잘하는 건 아니지만 이것을 도련님이 지니실 것이라 생각하면 비록 염낭[2] 같은 것이지만 얼마나 기쁜지 몰라요. 언젠가 당신의 옷을 모두 제 손으로 바느질 해 줄 수 있다면 얼마나 기쁠까하고 매일 그것만 생각하면서 즐거워하고 있는 걸요.

몽　룡　(난처한 얼굴로) 아 그렇게 될거야. 되고말고.

춘　향　그래요, 하지만 너무 행복해서 왠지 과분하다는 생각이 들어요. 지금 이대로는 뭔가 과분한 것 같아서 일변하여 어두운 운명에 빠지는 건 아닐까하고……

몽　룡　(깜짝놀라) 그런 일은 없다.

춘　향　그래요. 그렇다면 좋겠지만. 언젠가 아버님의 허락이 나겠지요. 우리들이 정식으로 결혼하고, 당신은 과거시험에 급제하고 벼슬을 하겠지요. 아아 내가 그렇게 행복해져도 괜찮을까. (황홀해 한다)

몽　룡　(견딜 수 없어서) 춘향아!

춘　향　예. (눈을 뜨고 몽룡을 본다. 얼굴에 수심이 가득한 것을 알아차린다)

몽　룡　춘향아, 실은 조금 아니 큰일인데……

춘　향　아니 무슨 일이세요. 오늘은 다른 때와 달리 우수에 가득찬 얼굴을 하고. 무슨 걱정이라도?

몽　룡　응 아버님이 궁 내직으로 전관하시게 되었다.

춘　향　어머나 축하드립니다. 궁 내직으로 영전하신다니 정말 기쁜 일이에요. 그런 경사스러운 일이 왜 걱정이세요?

몽　룡　그것이 말이다.

춘　향　당신도 아버님과 함께 가신다는 말씀이시지요?

몽　룡　그렇다.

춘　향　그러면 가시면 되지 않습니까? 저는 가재를 정리하고 어머니와 함께 뒤따라 한양으로 가겠습니다. 저도 한양 생활을 할 수 있다니 이렇게 기쁜 적은 없었습니다.

몽　룡　그것이 그렇게 간단하지가 않다.

춘　향　왜요?

몽　룡　아버님이 허락하시지를 않는구나.

춘　향　아버님께 저에 대해 말씀하셨습니까?

몽　룡　그래 넌지시 꺼내 봤다. 하지만 안 되었다.

춘　향　그러면 우리들은 아무도 모르게 가서 성밖의 작은 마을에라도 자리를 잡으면 되지요.

몽　룡　춘향아! 진정하고 잘 들어라. 모든 것이 네 말처럼 되어 준다면 그보

---

2) 돈 주머니.

다 더 좋은 일은 없을 것이다. 그러나 아무리 비밀로 한다 해도 결국은 소문이 날 게 틀림없다. 만일 너와의 소문이 한양 안에 퍼지게 되면 양반의 가문에서 성년도 되기 전에 첩을 두었다고 하여 아버님의 관직을 더럽히고 나는 족보에서도 제명되어 선조의 제례에도 참석할 수 없게 된다. 이것이 내 일신상의 대사가 아니고 무엇이겠느냐.

춘 향 그럼 헤어져 달라는 말씀인가요?

몽 룡 아니 그렇지 않다. 잠깐 동안 여기서 기다려다오. 나는 일심으로 면학에 열중하여 이, 삼 년 지나서는 과거에 급제하고 벼슬을 하면 그때야말로 그대를 훌륭히 아내로 맞이할 수 있지 않겠느냐. 만약 일을 서두르다 가족으로부터 내쳐지기라도 해 보거라 그것이야말로 우리에게 득이 되지 않는다. 그대도 나를 사랑하기 때문에 이별의 정을 견딜 수 없어서 한양까지 따라오겠다는 것이 아니냐. 정말로 나를 위한다면 앞으로 몇 년 만 기다려주지 않겠느냐?

춘 향 (넋을 놓고) 아아, 난 어쩌죠. 난, 난. (운다)

몽 룡 (다가가 안아 일으키며) 춘향아, 헤어지기 싫은 것은 나도 마찬가지다. 나도 그대를 두고 멀리 떠나야 한다고 생각하니 날카로운 칼로 갈기갈 기 찢기는 것만 같다. 속이 뒤집히고 눈도 멀어서 지금 이 자리에서 죽 고 싶을 정도다. 요 며칠 간 나는 한숨도 못 자고 고민했다.

춘 향 놓으세요. 전 여기에 있을 수 없습니다. 어딘가에 가서 깊은 연못에라 도 빠져 죽고 싶은 심정입니다. (발버둥친다)

몽 룡 춘향아, 정신 차리거라. 그렇게 흥분할 일이 아니다. 잘 생각해 보아라.

춘 향 아니오. 놓아주세요. 당신의 마음은 잘 알았습니다. 이제 저에게 질린 것이지요. 아버님의 전임을 핑계로 저를 버리시려는 것이지요.

몽 룡 무슨 바보 같은 소리를.

춘 향 예, 저는 바보입니다. 당신이 하는 말을 완전히 믿고 오늘까지…….
(운다)

몽 룡 정신 차리거라. 그대가 흥분하는 것도 무리는 아니다. 하지만 내 입장 도 되어 보거라.

춘향의 어머니. 헛기침을 하고, 오른쪽에서 나타난다.

어머니 무엇을 하느냐 춘향아. 그렇게 떼를 써서 도련님을 곤란하게 하면 못 쓴다.

춘 향 아니에요. 도련님이 떠나신답니다.

어머니	도련님이? 도련님이 대체 어디로 떠나시니?
춘 향	한양으로요. 아버님이 궁 내직에 영전하셔서 함께 가신답니다.
어머니	아니 그러느냐. (기쁜 기색 없이 몽룡에게) 그것 정말 축하드립니다. 아버님처럼 덕망 높은 부사는 정말 본 적이 없습니다. (춘향에게) 그럼 엉엉 소리내어 울 필요는 없지 않으냐? 기뻐서 우는 것이라면 좀 조용히 울지 그러니.
춘 향	저를 데리고 갈 수 없다고 하십니다. 이대로 헤어져 달라고…….
몽 룡	아니다. 아니야. 내가 입신출세할 때까지 여기에서 기다려달라는 것이다.
어머니	예? 그럼 도련님 혼자서 한양으로…….
몽 룡	아니 잠깐 동안이다. 지금 당장은 함께 갈 수 없다고 말하는 것이다.
어머니	아 알겠습니다. 이쯤에서 깨끗이 버릴 속셈이군요.
몽 룡	아니 그대까지 그렇게 흥분하면 곤란하다. 말하는 것을 잘 들어라.
춘 향	도련님 좋습니다. 전 결심했습니다. 혼자 가세요.
몽 룡	그럼 이해해 주는 것이냐? 아 고맙다.
어머니	무엇을 이해했다는 거냐. 난 아직 이해 못하겠다. 자, 나의 외동딸을 어떻게 할 셈이냐? 확실히 말해라. 양반이고 도련님이고 없다.
춘 향	어머 어머니 그런 무례한 말씀을……. (몽룡에게) 도련님 어서 돌아가세요. 전 도련님이 가령 거짓 약속을 하셔도 도련님이 데리러 오실 때까지 기다리고 있겠습니다.
어머니	안 된다. 나는 기다릴 수 없다. 자, (몽룡에게) 도련님. 어떻게 하실 건가요? 확실히 말씀해 보세요.
몽 룡	(당혹스러워서) 자 진정하고 들어보거나. 응…….

방자가 문으로 뛰어 들어 온다.

방 자	도련님 크 큰일 났습니다. 지금 관가에서는 대감마님이 도련님을 빨리 불러오라고 해서 난리가 났습니다. 자 빨리 갑시다.
몽 룡	(살았다는 듯이) 그래? 그럼 바로 가야지. (댓돌의 신발을 신고 춘향과 어머니에게) 관가에 돌아가서 일을 마치면 바로 돌아오겠네. 잠깐 기다려 주게. (떠난다)
어머니	못 갑니다. 춘향이를 어떻게 하실지 확실히 말씀해 주고 가세요. (뒤쫓아 가려고 한다)

춘 향 어머니, 기다리세요. (안아 세우며) 도련님도 저렇게 괴로워하고 있습니다. 우선 돌아가시게 하고 저도 혼자서 천천히 생각해보고 싶습니다.

막.

제 2 장

때

전장의 다음 날 아침

장소

오리정

인물

몽룡, 춘향, 향단과 방자, 망아지(조랑말)

배경

산기슭에 있는 작은 정자. 이층 정자. 계단 아래는 기둥뿐. 계단 위는 자리를 깔고 사다리를 걸쳐 놓았다. 무대 왼쪽은 언덕에 걸쳐 있는 느낌. 오른쪽으로 밭이 멀리 보인다. 천하대장군의 남녀 두 기둥이 도로가에 서있고 '오리정'이라는 굵은 글자가 새겨져 있다.
소나무 사이에 단풍나무가 빨갛게 점철되어 있고, 대장군 옆에 향단이 서서 보고 있다.

춘 향 (얼굴을 들고) 아직 행렬인 듯 한 사람의 그림자는 보이지 않느냐?
향 단 예. (오른쪽 너머를 뚫어져라 보면서) 아무도 안 보이는데요.
춘 향 그래. (실망하여) 그럼, 아까 사람들 소리가 많이 들리던 것이 그것이었구나. 도련님은 벌써 떠나신 게다.
향 단 아닙니다. 그럴 리 없습니다. 대부인의 행렬보다 일부러 늦게 출발하셨을 겁니다.
춘 향 그래.
향 단 예. 아마 집에 들르신 것은 아닐까요?
춘 향 그래. 그럼, 집에 돌아갈까? (계단 쪽으로 가려고 한다)
향 단 아닙니다. 역시 여기에서 기다립시다. 엇갈리기라도 하면 안 되니까요.

춘 향 (난간에 기대어 또 운다, 조금 있다가) 향단아. 그분도 얼굴이 많이 수척해지셨지.

향 단 예. 정말 많이 수척해지셨어요. 그렇게 타는 듯하던 볼은 핏기가 없고 눈꺼풀은 파리해지고……

춘 향 (격하게) 아아아. 이제 그만해. (울어댄다)

향 단 하지만 아가씨야말로 단단히 정신 차리셔야 해요. 이제부터 어떤 일이 있어도 도련님이 출세하실 때까지는 건강하게 기다리셔야 하니까.

춘 향 그분은 분명 데리러 와 주시겠지?

향 단 아유 왜 그런 말씀을……

춘 향 아니. 뒤를 따르겠다. 나를 함께 데려가 주지 않으면 나중에 혼자 걸어서라도 따라 가겠다.

향 단 아유 그런 말씀 마세요. 한양까지는 남자 걸음으로만 20일이나 걸린답니다. 아가씨는 도저히 못가십니다. 거기다 아가씨가 가신 것 때문에 도련님의 출세길이 막히기라도 하면 어떻게 합니까?

춘 향 (힘없이 쓰러진다)

향 단 (오른쪽을 바라보면서) 아 나오십니다. 저기 외나무다리가 있는 곳을 막 돌았습니다. 마부에 조랑말을 타시고 혼자서 나오십니다.

춘 향 (깜짝 놀라 일어서서 계단을 내려가다가 멍하고 선다)

조랑말의 방울 소리. 가까워진다. 점점 커져서 아주 가까운 곳에 이르자 향단, 길을 비켜 춘향 앞에 와 선다.
몽룡, 대장군 아래에서 춘향을 알아보고 말 고삐를 당기게 한다.

몽 룡 (말에서 내리며) 아 잘 와 주었다. (옆으로 달려와 춘향의 손을 잡는다) 행렬에서 빠져 나오느라고 얼마나 고생했는지 모른다. 한때는 그대를 만나지 못하고 가는 것은 아닌가 하여 눈앞이 캄캄하고 가슴이 아파서 숨도 쉴 수 없을 지경이었다.

춘 향 (손수건을 얼굴에 대고 울 뿐이다)

몽 룡 춘향아, 이제 그만 울어라. 그대는 오늘 밝은 얼굴로 나를 전송하겠다고 약속하지 않았느냐?

향 단 도련님, 아가씨와 위로 오르세요. 초라한 술상입니다만 이별주를 준비했습니다.

몽 룡 아, 그래? (춘향의 허리에 손을 올리고) 자 오르지 않겠느냐? 이것 저것 하고 싶은 말이 산처럼 쌓였다 해도 해도 끝날 것 같지 않은 이야기

가 계속 솟아 나와 어쩌면 좋을지 모르겠구나. (춘향을 밀고 올라 가 앉는다)

향단, 적당한 자리에 앉아 상을 낸다.
마부와 조랑말은 왼쪽 정자로 물러난다.

몽 룡 　그러나 그대 얼굴을 마주하니 할 말이 없어지는구나. 다만 슬픔만이 가 슴에 가득 찰 뿐이다.

춘 향 　저도 그렇습니다. 슬픔이, 눈에 보이지 않는 어떤 것이, 이렇게 가슴 속을 마구 쥐어뜯고 후벼 파는 것 같습니다. 전 어떻게 이것을 견딜 수 있을까요.

몽 룡 　지금에 와서는 아버님의 승관도 원망스러울 뿐이다. 앞으로 이, 삼 년 더 이곳에 재관해 주시면 나는 필시 과거에 급제하고, 그대를 아내로 맞아 즐겁게 지낼 수 있을 텐데 하고 생각하면……

춘 향 　아아, 이제 아무 말씀 마세요. 그 말씀을 들으면 정말 견딜 수 없을 것 같습니다.

몽 룡 　그래. 이제 아무 말 말자. 우리들이 무슨 사별을 하는 것도 아니니 말이 다. 이, 삼 년 지나면 반드시 만날 수 있지 않느냐. 나는 그대가 괴로움 을 견디면서 나를 기다리고 있을 것을 생각하면서 스스로를 채찍질하 여 공부에 열중할 테니 말이다.

춘 향 　예. 그렇게 해 주세요. 저도 데리러 오실 때까지 꼭 기다리겠습니다. 도 련님의 말씀을 믿고 어떤 일이 있어도 마음을 흔들리지 않고 기다리겠 습니다.

몽 룡 　아 그래? 그렇게 말해 주니 나도 안심이다. 아 그래. 이것을 그대에게 주마. 내 유일한 정표라고 생각하고 몸에 지녀 주게. (비단 주머니에서 거울을 꺼내어 춘향에게 건넨다) 내 마음은 이 거울처럼 밝을 생각이 다. 시간이 아무리 지나도 나의 결심은 변치 않을 것이야. 이 거울을 볼 때마다 나를 생각해 주게. 나의 마음을 믿어줘.

춘 향 　그럼 도련님은 저의 이 옥반지를 받아주세요. 옥의 견고함, 깨끗함은 결 코 사라지지 않습니다. 또 이 반지는 시작도 끝도 없다고 합니다. 저도 도련님도 이 반지의 순수함처럼, 둥글게 두 사람의 결심이 변치 않도록 맹세해요. (반지를 건넨다)

몽 룡 　그럼 이것은 그대를 데리러 올 때까지 내가 지니고 있겠네. 외로울 때, 의지가 약해질 때, 꺼내 보겠네. 아, 생각났다. 어느 밤인가 그대는 저고리 고름에 묶어 두었던 이 반지를 나에게 들킨 것을 부끄러워하면서 가슴속에 깊숙이 감추는 것을 나는 대체 무엇일까 하고 의아해하여 그만 그대 가슴에 손을 넣어 그대를 화나게 한 적이 있었지.

춘 향 남자가 살갗을 만진 것이 처음이라 깜짝 놀랐습니다.

몽 룡 그렇게도 싫었느냐? 하하하.

춘 향 아니오. 두려웠습니다. 하지만 왠지 가슴이 두근거려서 혼났습니다만 나중에 혼자 남자 매우 사모하게 되었습니다.

마부, 조랑말의 다리 옆에 쭈그리고 있다가 가만히 서서 올라와

마 부 도련님 아뢰옵니다. 빨리 출발하지 않으면 행렬을 놓치겠습니다.

몽 룡 아 그래? (제 정신이 들어) 지금 곧 간다. (춘향에게) 그럼, 이제 출발하마.

향 단 그럼 아가씨, 잔에 술을 따라 도련님께 드리세요.

춘 향 (끄덕이고, 잔에 술을 따른다) 도련님 건강하세요. (잔을 건네고 운다)

몽 룡 (잔을 기울이고, 눈물을 꾹 참는다) 그럼 그대도 한 잔. (술을 따라 춘향에게 건넨다)

춘 향 (입술을 대다가 잔을 놓고 엎드려 운다)

몽 룡 (울먹이는 목소리로) 춘향아, 울지 말아라. 그대가 울면 내가 일어날 수가 없지 않느냐. 응 춘향아. (일으키며) 울지 말아라. 눈물을 닦아라. (자기가 닦아 주면서) 밝은 얼굴로 떠나게 해주려므나. (하지만 황홀해하며) 그대와 둘이서 그 오작교 앞의 수양버들 아래에서 제비와 같이 놀던 것이랑, 진달래가 새빨갛게 핀 언덕 위에서 시를 짓던 것이랑 파랗게 뜬 달 밤, 팔짱을 끼고 연못가를 걷던 일들이 생각나는구나.

춘 향 봄비가 지독히 내리던 밤이었나요? 도련님은 비에 속옷까지 흠뻑 젖어가면서 오신 적이 있었어요. 복숭아꽃이 질 무렵이었는데…….

마 부 (안절부절 못하며) 도련님. 도련님. 쳇. (하면서 정자 아래를 돌아다닌다)

춘 향 (상관 않고 계속한다) 여드레나 칩거당하신 것도 모르고 도련님에게 까닭없이 화풀이 하던 것도 생각납니다. 하지만 그런 일들이 너무나도 아름답고 즐거웠어요.

마 부 도련님, 도련님, 쳇. 어쩔 수가 없네.

방자. 왼쪽에서 나타난다. 언덕을 뛰어 내려온 듯하다.

마 부 아, 마침 잘 왔네. 저 울며 슬퍼하는 것 좀 보게. 아무리해도 소용이
　　　없네. 빨리 어떻게 좀 해 보게.

방 자 (알았다는 듯이) 아 좋아. 그렇게 걱정마. (정자 아래에 가서 큰 소리
　　　로) 도련님, 도련님. 큰일 났습니다.

몽 룡 (꿈에서 깨어나며) 뭐가 큰일이냐? 네가 오면 언제나 큰일만 있지 않
　　　느냐?

방 자 이번에는 정말 큰일입니다. 대부인의 행렬은 □수역에 도착했습니다만
　　　도련님이 안 계신 것을 아시고 도련님이 오실 때까지는 행렬을 나아가
　　　지 않겠다고 하시면서 매우 화를 내셨습니다.

몽 룡 그래? (춘향에게) 그럼 이제 도리가 없구나. 춘향아 나는 간다. 부디
　　　밝은 표정으로 날 전송해다오.

춘 향 예. (강하고 명랑한 얼굴을 하려 하지만 잘 되지 않는다) 그럼 건강히.
　　　(우는 소리)

몽 룡 (춘향의 손을 잡고) 그럼 그대도 건강하게 지내거라. (계단을 내려가면
　　　서) 자 그럼 이것으로 잠깐 동안 이별하는 거다. (정자 아래에 내려와
　　　서서 다시 춘향을 올려다본다)

춘 향 (계단 중간쯤에서 향단에게 부축 받으며) 도련님, 도련님.

방자와 마부. 이 때라는 듯이 몽룡의 몸을 안아 올려 조랑말 등에 태운다.

몽 룡 (왼쪽으로 사라지면서) 춘향아, 춘향아. 건강 하거라. 향단아 너도 건강
　　　하거라.

춘 향 (달려가 뒤를 쫓으려고 하지만 향단이 말린다) 도련님, 도련님 건강히.
　　　도련님. (손을 흔들면서 눈물범벅이 되어 부른다)

막.

제 3 막

신관사또

제 1 장

때

며칠 후

장소

관가

인물

신임 사또, 이방, 호방, 통인, 급창, 사령과 형리 약간 명씩, 그 외 기생
다수.

배경

무대 중앙은 넓은 마루. 그 좌우에는 복도에 있는 온돌이 무대 가득 늘
어서 있다. 중앙의 넓은 마루를 제외하고는 전부 조선 문이 잠겨 있다.
넓은 마루 상좌에 사또의 자리 그 바로 아래에 좌우 이방, 호방의 자리,
한 단 내려와서 통인, 또 한 단을 내려와서 (툇마루 아래의 무대 아래
가)급창, 각각의 자리를 마련한다.
무대 아래는 뜰. 전나무, 노송나무, 대나무 등이 심어져 있다.
막이 열리면 사또는 안석에 거만하게 기대 앉아 있고, 이방, 호방, 통인
등, 각 관리는 몸을 공처럼 구부리고 급창은 무대 위에 선다. 무대 아래
뜰에는 사령, 형리 등 하급 관리가 좌우에 늘어선다. 형리는 모두 굵은
몽둥이를 갖고 있다.

사　또　아아, 그럼 훈사는 이것으로 마치겠다. 이방.
이　방　예.
사　또　뭐 다른 할 일은 없는가?
이　방　예. 관례에 따라 기생 점고를 하시지요.
사　또　아, 그래? 이방은 상당히 영리하구나. 만사가 그렇게 실수 없도록 하
　　　라.
이　방　예. 칭찬하여 주시니 황송합니다.

사 또 아니 그렇게 황송해하지 않아도 된다. 부임 전에도 본 군에는 미인이 많다는 소리를 들었다. 너무나 소문이 자자해서 한시라도 빨리 와 보고 싶어 견딜 수가 없었다. 아아 그러면 호방.

호 방 예.

사 또 빨리 기생 점고를 해 보아라.

호 방 예 그럼 빨리 시작하겠습니다. 통인.

통 인 예.

호 방 준비는 됐는가?

통 인 예. 급창. 준비는 됐는가?

급 창 예. 사령. 준비는 됐는가?

사령들 예. 준비되었습니다.

호 방 (큰 소리로 명부를 읽기 시작한다) 일대의 문호 소동파가 적벽강에 배를 띄우고 잔을 들어 손님을 대접할 때 동산에 월출이.

기 생 예. (치마 자락을 한 손으로 약간 휘어잡고 조용히 걸어 나와 사또를 향해 아리따운 얼굴을 들었다가 당의 바로 정면에 서더니 한 손을 땅에 대고 허리를 굽혀) 월출이라 하옵니다. (일어나 나간다) (이하동)

호 방 남포의 달 밝음에……

사 또 아아, 호방.

호 방 예.

사 또 기생 점고를 그렇게 길게 하다간 며칠이 걸릴지 모르겠구나. 나는 아주 성미가 급하다. 더 간단히 해라.

호 방 예. 진주명주 할 것 없이 천하의 보배, 산호 왔느냐?

기 생 예. (전과 같이 하여) 산호주입니다. (절을 하고 간다)

사 또 어이, 기다려라. 그것도 긴 듯 싶다. 더 짧게 해라.

호 방 예. 사시사철 푸른 죽엽이.

사 또 아니야. 그것도 길다. 죽엽이면 죽엽이라고만 하면 되지 않느냐?

호 방 예. 죽엽.

기 생 예. (전과 동일)

호 방 금선.

기 생 예. (전과 동일)

호 방 반월.

기 생 예. (전과 동일)

사 또 어이. 월이라든가, 엽이라든가 선 말고 향이라고 하는 자가 붙는 기생은 없느냐? 대체 이 군의 기생은 몇 명이냐?

호　방　전부 56명입니다.

사　또　그래? 많구나. 기대가 된다. 헌데 향자가 붙는 기생은?

호　방　다섯 명입니다.

사　또　이름을 말해 보아라.

호　방　취향, 금향, 난향, 월향.

사　또　취향이는 미인이냐?

호　방　예. 절세미인입니다.

사　또　음, 그 아이가 틀림없구나. 그 무언가 향은 그렇게 미인인가? 허면 나이는 몇인고?

호　방　금년 45세입니다.

사　또　뭐? 45세라고. 어이, 호방. 나를 놀리는 것이냐?

호　방　예? 당치 않은 말씀을.

사　또　45세나 되는 노파가 무슨 미인이라는 것이냐.

호　방　예. 젊을 때는 견줄 데 없는 미인이어서.

사　또　음. 호방. 너는 많이 가르쳐야 되겠구나. 아아 됐으니까 다음을 말해 보아라.

호　방　향자가 붙는 것은 다음에 죽향이 뿐입니다.

사　또　죽향이? 아니 아니야. 향은 그것뿐인가?

호　방　예. 그렇습니다.

사　또　뭐? 그럴 리가 없을 텐데. 무슨 향이 한명 더 있을 텐데. 아는 자는 없느냐? 에잇. 이것 저것 마음에 들지 않은 것들뿐이구나.

이　방　저 혹시 춘향이 말씀이십니까?

사　또　응, 그렇다. 춘향이 말이다. 역시 그대는 영리하구나. 그 춘향이야말로 천하의 미인이라는 소문이 있지 않더냐? 그 춘향이는 어떻게 되었느냐?

호　방　예. 춘향이는 기생이 아닙니다. 기적에 오르지 않은 데다 구관댁 도련님의 약혼자입니다.

사　또　춘향의 어미는 원래 기생이 아니더냐?

호　방　그렇습니다.

사　또　구관댁 도령이 기생같이 신분이 천한 자와 혼약을 할 리가 없지 않느냐? 기생의 자식은 역시 기생이다. 지금 당장 기적에 올리고 빨리 불러 오너라.

호 방   예. 그럼 불러오겠습니다. 통인, 춘향을 불러오도록.

통 인   예. 급창. 춘향을 데려와라.

급 창   예. (사령 두, 세 명을 가리키며) 사령. 너희들은 이제부터 곧장 춘향을
        불러 들여라.

사령들   예. (인사하고 용감하게 달려간다)

        사이

사 또   춘향이 집은 머냐?

호 방   예. 오 리 정도 됩니다.

사 또   그래? 상당히 시간이 걸리는구나. 어떠냐? 이방.

이 방   예.

사 또   그 사이에 죄인을 재판하지 않겠느냐?

이 방   알겠습니다.

사 또   음, 죄인은 몇 명이나 있느냐?

이 방   두 명입니다.

사 또   두 명? 고작 두 명인가? 적네.

이 방   선관이 재임 중에 정치를 잘 하셔서…….

사 또   바보같이. 정치를 태만히 했기 때문이다. 죄를 지은 자가 겨우 두 명
        뿐이란 말이냐? 죄인은 찾으면 얼마든지 있다. 앞으로는 아무리 작은
        죄를 지은 자라도 용서하지 말고 끌고 오너라.

이방이하   예예.

사 또   헌데 그 두 사람은 무슨 죄를 지었느냐?

이 방   예. 둘은 소를 매매할 때 잔금을 지불하기 전에 소가 죽었습니다. 그래
        서 한 사람은 잔금을 내라고 하고, 다른 사람은 살려내든지 지불한 대
        금을 돌려주든지 하라고 싸우던 중 양 쪽 모두 격분하여 난투를 벌이
        다 쌍방 모두 가족과 친척 중에 사상자를 낸 지라…….

사 또   아아, 그래? 꽤 중죄인이구나. 헌데 그 두 사람의 성은?

이 방   소를 산 쪽은 김가이고, 판 쪽은 최가입니다.

사 또   그 최와 김 중 어느 쪽이 부자이냐?

이 방   최가입니다.

사 또   그 최가를 끌어내라.

이 방   통인. 최가를 끌어내라.

통인은 급창에게, 급창은 사령에게, 사령은 형리에게 각각 명한다. 형리들, 무대 오른쪽 뒤로 뛰어들어 죄인을 데리고 나온다. 죄인은 손을 뒤로 하여 단단히 포박당하여 나온다.

사 또 음, 불쌍한 놈이구나. 지금 금방이라도 풀려날 수 있는 방법이 있는데 말이지. (큰소리로) 어이, 최가 얼굴을 들라.

죄 인 (두려워서 점점 수그린다)

사 또 너의 죄는 네가 잘 알고 있겠지?

죄 인 (머리를 수그릴 뿐이다)

사 또 아아. 그래? 잘 아는 것 같구나. 너의 죄상을 조사해 봤는데 진정 용서할 수가 없더구나. 살인자는 죽인다. 이외에 네 죄를 대신할 방법은 없는 것이다. 하지만 오늘은 내가 시정한 날이다. 그런 혹형은 나도 좋아하지 않은 터이니. 하하하. 어떠냐? 너를 풀어 주려고 생각하는데 어떠냐?

죄 인 예. 감사합니다. (감격한다)

사 또 기쁘지? 응 그럴 것이다. 오늘밤부터는 너도 부드러운 이불 안에서 잘수 있을 테니 말이지. 하하하하. 그럼 용서해주지. 아아, 형리.

형 리 예.

사 또 그자의 포박을 풀어줘라.

형리들 예. (포승을 푼다)

죄 인 감사합니다. 감사합니다. 이 은혜를 어떻게 갚을지. (인사하고 가려고 한다)

사 또 기다려라. 아직 가라고는 하지 않았다. 그 은혜 갚는 방법을 지금 거기에서 생각해 보지 않겠느냐?

죄 인 (넙죽 몸을 엎드려) 예. 나중에 천천히……

사 또 안돼. 지금 거기에서 생각해라. 그 은혜를 갚는 대신으로 너를 풀어주지.

죄 인 (생각하지만 모른다)

사 또 모르겠느냐? 진짜 친절한 일이지만. 그럼 알려 주지. 이방.

이방을 불러 속삭인다. 이방 끄덕이고 툇마루 아래로 내려와 사령을 불러 속삭인다. 사령은 죄인의 귀에 입을 대고 속삭인다.

죄　인　(기겁하여) 당 당 당치도 않습니다. 배 백 냥 있으면 난 백 냥이나 와.

사　또　여봐랏. 시끄럽다. 네 목숨과 백 냥 중 어느 쪽이 소중하냐?

죄　인　백 냥. 와, 백 냥.

사　또　형리. 무엇을 하느냐. 그놈의 입을 막을 방법이 없느냐? 여봐라! 무얼 멍청히 서 있느냐? 쳐라, 쳐.

형리들, 곤장으로 때린다.

죄　인　(쓰러져서도 발악을 하며) 백 냥, 아아 백 냥.

사령들 기운차게 뛰어 들어 온다.

사령들　아룁니다. 춘향이를 데려왔습니다.

사　또　아 그래? 형리, 그놈을 감옥에 쳐넣어 둬라. 자, 춘향이를 빨리 내 앞 으로 데려 와라.

죄인 등 오른쪽으로 간다.
춘향, 기가 죽어 당 앞으로 나아가 가볍게 인사하고 선다.

사　또　(황홀해하며) 으응, 미인이구나. 절세미인이야. 나는 그대의 아름다운 얼 굴을 보려고 밀양군과 서흥도 제쳐 두고 이 남원 부사를 지원했다. 어 떠냐? 선관의 도령이 간 뒤로는 아마 혼자 있지는 않겠지? 필히 정인 이 있을 텐데. 누구냐? 그대의 정인은? 관속이냐? 아니면 그냥 건달이 냐?

춘　향　예. 비록 기생의 자식이라도 그 말씀은 너무 하십니다. 선관의 도련님 과 백년가약을 맹세한 몸입니다. 어떻게 그런 짓을 하겠습니까?

사　또　음, 아름다운 것은 얼굴만이 아니구나. 말하는 것까지 아름답구나. 하하 하. 어떠냐? 오늘 밤부터 내 옆에 와서 수청을 들면.

춘　향　그것은 안 됩니다.

사　또　왜냐?

춘　향　도련님이 데리러 올 때까지는 깨끗한 몸으로 기다려야 한다고 생각합 니다.

사　또　하하하. 도련님이 너를 데리러 온다고 생각하느냐? 바보같으니. 도련님 은 말이다. 그동안에 성년이 되어서 다른 처녀와 결혼하고, 과거에 급

　　　　　제라도 한 경우에는 너 같은 것은 까맣게 잊어버릴 것이다.

춘　향　비록 그런 일이 있다 해도 한번 맹세한 것에는 변함이 없습니다.

사　또　어떤 괴로운 일이 있어도 말이냐?

춘　향　예.

사　또　한 번 더 묻겠는데, 절대 내 명에는 따를 수 없다는 말이냐?

춘　향　예. 다른 것은 모르지만 그것만은 안 됩니다.

사　또　(큰소리로 웃으면서) 기생의 정절이라. 하하하하. 기생의 정절이라니,
　　　　　나는 들은 적도 없다. 하하하하하아아, 좋다. 좋아. 네가 그런 결심이라면
　　　　　나에게도 생각이 있다. 아아, 사령.

사령들　예.

사　또　그년을 묶어라.

사령들　(좌우를 보며 주저한다)

사　또　무얼 꾸물대느냐. 빨리 묶어라. 단단히 묶어라.

　　　　사령들, 형리에게 포승으로 춘향을 묶게 한다. 아픈 것 같다. 사또, 더
　　　　단단히 묶어라 하고 명한다.

사　또　형리. 그년을 쳐라.

　　　　형리, 곤장을 가져와서 뒤로 물러나 곤장을 횡횡 휘두르며 춘향의 옆으
　　　　로 다가오지만 때리지 않고 다시 잡는다.

사　또　여봐라! 치라고 하는데 무엇하느냐. 그년을 치라고 했지 땅을 치라고 하
　　　　　지 않았다.

　　　　형리, 눈을 감고 곤장을 휘두르면서 춘향이에게 달려든다. 이번에야말로
　　　　칠 결심.

　　　　막

　　　　막 내리고 내려치는 곤장 소리만 들린다.

제 2 장

때

수개월 후

장소

전장과 동일

인물

전장과 동일, 죄인은 2, 3명 증가

배경

전장과 동일

사 또 (낮은 소리로) 이방. 오십 냥도 낼 수 없다고 하느냐?

이 방 도저히 자기는 낼 수 없다고 합니다.

사 또 (목소리를 높여) 여봐라, 여봐라.

제1죄인 예.

사 또 이것이 마지막이다. 알았느냐? 나의 명령대로 하면 된다. 그렇지 않으면 내일은 참수하겠다. 멍청한 놈. 잘 들어라. 몇 번을 말해도 못 알아듣는 놈이군. 내가 명한 대로 돈을 지참하면 너의 목숨은 건질 수 있을 뿐 아니라 싸운 상대에게서 소 값을 전부 받아준다고 하지 않느냐. 네가 손해 보는 일은 없을텐데. 어떠냐? 알겠느냐?

제1죄인 예. 모 모르겠습니다.

사 령 (죄인을 쿡쿡 찌르며 낮은 소리로) 어이. 너처럼 못 알아듣는 놈은 없다. 알겠습니다 하고 아뢰두면 되잖아. 반드시 50냥 전부라고는 하지 않아. 30냥이나 40냥이나 준비할 수 있는 만큼 가지고 오면 되는 거야.

제1죄인 아무리 그래도 마찬가지다. 나는 50냥은커녕 단 닷 푼도 낼 수 없다. 먼저 사또였다면 이런 일은…….

사 령 쉿.

사 또 뭐라고 하는 거냐?

사 령 아무리 해도 안 되겠다고 합니다.

사 또 음 형리. 그놈을 지하 감옥에 처 넣어라. 내일은 참수시켜라. 그놈 대신에 그놈의 자식과 부모형제는 물론이고 연고 있는 자는 모조리 끌고 와 가두어라.

제1죄인 그 그 것만은 그 것만은…….

사 또 닥쳐라. 관의 명령에 거스르니까 안 되는 것이다.

제1죄인 그럼 30냥으로 감해주십시오. 30냥 정도는 어떻게 할 수 있을 것 같습니다.

사 또 안 된다. 한 푼도 감할 수 없다.

제1죄인 그건 너무 하십니다. 너무 해요.

형 리 쉿. 조용히 해. 잠자코 있어. (낮은 소리로) 나중에 잘 부탁해둘 테니까 우리에게도 조금씩 가져 올 테냐?

제1죄인 (끌려가면서) 예. 이제 이렇게 된 이상, 재산도 아무것도 필요 없다. 뭐든 있는대로 전부 가지고 오겠다.

　　제1죄인과 사령 나간다.
　　제2죄인 나타난다.

사 또 네 죄는 무엇이냐?

제2죄인 모릅니다. 어제 막 붙들려 와서.

사 또 아아 그래? 잘 생각해 봐라. 네 죄를 알게 될테니.

제2죄인 (고개를 갸웃거리지만) 아니오, 아무리 생각해도 생각이 나지 않습니다. 소인은 아침엔 별을 보면서 들에 나가 일하고 밤에는 또 별빛이 나올 무렵 집에 돌아와서.

사 또 열심히 일하는 놈이구나.

제2죄인 제 입으로 말하기는 좀 그렇습니다만 소인의 마을에서는 소인보다 성실하게 일하는 사람은 없다고 할 정도입니다.

사 또 그래? 그럼 네 죄를 알겠구나.

제2죄인 죄지은 적은 없습니다. 아무리 생각해도 생각이 나지 않습니다.

사 또 있다.

제2죄인 예? 있다는 말씀입니까? 아니 정말 이상합니다. 일을 열심히 하여 일가를 이루고 산 것도 죄가 됩니까?

사 또 그것이 말이지.

제2죄인 예? 그 그럼…….

사 또 음, 천 냥이나 모았다고.

제2죄인 예? (기겁하여) 역시 소문대로 나쁜 사또구나.

형　리　(곤장으로 치며) 입 닥쳐라.

제2죄인　일을 열심히 하여 돈을 모은 것이 어째서 죄가 됩니까? 그런 말은 들어본 적도 없습니다.

사　또　무례한 놈. 계속 대들 테냐? 형리, 쳐라.

　　　　　형리들. 친다. 제2죄인, 정신이 희미해진다.

사　또　모르겠으면 잘 들어라. 너는 돈을 모은 것을 뽐내며, 집을 신축하고 큰 기와담을 돌려 쌓고 외출할 때는 의관을 입고 양반을 업신여기는 행동을 했다. 기둥이 높은 집을 건축하는 것조차 금지되어 있는데 기와담은 당치도 않다. 그것만이 아니다. 누가 허락해서 관을 쓰고 구두를 신었느냐?

제2죄인　(신음한다)

사　또　상민에게는 상민의 법도가 있을 터인데. 상민 주제에 돈을 모으니까 그런 무례한 행동이 하고 싶어지는 것이다. 알겠느냐? 네 죄는 그것이다. 알았느냐?

제2죄인　예.

사　또　알았으면 됐다. 목숨만은 살려 주겠다. 네 재산의 반은 관가에서 몰수한다.

제2죄인　(한탄하며) 아아아, 그 그런 무법한 일이 아아.

사　또　꼴도 보기 싫다. 그놈을 끌어내라. 양반을 업신여기다니 당치도 않다.

　　　　　제2죄인, 끌려가고 제3죄인 나타난다.

사　또　이방, 이놈의 죄는 무엇이냐?

이　방　예. 세금을 징수하러 간 사령을 때렸습니다.

제3죄인　그렇지 않습니다. 때린 것이 아닙니다. 너무나도…….

형　리　(곤장으로 때리며) 닥쳐라.

제3죄인　아니오. 말하겠소. 세금은 일년에 한 번이 아닙니까? 같은 세금을 두 번 세 번…….

사　또　형리, 무엇 하고 있느냐. 그놈 입을 막을 수 없느냐?

형　리　(곤장으로 때리며) 닥치고 있어.

사　또　아아, 네 죄는 그것으로 알았겠지? 됐느냐? 곤장 스무 대와 이 년 간 옥살이다.

제3죄인 그 그것은 너무 하십니다. 벌금으로 대신할 수는 없을까요?

사 또 으응, 꽤 뭘 아는 놈이구나. 아아, 좋고말고.

제3죄인 그럼 다섯 냥 드릴테니 용서해 주십시오.

이 방 다섯 냥은 적다. 스무 냥으로 해라.

제3죄인 예? 스무 냥은 도저히 도저히 낼 수 없습니다. 소인 집이 궁핍한 것은
     근처에서도 유명합니다. 부디 열 냥으로 해 주세요.

사 또 좋다, 그놈의 가족에게 벌금을 지참하여 오도록 일러라.

사령들 예.

      제3죄인. 끌려 나간다.

사 또 다른 자는 이제 됐다. 춘향이를 끌고 와라.

사 령 예. (간다)

      춘향, 목에 무거워 보이는 칼을 차고 양 손으로 받치면서 걸어 나온다.
      머리카락은 흩어졌고 얼굴색은 창백하다.
      사령들, 춘향을 당 아래에 앉히고 명령을 기다린다.

사 또 (비아냥거리며) 어떠냐? 생각해 보았느냐?

춘 향 …….

사 또 왜 잠자코 있느냐? 옥 생활이 상당히 몸에 사무칠텐데. 하하하. 어떠
     냐? 이제 슬슬 너의 어리석음을 알 때인데. 용서해 주세요 하고 말하고
     싶어졌지?

춘 향 …….

사 또 흥, 아직도 후회하지 않는 것 같군. 서울에서 소식이라도 있었느냐? 애
     인 꿈이라도 꾸었더냐? 어이 뭐라고 말을 해. 네 도련님은 언제 데리
     러 올까? 데리러 온다는 전갈이라도 있었느냐? 하하하하.

춘 향 …….

사 또 언제까지 고집부린들 마찬가지다. 내 명을 거역하는 것은 자기 신상을
     망치는 것이다. 알고 있겠지?

춘 향 예. 빨리 죽고 싶습니다.

사 또 너 상당히 미련하구나. 일신의 안락, 영달이 제 눈 앞에 있는데 일부러
     괴로운 길을 택하는 바보가 어디 있느냐?

춘 향 몸을 더럽히는 것보다는 낫습니다.

사 또 아직도 입은 살아있구나.

춘 향 예. 빨리 죽이든 살리든 어떻게든 해 주십시오.

사 또 춘향아, 너는 자기 생각에 스스로 취해 있는 것이다. 몇 번이나 말하지
        만 너는 원래 기생이 아니냐? 기생의 본분을 잊고 정절이다 뭐다 하면
        서 감옥에서 고생하고 발버둥치고 결국은 참수당하여 무슨 득이 있느
        냐? 너의 괴로움은 살아서만이 아니다. 죽어서도 사람들의 원망을 피할
        수가 없는 것이다. 만에 하나 네가 꿈꾸는 대로 네 도련님이라는 자가
        데리러 왔다고 치자. 만약 데리러 왔다 해도 너의 그 추하고 비참한 모
        습을 보면 구하려고도 하지 않을 것이다. 아니 가령 구하고 싶어 한들
        나의 권력에 이길 수는 없다. 스무 살도 되기 전부터 여자와 놀던 사내
        다. 지금쯤은 주색에 빠져 거렁뱅이 시인이 되어 있을지도 모르지. 나
        는 진정 너를 살려주고 싶어서 이렇게 말하는 것이다. 나도 지금에 와
        서는 네 모습이 싫어졌다. 하지만 내 체면과 위엄에 먹칠하지 않기 위
        해서 네 뜻을 꺾어 보고 싶은 것이다. 단지 그것뿐이다. 어떠냐? 잘 알
        아들었겠지? 죄송합니다, 죄송합니다 하고 단 한마디만 하면 된다. 그
        러면 오늘밤부터는 전처럼 비단이불에서 잘 수 있을 것이다. 그리운 어
        머니의 품으로 돌아가라고 하는 것이다. 어떠냐? 내 말 알아듣겠느냐?

춘 향 알겠습니다. 하지만 명에는 따를 수 없습니다. 비록 이 자리에서 맞아
        죽을지라도 지금의 깨끗한 몸으로 죽고 싶습니다.

사 또 하하하하. 네가 또 오해를 하고 있구나. 나는 이제 네 몸을 원치 않는
        다. 단지 나의 위엄을 지키고 싶은 것이다. 위엄을 지키면서 너를 용서
        해 주고 싶다. 너의 헛된 고생이 불쌍해서.

춘 향 그럼, 지금 곧 풀어주시는 겁니까? 아무 조건도 없이.

사 또 응. 하지만 남의 눈도 있으니 나의 고집도 꺾을 수는 없겠다.

춘 향 역시 마찬가지 아닙니까? 그럼 거절하겠습니다.

사 또 (큰 소리로) 무슨 일이 있어도 내 명령을 거역하겠다는 거냐?

춘 향 예.

사 또 참수 당해도 말이냐?

춘 향 그것이야말로 바라던 바입니다.

사 또 음, 아직 고통이 덜한가 보구나. 이 이상은 어쩔 수 없구나. 네 목숨은
        이제 없다고 생각해라. 형리.

형리들 예.

사 또 이년에게 채찍을 백대 쳐라. 자, 준비해라.

형리들 예.

　　형리들. 춘향을 나무 의자에 묶는다. 형리 한명이 굵은 채찍을 공중에 휘두르며 내지르는 소리와 함께 달려왔다가는 물러가면서 위세를 부린다.

사 또 형리, 첫 매에 그년의 등뼈가 부러질 정도로 내리쳐라.
집행형리 예.

　　준비하여 곤장을 휘두르며 뛰어드는 자세가 된다.

　　막.

제 4 막
감옥

때

　　제1막보다 수년 후

장소

　　감옥

인물

　　춘향, 어머니, 이방, 향단, 방자, 옥 형리

배경

　　무대 안, 옥리 정면. 격자 안에 춘향의 칼을 찬 모습이 보인다. 옥 형리, 옥리 앞에 보초를 서고 있다.

이 방 (이방 오른 쪽에서 등장. 격자 앞에서) 춘향아, 오늘은 기분 좋은 답을 해 다오. 나도 너와 사또 사이에 서서 정말 난처하니 말이다. 어떠냐? 다시 생각해 주겠느냐?

춘　향　아무리 설득해도 허삽니다.

이　방　춘향아 고집도 적당히 부려라. 몇 년을 기다린들 도련님이 올 것 같으
　　　　냐. 서울이 아무리 멀어도 어디에선가 네 소문을 들었을 것 아니냐? 그
　　　　런데 네가 이렇게 비참한 지경에 빠져 있는데도 소식 하나 없는 것을
　　　　보면 타락하여 건달이 되었다고 생각되지 않느냐?

춘　향　가령 그렇게 되었다 해도 제 결심에 변함은 없습니다.

이　방　언제까지라도 도련님을 기다리겠다는 거냐?

춘　향　기다리겠다는 것이 아닙니다. 그분에게 맹세한 말을 잊지 않은 이상
　　　　비록 죽는 한이 있어도 뜻을 굽힐 수는 없습니다.

이　방　아니 지금에 와서는 너의 굳은 결심에 감동하지 않은 자가 없고 네 신
　　　　세가 측은하여 울지 않은 자는 없다. 하지만 세상일은 그렇게 좁은 시
　　　　각으로만 보는 것이 아니다. 권세 앞에서는 그런 것이 통하지 않기 때
　　　　문이다. 생각을 좀 바꿔서 사또의 명을 따르는 게 어떠냐. 도련님과는
　　　　처음부터 아무 일도 없었다고 생각하면 그걸로 되고 너도 원래는 기생
　　　　신분으로 태어난 것이 아니냐. 어차피 사또 옆에서 수청들 몸이 아니냐.
　　　　다시 생각해 봐라. 내일은 또 너를 끌어내어 태형을 가한단다. 너보다
　　　　우리들이 보고 있기가 힘이 드니 말이다. 부탁한다. 응 춘향아.

춘　향　싫습니다. 빨리 죽고 싶다는 생각뿐입니다. 한시라도 빨리 죽도록 신께
　　　　기도할 뿐입니다.

이　방　응 그래? 너의 굳은 결심을 무엇으로 꺾겠느냐. 하지만 오늘 밤까지 한
　　　　번 더 생각해봐라. 밤에 다시 올테니. 사또에게는 다시 생각해보라고
　　　　했다고 해두마.

춘　향　아니오. 몇 번 말해도 같습니다. 빨리 죽여 달라고 말해 주세요.

이　방　아니 생각해 둬라. 우리들을 돕는다고 생각하고 다시 한 번 생각해 봐.
　　　　(간다)

　　　　사이. 춘향의 신음 소리.

옥　리　(안을 들여다보며) 어디 아프냐?

춘　향　(낮게 신음한다)

옥　리　불쌍하게도. 그러나 오늘까지 잘 버텨왔다. 솔직히 말해 빨리 목숨을
　　　　끊어주는 편이 널 위한 것인데.

춘　향　어깨뼈가 욱신거려서 견딜 수 없습니다.

옥　리　칼을 벗겨 줄까?

춘　향　아닙니다. 그러다 발각되면 당신이 큰일입니다.

옥　리　뭐. 지금 마침 점심때다. 아무도 순찰하러 오지 않을 것이다. 어디 칼
　　　　을 벗겨 주마.

　　　　옥문을 덜컹거리며 연다. 주위를 살피다가 춘향의 칼을 열어 벗겨준다.

옥　리　비참하구나. (눈을 피하면서) 목이 이렇게 문드러져 있다니.

　　　　사람이 다가오는 발소리.
　　　　옥리, 깜짝 놀라지만 칼을 다시 걸 여유도 없이 옥문을 재빨리 잠근다.
　　　　춘향의 어머니와 향단, 대그릇을 가지고 나타난다.

옥　리　아아, 깜짝이야. 누군가 했더니…….

어머니　왜요?

옥　리　뭐, 지금 칼을 살짝 벗겨주던 참이었네.

어머니　아유 그래요? 항상 잘 대해 주셔서 감사합니다. 은혜는 반드시 갚겠습
　　　　니다. (향단에게) 그것을 전해주어라.

향　단　예. (대그릇을 건넨다)

어머니　(그릇과 젓가락을 꺼내어) 이것 좀 안에 넣어 주세요. 죽입니다.

옥　리　아아, 지금 곧. (옥문을 열고 그릇을 안에 넣고 문을 잠근다)

어머니　(안을 들여다보고) 빨리 일어나서 먹어라. 어디가 좋지 않으냐?

향　단　배라도 아프세요?

춘　향　…….

어머니　(돈주머니에서 꺼내어) 봐라, 약이다. 먹어라.

　　　　사이.

어머니　춘향아. 나는 이제 눈물도 다 말라버려서 울 기력조차 없다. 이 어미를
　　　　불쌍하게 생각해서라도 어떻게 좀 하렴. 언제까지 기다려도 그런 놈은
　　　　와주지 않는데, 너만 수긍하면 나도 이런 고생하지 않아도 되는데 말이
　　　　다. 죽 쑬 쌀도 없다. 팔 것은 이제 몽땅 팔아버려서 지금은 입을 옷도
　　　　남아 있지 않다.

춘　향　죄송합니다.

어머니	이제와서 미안하고 미안하지 않고가 무슨 소용이냐? 네 그 꼴을 볼 때마다 나는 살을 도려내는 것 같다.
춘 향	(운다)
어머니	응 생각을 바꿔라. 너도 3, 4년 기다렸으면 그 인간한테 의리는 지킨 것이니 말이다.
춘 향	아무리 생각해 봐도 할 수 없었어요.
어머니	그럼 너는 언제까지나 기다리겠다는 것이냐?
춘 향	이젠 같은 말을 반복하는 것도 싫습니다.
어머니	(한숨을 쉬며) 고집도 세구나. 너는 불효녀. 이것이 부모에 대한 보답이냐? 애비 없는 자식을 여자 손 하나로 키우면서 미래의 영화를 꿈꿨는데 그 보답이 이것이구나.
춘 향	죄송합니다.
어머니	아아, 됐다. 나는 이제 돌아가서 목이라도 매고 죽어주마. (격해서 나간다)
춘 향	어머니 죄송합니다. (향단에게) 향단아 어머닌 괜찮을까?
향 단	예. 문 앞에 사람이 많이 서 있으니까…….
춘 향	그래……. 향단아, 너한테는 정말 미안하구나.
향 단	아닙니다. 그런. 그것보다 빨리 몸이라도 건강해지세요. 도련님이 오실 때까지는 어떤 일이 있어도 살아남아야 하니까요.
춘 향	도련님은 와 주실까?
향 단	예. 꼭 오실 거예요.
춘 향	그래. 난 요즘은 왠지 믿을 수 없다는 생각이 드는구나.
향 단	아유 그런…….
춘 향	하지만 한 번이라도 좋으니 얼굴을 보고 죽고 싶구나. (운다)
향 단	(따라 울면서) 아아 내가 남자라면 금방이라도 뛰어 가서 도련님을 모셔올 텐데.
옥 리	아아, 그래. 가만히 있을 필요 없다. 한양으로 사자를 보내라. 응, 그것이 좋겠다.
향 단	그래. 그것이 좋겠어요.
춘 향	하지만 사자에게 줄 돈도 없고 그런 먼 곳에 누가 비바람 맞아가며 사자로 나서 주겠느냐.
향 단	(한숨을 쉬고) 정말이네요. 누가 공짜로 가 줄 사람 없을까요?
옥 리	그자에게 부탁하면 어떠냐?

210

향 단 　누구 말입니까?

옥 리 　그자 말이다. 방자. 전에 도련님을 모신 적도 있고 너희들과도 친밀하
　　　다 하지 않았느냐?

향 단 　아, 그래요. 방자에게 부탁해 봅시다. 지금 밖에서 만났는데 아직 있을
　　　거예요. (왼쪽으로 사라진다)

옥 리 　그런 익살맞은 녀석이라 잘 구슬리면 갈지도 모르지.

춘 향 　편지를 쓰고 싶은데 쓸 것 좀 없을까요?

옥 리 　아 종이라면 내 방에 있다. (오른쪽으로 사라진다)

　　　사이.

옥 리 　(종이와 먹을 가지고 와서) 자, 빨리 써라.

춘 향 　감사합니다. 정말 여러 가지로.

옥 리 　아니 뭐. 나는 너희들의 처지가 불쌍해서 견딜 수가 없다. 빨리 좋은
　　　소식이라도 있으면 좋겠는데.

　　　사이.

향 단 　(목소리만) 좋은 일이 있으니 잠자코 따라 와.

방 자 　(목소리만) 좋은 일이라니, 나한테 시집와줄 생각이냐.

　　　두 사람 나타난다.

방 자 　쳇, 오기 싫은 곳에 데려왔군. 설마 바꾸라고는 하지 않겠지? (옥리에게)
　　　그렇죠? 아저씨.

옥 리 　응. 말 안 들으면 넣을 거야.

방 자 　쳇. 협박하지 마시오. 어젯밤 노름판에서 50푼 탕진한 것뿐이오. (격자
　　　를 들여다보고) 아아 춘향아. 너도 고생하는구나. 그날 도련님을 광한루
　　　로 안내하지만 않았던들 하고 나는 가끔 생각한다. 네가 곤장 맞는 꿈
　　　을 꾸면서 자주 가위눌리는데 웬지 내 탓인 것 같은 기분이 들어서. 하
　　　지만 그런 때 나는 언제나 이렇게 생각한다. 그것은 춘향이 네가 나쁜
　　　것이라고. 그 날 그런 곳에서 그네를 타니까 문제인 것이다. 내 탓이 아
　　　니다 하고 말이지. 뭐 사실이 그렇잖아.

춘 향 　네 얼굴을 보니 처음으로 웃음이라는 것도 이 세상에 있었다는 생각이

드는구나.

방　자　아니 뭐, 그렇게 입발린 소리마라. 사실을 말하면 나는 너를 위해서라면 무엇이든 해 줄 수 있다. 내 힘으로 그 자식. (갑자기 깜짝 놀라) 쉿. 소리가 크다. 아무도 듣지 않겠지?

옥　리　내가 들었다.

방　자　예. 뭐야 농담이잖아. 나는 등줄기가 오싹했오. 목숨이 5년은 준 것 같소. (소리를 죽여) 정말이다. 내가 할 수만 있다면 널 몰래 싸서 꺼내어 한양으로 데려가 주고 싶다.

춘　향　정말 나를 위해 그렇게 생각했어?

방　자　물론이다. 누가 거짓말할 것 같으냐?

춘　향　그럼 내 부탁 들어줄 거지.

방　자　부탁? (주저하다가) 응 들어줄게. 들어서 좋은 일이라면 들어준다. 듣는 것쯤은 아무 것도 아니야.

향　단　부탁을 들어줄 거냐고 묻는 거야.

방　자　부탁을 듣다니, 무엇을. (교활한 얼굴로) 그것이 내가 할 수 있는 일이라면.

옥　리　아아, 이래 뵈도 남자니까. 걱정하지 말고 말해봐. 응, 그렇지?

방　자　(잘난 척하며) 아아 그렇고 말고. 이래뵈도 남자니까 말이지.

춘　향　방자야. 정말 부탁이야. 은혜는 꼭 갚을게. 이 편지를 전해주지 않겠느냐?

방　자　편지를? (의심스러운 얼굴로 받아든다)

춘　향　한양에 한달음에 달려갔다 와 줘.

방　자　(놀라서) 한양에? 노 농담하지마. (편지를 격자 안에 넣으려고 한다)

옥　리　너도 바보구나.

방　자　왜? (돌아본다)

옥　리　그것을 가지고 서울에 가봐라. 노잣돈은 물론이고 산해진미를 대접받고 거기다 상금까지 내리실 것이 아니냐? 너는 요즘 끼니도 걱정하고 있을 텐데. 한달음에 달려 갔다 와라. 그러면 도련님이 와서 춘향이는 출감하고 그렇게 되면 너는 황금 침상에 구르는 것이 아니냐.

방　자　(넋을 잃고 있다가) 그것도 그렇네. 나도 오랫동안 모신 도련님이지. 얼마나 훌륭하게 성인이 되어 있을까 생각하면 견딜 수 없을 때도 있다. 그래. 갔다 오마. 내가 돌아올 때를 기대하면서 기다리고 있거라. 어디 (편지를 가슴 속에 감추고) 지금 곧 출발한다. (모두 웃으면서 사라

진다)

춘 향　(격자에 기대어, 뒤를 바라본다)

향 단　방자야. 진짜 부탁해. (뒤를 따라간다)

　　　막.

제 5 막
암행어사

제 1 장

때

　　　늦은 봄 어느날

장소

　　　황학정 근처

인물

　　　몽룡
　　　역졸갑, 대장1, 하졸 6, 7인
　　　역졸을, 대장1. 하졸 6, 7인
　　　역졸병, 대장1, 하졸 6, 7인

배경

　　　무대 중앙에 산신당의 소당이 있고 부근은 송림이 우거진 구릉인데 기
　　　복이 심하다. 당 앞의 무대 위에 몽룡, 복장은 늠름하고, 풍채는 엄숙하
　　　다. 당 앞의 넓은 땅에 3렬 종대로 선 역졸을 향하여 서서 훈시를 한다.

몽 룡　이제부터는 각각 복장을 변장하고 행동을 은밀히 해야 한다. 변장은
　　　상인, 농민, 혹은 부랑자로 하고 각자 생각대로 변장하여 수령, 부사들
　　　에게는 물론이고 일반 백성들에게도 절대 들키는 일이 없도록 주의하

라.

역졸일동 예. (가볍게 머리를 숙인다)

몽 룡 가령 어떤 일을 당하더라도 감정에 치우쳐 각자의 본분을 잊은 행동을 하지 말라. 또 절대 신분을 밝혀서는 안된다.

역졸일동 예.

몽 룡 각자의 정체 은폐에 최선을 다하되 탐색하는 데 있어서는 민첩하고 정확하게 활동하도록.

역졸일동 예.

몽 룡 아무리 작은 일이라도 흘려 듣지 말고 잘못보지 않도록 해야 한다.

역졸일동 예.

몽 룡 탐색의 목표는 각 군의 수령, 사또들의 악정과 선정에 중점을 두는 것으로 한다.

역졸일동 예.

몽 룡 관을 탐내는 자. 복창한다.

역졸일동 관을 탐내는 자.

몽 룡 인민을 학대하는 자.

역졸일동 인민을 학대하는 자.

몽 룡 공금과 나라의 곡식을 투식하는 자.

역졸일동 공금과 나라의 곡식을 투식하는 자.

몽 룡 알겠나. 지방관리들이 이와 같은 악정을 펼치는 것을 주로 하여 각자 탐색에 들어간다.

역졸일동 예.

몽 룡 일반 백성 중에도 불충불효를 하는 자. 노인을 존경하지 않는 자. 살인하고 은폐한 자. 남편 있는 여자가 간통한 자. 주색에 빠진 자. 복창해봐라.

역졸갑 (대장 하졸 모두) 불충불효.

몽 룡 그리고.

역졸을 살인자와 간통한 자.

몽 룡 응, 그리고.

역졸갑 주색에 빠진 자.

몽 룡 응. 그런 자도 하나하나 조사하도록 노력해라.

역졸일동 예.

몽 룡 그럼 각자의 행로를 지시한다. 너희들은 (역졸 갑에게) 지금부터 익산,

태인, 정읍, 흥덕, 장성, 광주를 거쳐 남평, 화순, 창평, 옥과를 돌아서, 이 달 십오일 정오에 남원군 광한루에 집합한다. 복창.

역졸갑 예. 익산에서 장성, 광주 일대, 남평, 창평, 옥과 일대.

몽 룡 그리고 너희들은 (역졸 을에게) 임파, 김제, 부안, 함평, 나주, 보성을 거쳐, 약안, 순천, 좌수영, 구례, 곡성을 돌아, 같은 이 달 십오일 정오에 광한루 앞에 집합.

역졸을 임파, 부안, 함평, 나주 일대부터 순천, 좌수영, 곡성지방 일대.

몽 룡 응. 너희들은 (역졸 병에게) 전주, 용담, 금산, 장수, 담양 방면에서 운봉을 돌아 이 달 십오일 정오, 광한루로.

역졸병 예. 전주, 금산, 장수지방, 담양, 운봉 일대.

몽 룡 응, 모두 됐느냐?

역졸일동 예.

몽 룡 집합일시를 잊지 않도록.

역졸일동 이 달 십오일 정오, 남원, 광한루.

몽 룡 아. 그럼 지금부터 출발. 정청3)탐색에 있어서는 한 점의 사심을 품어서는 안 된다. 선서한다.

역졸일동 예. (한 척 남짓한 둥근 곤봉을 오른손으로 높이 올리고 동시에) 서약!

막.

제 2 장

때

전장보다 몇일 후, 초여름.

장소

남원군내의 한 농촌.

인물

몽룡
선비 갑,을

---

3) 정청(政廳) : 정무(政務)를 보는 관청.

농민 갑, 을
농민 1, 2, 3, 4
승려
방자

모내기 후 일주일 무렵의 논에 느티나무. 나무 아래에 쉼터. 주위 일면은 파란 벼가 심어진 논 뿐. 먼 곳에 산악. 하얀 옷을 입은 농민의 모습. 강둑의 버드나무.
농민 갑과 을, 농구를 들고 좌우측에서 등장.

농민갑 암행어사가 온다던데 들었는가?

농민을 그렇다지. 지난 달 장날 들었는데, 대단한 위세라더군. 역졸이 오백 명이나 된대.

농민갑 뭐? 역졸이 오백 명. 와아, 대단한 위세군.

농민을 응, 이 호남 일대에는 암행어사와 역졸이 구석구석까지 숨어들어 있대.

농민갑 그러면 뭐야. 암행어사한테 걸려서 혼이 난 사또나 수령들도 꽤 나오겠군.

농민을 그래. 거참 고소하다. 그건 그렇다 치고 이 남원군에는 뭐하느라 아직 들어오지 않는 거지?

농민갑 쉿. 거기 어디 숨어있을지도 몰라.

농민을 설마. 만약 숨어 있다 해도 우리와 무슨 상관이야? 매일매일 지네처럼 일하고 학대받고만 있는 우리들 아닌가? 악정 악정하지만 남원사또처럼 나쁜 사또는 없을 테니까.

부랑자로 변장한 몽룡이 왼쪽에서 등장하여 농민의 이야기에 귀를 기울인다. 농민들 이야기하면서 나무 아래에 앉아 담뱃대에 담배를 넣어 피우기 시작한다.

농민갑 아. 너희 집이지. 친척 중에 검거된 사람이 있다던데 자네는 아직 괜찮은가?

농민을 아아. 어디서 들었나. 실은 그 일 때문에 밤에 한숨도 못 자고 걱정하고 있네. 친척이라고는 하지만 내 종형의 어머니의 종재이니 나와는 생판 남이잖아. 하지만 남원사또한테 걸리면 이웃도 친척이 되어 버리니 말일세.

몽 룡 아, 여보시오. 남원사또가 어떻게 됐습니까?

농민을 뭐요? (수상하다는 듯이) 당신 왜 그런 것을 묻는 거요? 남원사또와 무슨 관계라도 되오? (초소의 빛이 떠오른다)

몽 룡 아니 아무것도 안되오. 그냥 물어본 것 뿐이오.

농민갑 하하하. 당신 꼴을 보아하니 일꾼은 아닌데 암행어사라도 되오?

몽 룡 헤헤헤. 설마.

농민을 어이, (갑에게) 조심해. 이런 자라도 암행어사 수하가 아니라고는 못하니까.

농민갑 손이 하얀 것을 보면 영락한 양반일지도 모르겠군.

농민을 어이. (몽룡에게) 당신, 그런 꼴로도 양반 노릇 해보고 싶소?

몽 룡 아니 당치도 않소. 어떻게든 밥이라도 먹을 수 있으면 그걸로 족하오.

농민갑 하하하하. 불쌍하게도. 어때요? 지금 우리들 이야기 들었소? 그것을 사또에게 밀고하면 되오. 상금을 받을 수 있다오.

농민을 쉿.

농민갑 뭐? 이런 칠득이가 그런 일을 할 수 있을 것 같아. 응, 어이, (몽룡에게) 이 사람의 종형의 어머니…… 알겠어? 이 사람의 종형의 어머니의 종제가 말이지 지금 옥에 갇혀 있는데, 일족 모두가 검거되어서 모두 벌금을 내게 되었다네. 그러니까 이 사람도 (농민 을을 가리키며) 친척인 것이 알려지면 바로 검거되어 재산은 몰수…….

농민을 거짓말. 거짓말야. 내 경우가 아니야.

몽 룡 예? 여기 사또는 그렇게 무법한 짓을 합니까?

농민갑 무법? 홍. 여기 사또는 무법이 유법이고, 유법이 무법이지. 하하하하. 아아, 우리들이 사실을 말하면 웃을 기력도 없을 거요.

농민을 (불안해하며) 어이, 돌아가세. 가자구. 이 녀석 어쩌면 사또의 첩자일지도 몰라. 어이, (몽룡에게) 지금 한 말은 농담이네. 알았지? 농담이니까 잊어버려. (일어서면서 농민 갑을 데리고 왼쪽으로 사라진다)

　　몽룡, 나무 아래에 들어가 앉는다.
　　선비 갑과 을, 왼쪽에서 등장.

선비갑 아 저기가 좋겠군. 이렇게 더워서야 걸어다니지도 못하겠군. 가슴에 바람이라도 좀 넣고 가지 않겠습니까?

선비을 이제 슬슬 여름인가요? (몽룡을 보고) 여봐라, 여봐라, 거기 비켜. 우리들이 앉아야겠다.

몽 룡 (자리를 양보하면서) 당신들은 어디에서 오십니까?

선비갑 뭐? 홍, 부랑자 주제에 우리들에게 말을 걸려 하다니. 어이, 더 멀리 떨어져라. 냄새가 나서 못 견디겠구나.

몽 룡 담배를 조금만 나눠 주시오.

선비을 이상한 놈과 함께 있게 생겼군. (담배를 뭉쳐서) 자, 담뱃대는 있는가?

몽 룡 예, 여기. (허리에서 꺼낸다. 담배를 채워 넣으며) 남원성내에 가십니까?

선비을 잘 알고 있구나. 너 도 성 안에 가느냐?

몽 룡 아니, 나는 그렇다 할 목적지가 없네.

선비갑 이봐 말을 공손히 하지 못하겠느냐? 양반한테 무슨 무례한 말버릇이냐.

몽 룡 뭐, 나도 원래는 양반이다.

선비갑 홍. 그런 꼴을 하고. (웃음을 터뜨리면서) 너는 거렁뱅이 양반이겠지.

선비을 아니 그런 놈과 말을 맙시다. 우리들이 궁핍한 것이 죄요. 가마라도 탔으면 이런 놈과 같이 가지 않아도 될테니 말이오.

선비갑 사또의 초대를 받아도 이런 모양이라면 좀 그렇죠? 하하하하.

선비을 하하하하. 아니 어떻게든 벼슬을 하여 빨리 돈을 벌고 싶군요.

몽 룡 벼슬을 하면 돈을 법니까?

선비을 (농담 반으로) 아아, 벌고말고. 간단히 말하면 여기 사또를 봐라. 단 몇 년 만에 만금을 모았다지 않느냐.

몽 룡 예? 만금이나. 대체 어떻게 모은 거지요?

선비을 뭐? (당황하여) 그런 것은 몰라, 아마 선정을 베풀어서 백성들이 보답으로 가져왔겠지.

몽 룡 여기 사또가 그렇게 좋은 사람입니까?

선비갑 (기분이 나빠져서) 아이, 그런 건 난 모르네. (선비 을에게) 빨리 출발할까요?

선비을 (담배를 채우다 그만두고) 그럴까요. 그럼 출발합시다.

몽 룡 (담배를 피우면서 침착하게) 나도 같이 가볼까.

선비을 아아, 싫네. 자네와 동행할 수는 없어. 우리들은 다음 역에서 말을 빌릴거네.

몽 룡 말을 빌려 어디로 갑니까?

선비갑 (귀찮은 듯이) 우리들은 사또 초대로 가는 것이라고 하지 않았느냐? 내일 사또의 생일 축하 연회가 있어서 거기에 초대받았다.

몽 룡 아 그렇습니까? 그럼 나도 내일은 연회에 가야겠군요.

선비갑 을 (픽 웃고 오른쪽으로 가면서) 아아, 좋고말고. 그럼 내일, 연회장에서. (간다)

　　몽룡, 앉아서 담배를 피운다.
　　오른쪽에서 농민 1과 2, 등장.

농민 2 이대로는 정말 살 수가 없군. 우리 집에는 쌀 다섯 말과 소고기를 준비하라고 왔어.

농민 1 나는 과일이네.

농민 2 이맘 때 쌀이 남아 있을 리가 없지 않은가? 오늘 밤까지 상납하라는데, 농기구라도 팔아서 사야 된다네.

농민 1 사또의 생일이라고는 하지만 그것은 사령들이 구실을 만든 것이고, 분명 사령들이 제멋대로 명령하고 다니는 것이 틀림없어.

농민 2 그럴지도 몰라. 사또가 그런데 아랫사람이 선할 리 없지.

　　농민 1, 2, 몽룡의 옆에 앉는다. 담배를 피운다. 농민 3, 4 등장.

농민 3 아 거기 있었나? 모두들 관가에서 무슨 말 하지 않던가?

농민 4 사또의 생일 선물을 지참하라고 하더군.

농민 1 그래. 지금 그것을 얘기하고 있던 참이네. 큰일이야.

농　민 긁어 모을 방법이 없으니 이번에는 선물이라는군.

　　농민 3과 4 앉는다.

농민 3 이웃 군에서는 관가의 창고를 열고 백성들에게 나누어주고 있다지 않는가.

농민 1 응. 암행어사가 왔으니 말이네. 그렇게 해서 선정을 한 것처럼 보이려는 것이겠지.

농민 2 그렇다 해도 갑자기 효행심이 생기나. 사또의 공덕비도 여기저기에 세우는데 모두 암행어사의 눈을 속일 속셈이지.

농민 4 본 군 사또도 지금 공덕비를 세운다고 올지도 모르지. 그렇게 되면 또 우리가 돈을 내겠지.

농민 3 아아, 살기 싫은 세상으로 변했군. 암행어사는 대체 어디에서 무엇을 하고 있는 거야. 올 거면 빨리 와서 사또와 이방들의 머리에 곤장을 비오듯 휘둘러주면 좋을 텐데.

농민 4 만약 그렇게 되면 내 위장병이 나을 텐데 말이야.

농민 1 하하하. 왜 또 위장병이.

농민 4 유음(위산과다증)이 한꺼번에 내려갈 테니까.

농민1,2 하하하하. 야 정말.

농민 3 그렇다 처도 춘향이는 정말 불쌍하지 않나?

몽 룡 예? 춘 춘향이가?

농민1,2,3,4, (놀라서) 오오.

농민 3 아아 놀래라.

몽 룡 춘향이가 어떻게 됐느냐?

농민 1 당신이 춘향이와 무슨 관계라도 있는가?

몽 룡 아니, 아무것도 아니다.

농민 1 춘향이를 아는가?

몽 룡 소문만 들었다.

농민 1 홍. 당신도 그런가. 춘향이의 아름다운 용모는 이런 거렁뱅이까지 들어 본 것 같군.

몽 룡 춘향이 이야기를 빨리 들려주지 않겠나?

농민 3 허. 웃기네.

몽 룡 어서 들려줘.

농민 3 들어서 뭐 하려구?

몽 룡 그냥 듣고 싶은 것이다.

농민 3 춘향이가 요 몇 년 간 옥살이를 하는 것은 들었는가?

몽 룡 아니 그것도 처음이다.

농민 3 후우. 그럼 들려주지. 춘향이는 말이지, 먼저 사또의 도련님과 연인사이였다네.

몽 룡 그것은 알고 있다.

농민 3 뭐야 알고 있었나. 그럼 그만 하겠네.

몽 룡 아니 그 다음에 어떻게 되었는지 들려주게.

농민 3 헤어졌네. 도련님이란 자가 한양으로 가서 춘향이는 버림받았지. 하지만 춘향이는 한 번 부부언약을 한 이상 어떤 일이 있어도 정절을 지키겠다고 하여 신관사또가 아무리 괴롭히고 책망해도 완강하게 몸을 허락하지 않고 있다네. 단지 그것뿐.

몽 룡 그럼 춘향이는 지금은 옥에 있는가? (창백해진다)

농민 4 이놈, 이상하군. 얼굴색이 변했어. 너, 춘향이의 무엇이라도 되느냐?

몽 룡 아니 아무것도 아니다. 춘향이라는 것이 그렇게도 정절을 지켰더냐?

농민 2 물론이지. 목숨을 걸고 지키고 있다. 도련님은 그것을 알고 있는지 어떤지.

몽 룡 아마 몰랐겠지. 알면 놀라서 뛰어 왔겠지.

농민 2 그래. 우리도 하루라도 빨리 도련님이 구하러 오기만을 빌고 있네.

몽 룡 하지만 춘향이도 적당히 사또에게 몸을 허락했으면 좋을 텐데. 무슨 다른 욕심이 있는 것도 아닌데 말이야.

농민 2 (격분하여 일어나서) 뭐! 지금 뭐라고 했어. 한 번 더 말해봐. 이놈! (몽룡의 옷의 멱살을 잡고 친다)

몽 룡 여보시오. 왜 이런 난폭한 짓을 하시오.

농민 2 춘향이 욕을 하니까 그렇지.

몽 룡 아무도 욕하지······.

농민 1 그것이 욕이 아니고 뭐냐? 춘향이처럼 정조가 굳은 여자가 또 어디 있다고 그러느냐. 깨끗하고 티 하나 없는 춘향이에게 그런 말을 하는 놈은 살려두지 않겠다. (이 사람도 몽룡을 친다)

몽 룡 아니, 별로 나쁜 뜻이 있어서 한 말이 아니니 이것 놓아주시오.

농민 3 됐네, 됐어. (농민 1, 2를 위로하고 몽룡에게) 춘향이를 나쁘게 말하면 어디에서든 이런 꼴을 당한다.

농민 4 (농민 1에게) 저놈 그냥 거렁뱅이가 아닌 것 같은데 암행어사일지도 몰라.

농민 1 무슨 바보 같은 소리를 , 저런 것이······.

농민 4 아 돌아가는 게 좋겠어. 어이어이, 모두 돌아가자, 가자구. 언제까지 저런 놈한테 말려들 수 없으니······.

농민 3 그래. 빨리 일하러 가야지.

농민 2 (모두 함께 가면서) 어이, 암행어사를 만나면 춘향이 얘기 좀 전해주게.

　　　　모두, 나간다.

몽 룡 어떻게 지내고 있나 걱정했는데 그런 변을 당하고 있었나. 춘향아. (울기 시작한다) 불쌍하게도, 얼마나 험악한 꼴을 당한 거냐. 하루라도 빨리 과거시험에 급제하여 데리러 오려고 그것만 생각하고 일심전력으로 공부하느라 소식조차 주지 않고 있었는데 요 몇 년 간 네 신상에 그런 고난이 있었다는 것을 몰랐구나. 춘향아, 용서해 다오.

무대 뒤에서 목탁 소리가 들린다. 이어서 독경 소리.
노승이 나타난다. 몽룡. 눈물을 닦고 단정히 앉는다.

승　려　(목탁을 두드리면서) 나무아미타불나무서방정토극락세계이십육만억구천구백동명호대자대비나무아비타불석가여래미륵불관세음보살오백나한팔부신장지성발원해동조선전라좌도남원부 (무대 중앙에 나와 어조를 늦춘다) 봉죽면강선동거임자생, 성춘향.
몽　룡　(춘향이라는 소리에 놀라서 선다)
승　려　성춘향, 신액 불길하여, 옥중에 있고, 목숨도 얼마 남지 않았으니 동성거 이몽룡을 전라 감사나 암행어사로 점지하도록 소원성취.
몽　룡　여보시오, 스님.
승　려　나에게 볼 일이 있소?
몽　룡　예, 실례입니다만, 지금 대사의 경을 듣고 있자니 춘향이 이름이 있습니다만 춘향이는 아직 살아있습니까?
승　려　아아, 아직 살아있지만, 사람들의 소문으로는 이제 곧 참수된다 하니 정말 가련한 여자가 아닌가.
몽　룡　예. 그럼 죽었다는 말씀입니까? 아니 살아있습니다. 살아있어요.
승　려　글쎄- 나는 춘향이 에미에게 부탁받아 부처님께 소원성취를 기원하고 있는 것이오. 춘향이를 낳기 전에도 춘향이 에미는 내가 있는 절에서 기원한 적도 있어서 말이오. 이렇게 매일매일 길을 갈 때에도 잊지 않고 기원하고 있는데 이몽룡이가 하루라도 빨리 구하러 올 수 있기를 기원하는데 아아 불쌍해서. (눈두덩을 닦으면서 간다)
몽　룡　그런가. 춘향아, 부디 살아있어 주려므나……

방자, 오른 쪽에서 등장

방　자　아아, 여보시오.
몽　룡　(깜짝 놀라다가) 무슨 용무냐?
방　자　한양 가는 길은 이 길이 맞느냐?
몽　룡　그런 것 같다.
방　자　그런 것 같다니 애매한 소리를 하는 놈이군. 그런 심보로는 일생 빌어

먹을거다.

몽　룡　(안심하고) 한양에는 뭣하러 가느냐?

방　자　뭐? (경멸하며) 헷. 한양에 뭐하러 가든 네가 알 바 아니다.

몽　룡　한양이라면 내가 잘 알고 있어서 하는 말이다.

방　자　정말이냐?

몽　룡　정말이다. 누가 거짓말이라도 할 것 같으냐?

방　자　그럼, 삼청동의 이몽룡이라는 사람을 아느냐?

몽　룡　아아, 이몽룡. 전 사또댁 도령 말이지. 춘향이 편지라도 갖고 가느냐?

방　자　뭐? 이놈, 잘도 아는구나. 실은 그렇다.

몽　룡　그럼, 그 편지를 보여다오.

방　자　노 농담마라. (가려고 한다)

몽　룡　한양에 간들 이몽룡이는 만날 수 없다.

방　자　뭐? 왜냐?

몽　룡　이몽룡이는 이제 한양에는 없다.

방　자　없어? 그게 정말이냐? 큰일 났네.

몽　룡　그러니까 나에게 보여줘. 내가 이몽룡에게 전해주마.

방　자　바보 같은 소리 하지마라. 큰일 났네.

몽　룡　어디. (방자의 두건에 끼운 편지를 재빨리 뺀다)

방　자　아니, 이놈이.

몽　룡　기 기다려라. (한 손으로 제지하면서 봉투를 자른다) 읽을 때까지 기다려라.

방　자　질리는 놈이군. 봉투를 뜯었어? 그럼 어쩔 수 없군. 빨리 읽어라.

　　　　몽룡. 봉투를 뜯어 말아 놓은 긴 종이를 펼쳐가며 읽는데 차츰 울상이
　　　　되어 눈물을 떨어뜨린다.

방　자　아니. 울고 있네. (수상한 듯이 몽룡의 얼굴을 물끄러미 바라보다가) 다 당신은.

몽　룡　응, 나다. 잘 있었느냐?

방　자　아니 당신의 그 풍채는 대체.

몽　룡　응. 미안하다. 나는 그 후 우연히 유혹에 빠져 주색에 몸을 망치고 지금에 와서는 이 모양이다.

방　자　그래요? 나도 필시 그렇다고 생각하고 있었습니다.

몽　룡　춘향이는 죽은 것이 아니구나. 무사히 살아있겠지.

방　자　예? 춘향이 말입니까? (장난치듯이) 아니 이미 틀렸습니다요.

몽　룡　뭐? 틀렸어? 그럼 역시 죽었느냐? 설마 참수 당한 것은 아니겠지.

방　자　아니 어차피 안돼요. 나는 도중에 들었는데 내일이 사또의 생일이라 그 축하연회장에서 참수한답니다. 서울로 편지를 가지고 가본들 별 수 없다고 생각했지만 알리기라도 해야겠다고 생각해서.

몽　룡　내일, 참수하느냐?

방　자　그렇습니다.

몽　룡　(수심에 차서) 그랬느냐? 지금부터 가면 늦지 않겠지?

방　자　아니 이미 늦었습니다. 시간을 맞춘들 당신이 무엇을 할 수 있단 말입니까?

몽　룡　한 번이라도 좋으니 춘향이의 얼굴을 보고 싶다.

방　자　그만 두세요. 춘향이를 실망시킬 뿐이에요.

몽　룡　아니, 나는 춘향이를 만나지 않고는 있을 수 없다. 자 빨리 지름길을 안내해라.

방　자　(모멸스러운 표정으로) 하지만 당신의 그 다리로는 어차피 시간 안에 못 갑니다. 나도 여기까지 오는데 이틀이나 걸렸습니다. 그럼 나는 뛰어 갈 테니까, 쫓아오려면 쫓아오십시오.

　　　　막.

제 3 장

때

　　같은 날 밤

장소

　　감옥

인물

　　춘향, 몽룡, 방자, 어머니, 향단, 옥리

배경

달빛이 하얗고 옥리 한 명 옥사 앞을 왔다 갔다 한다. 죄인들의 신음 소리, 계속하여 들린다.

옥 리 여봐라, 조용히 못하겠느냐? (무대 오른쪽 뒤로 뛰어든다)

왼쪽에서 또 신음하는 소리.

옥 리 (달려와서) 조용히 못 해? 조용히 안 하면 끌어내어 치겠다.
죄인의소리 어이, 옥리, 이리 와서 봐라. 이래도 참으라는 거냐. 다리가 부러진 곳이 이렇게 부어올라서 아, 아, 아…….
옥 리 시끄러운 놈이군. 입을 두드려 패서 뭉개주마.

죄인들 떠든다.
발소리.

옥 리 자 왔다. 사령이다. 떠들고 싶으면 더 떠들어 봐.

죄인들, 조용히 잠잠해진다.
방자 나타난다.

방 자 아아, 피곤해.
옥 리 앗. 너는 방자 아니냐. 너 아직도 한양으로 출발하지 않았더냐?
방 자 갔다 왔다.
옥 리 바보 같으니 단 이틀 만에 갔다 왔다는 말이냐? 아아아, 네 거짓말에 는 정말 질린다.
방 자 뭐가 바보야. 나는 이래 뵈도 분명히 도련님을 만나고 왔다구. 한양에 간 거나 다름없잖아.
춘 향 (상반신을 보이며) 그것 정말이냐?
방 자 아 정말이고 말고. 누가 거짓말을 할 것 같냐?
춘 향 그런데 도련님은?
방 자 흥, 도련님 말인가. 춘향아 너도 참 불쌍하다.
춘 향 그럼 도련님 신상에 무슨 변고라도. (안절부절 못하며) 응, 부탁이니 빨리 말해다오.
방 자 아아아, 말하기도 괴롭다. 하지만 놀라지 마라. 도련님은 거지가 되어 있다. 부랑자 말이다. 백성들에게 밥을 받아먹는 것을 내가 봤다.

춘　향　도련님은 지금 어디에, 어디에 오고 계시느냐?

방　자　뒤따라 오겠지.

춘　향　뭐? 만나러 와 주시느냐? 아아, 꿈만 같구나. 하루라도 기다리지 않은 날이 없었는데. 그럼 부처님의 가호가 있었던 거야.

방　자　그렇게 기쁘냐. 부랑자를 만나서 뭣 하려고. 만나봐라. 얼굴이 완전히 다른 사람이니까. 나도 처음에는 몰랐을 정도니까. 내가 한양에는 어떻게 가냐고 길을 물었는데, 상대가 이몽룡을 아니까 편지를 달라는 것이다. 혜 알고 있겠지, 자기 건 줄. 그렇다고는 하나 내 얼굴을 보고 부끄러웠는지 얼굴은 시종 가리고 있었지만 말이야. 하지만 그렇게 더러운 눈에서 눈물을 폭포처럼 흘리는 것을 보고는 놀랐다.

춘　향　그럼, 도련님이 우셨느냐.

방　자　아아, 무념의 눈물인지 참회의 눈물인지 모르지만 아니 불쌍한 모습을 하고 있었다. 나는 함께 걷는 것조차, 남이 볼까 창피해서 혼자 먼저 뛰어 돌아왔다. 그러니까 너도 이제 다 잊어버려라. 내일은 어차피 참수당할 텐데 체념하고 가거라.

춘　향　도련님은 오늘 밤 와 주시겠지?

방　자　글쎄. 나는 오늘 점심때 좀 지나서 만났는데 동행하는 것이 창피해서 뛰어 왔지만 그런 굶주린 몸으로는 오늘 밤까지는 올 수 없을 것이다. 그런 꼴을 하고 있어도 만나고 싶으냐?

춘　향　못 만나고 죽으면 혼령도 떠날 수 없을 것이다.

방　자　아아. 훌륭해 너는. (말하면서 간다)

어머니와 등롱을 들고 향단이 나타난다. 몽룡이 그 뒤에 있다.

옥　리　누구냐? 아아 자넨가? 이런 밤중에 무슨 일인가?

어머니　갑자기 한양 거지가 찾아온지라.

옥　리　거지가? 아 몽룡이 말인가. 지금 방자가 이야기했네.

어머니　춘향아.

춘　향　예.

어머니　왔다, 애야.

춘　향　예?

어머니　이 뭐라고 하는 남자가 왔어.

226

춘 향 어머―, 도련님, 어디에 계세요. 도련님!

어머니 향단아, 불을 높이 들어 이 부랑자 거지에게 불쌍한 춘향이 모습을 보여 줘라.

       몽룡이 등에 비춰진다.

춘 향 아 도련님. 손을, 손을 넣어 주세요…….

몽 룡 (손을 잡고) 아아, 춘향아.

춘 향 도련님, 뵙고 싶었습니다.

몽 룡 오래 기다리게 해서 미안하다.

춘 향 소식만 기다렸는데.

몽 룡 미안하다 미안해.

춘 향 하지만 도련님은 드디어 만나러 와주셨군요. 정말로, 정말로 만나고 싶었어요.

몽 룡 나도 그렇다. 단지 나는 하루라도 빨리 과거에 급제하여 벼슬을 하면 그대를 아내로 맞이하고 싶어서 그것만 생각하고 있었다.

어머니 그것이 어쩌다 이런 꼴이 된 것이오.

몽 룡 (깜짝 놀라 제정신이 들어) 이제 와서 소용 없는 일이지만 도중에 마가 껴서 이렇게 되었다. (춘향에게) 필시 실망했겠구나.

춘 향 아니오, 도련님이야말로 모처럼 만나러 오셨는데 피곤하시지요?

몽 룡 무슨 그런 말이 있느냐? 이렇게 너를 괴롭게 하고 뭐라고 사죄해야 좋을지 모르겠다.

춘 향 어머 그런……. 저는 달이 둥글어질 때마다 도련님을 빨리 만나게 해주세요. 내 마음이 이대로 도련님께도 보이게 해주세요. 하고 마음 속으로 빌고 또 빌었습니다. 옥중의 어떤 괴로움도 호된 형벌도 도련님의 얼굴을 떠올리고 맹세한 말을 떠올리면서 견디고 있었습니다. 도련님은 반드시 훌륭하게 출세하셔서 나를 데리러 와 주신다. 나를 구해 주신다. 그리고 도련님과 둘이서 즐겁고 안락한 생활을 틀림없이 할 수 있다고 믿고 있었습니다. 아름다운 꿈에 취하고 즐거운 공상에 잠겨서 이 옥살이도 아름다운 궁전처럼 생각할 수 있었습니다. 전 몇 번이나 자살하려고 했는지 모릅니다. 이렇게 오랫동안 고통받으니 단숨에 자살하는 쪽이 오히려 더 편안할지 모르겠다고 생각했습니다. 하지만 도련님의 얼굴을 한 번이라도 좋으니 뵙고 싶었습니다. 도련님을 뵙지 않고는 죽을

래도 죽을 수 없었습니다. 저는 이제 죽어도 좋습니다. (어머니에게) 어머니, 멀리서 저를 만나러 와 주신 도련님을 잘 대접해 주세요. 둘이 처음 언약한 방에 불을 켜고 그 때 그 이불을 깔아 쉬시게 해 주세요
…….

어머니 그런 것은 벌써 옛날에 팔아치우고 집에는 아무 것도 없다. 저 자의 얼굴을 보는 것조차 싫어졌다. 어디든 멋대로 가면 돼.

춘 향 어머 어머니 그런…….

향 단 아가씨, 걱정하지 마세요. 제가 할 수 있는 한 할 테니까요.

춘 향 그래, 그럼 네게 부탁한다.

향 단 예.

춘 향 도련님! 부디 내일은 아침 일찍부터 옥문 밖에서 기다리다가 시체를 가져가라는 명령이 떨어지면 다른 사람 손이 오기 전에 제 시체를 거두어 제 방에 눕히고 땀에 절은 옷을 벗겨 지붕 위에 던지고, 깨끗한 옷을 입혀서 조용하고 깨끗한 곳에 깊이 묻어 주세요. 그러면 저는 아무 여한도 없습니다.

몽 룡 너무 앞서 생각하지 마라. 사람의 운명이다. 내일 어떻게 될지 모르지 않느냐. 죽는 것만은 생각하지 말아라.

옥 리 대강하고 돌아가 주시오. 겉문을 잠글 시간이오.

몽 룡 아, 간다. (춘향에게) 하지만 앞서 생각하지 말아라. 사람의 일이다. 내일 어떤 운명이 될지 모르니까 말이다.

춘 향 아니오, 이미 뻔한 일입니다. 지금 와서 어떻게 변할 것도 아닙니다.

몽 룡 (자신에게) 아아, 난처하네.

춘 향 죽기 전에 만날 수 있었던 것만으로도 만족합니다. 그럼 도련님, 빨리 돌아가세요. 밤기운은 몸에 해롭습니다.

몽 룡 하지만 춘향아 혹시 자살하는 일은 없겠지? 아무튼 내일 점심 때까지 상황을 보고 있거라.

춘 향 그건 또 왜요?

몽 룡 한 번 더 너의 얼굴을 보고 싶어서다. 나에게 한 번 더 얼굴을 보여주고 죽어라.

춘 향 예. 그럼, 내일은 꼭 나와 주세요.

몽 룡 응, 오마. 반드시 올 테니까 나를 기다려주렴. 꼭이다.

춘 향 끌려 나가기 전에 와 주세요.

몽 룡 응, 꼭 오마. (떨어진다)

춘 향 도련님 손을.
몽 룡 (괴로운 듯이) 아아, 불쌍하게.

　　　　야경의 소리.

옥 리 아아 이제 돌아가세요. 겉문 잠그고 나도 자야 해요.
향 단 갑시다. 사령에게 발각되기 전에.
몽 룡 그럼, 내일.
춘 향 예.

　　　　몽룡, 두 세 걸음 떨어진다.

춘 향 도련님. (손을 찾는다)
몽 룡 오오. (다가간다)
춘 향 오랜 세월 동안 사모했었는데……. (운다)
몽 룡 (얼굴을 숙이고) 춘향아, 원망해라, 저주해라.
춘 향 도련님!
몽 룡 왜 그러느냐. (손을 잡는다)
춘 향 한 마디라도 좋으니 말씀해주세요.
몽 룡 하마. 무슨 말이든 하마.
춘 향 제게 ‘부인’하고 불러주세요.
몽 룡 오오 하고말고. 그대 아닌 누구에게 부인이라고 부르겠느냐. 춘향아.
　　　　부인.
춘 향 예. 도련님. (눈물에 목이 메어) 아아, 나는 이렇게 즐겁고 이렇게나 기
　　　　쁩니다.
몽 룡 고맙다. 나는 이 세상의 남자 중에서 가장 행복한 남자다.
옥 리 아 여보시오. 물러가세요. 시간 다 됐어요.
몽 룡 응, 가마, 가. (떨어진다) 그럼, 춘향아, 내일.
춘 향 도련님, 내일은 꼭 오세요. 꼭 꼭 오세요.
몽 룡 응 오고말고. 오고말고. 꼭 온다.
옥 리 자 빨리 가세요.

　　　　몽룡, 밀쳐내진다.

춘 향　도련님. 꼭, 꼭 와 주세요. 기다리겠습니다.

　　　　막.

제 6 막

대단원

때

　　다음 날

장소

　　관가

인물

　　사또, 춘향, 몽룡, 어머니, 향단, 방자
　　그 외 손님, 운봉, 이방, 호방, 통인, 기생, 사령, 역졸.

배경

　　제3막의 관가를 객석에 가깝게 끌어온 무대 중앙의 2칸은 주연회장, 좌
　　우의 방에도 손님이 있는 기척. 무대 뒤에 회랑이 있어서 기생 등이 출
　　입한다.
　　막이 열리면 사또, 손님들과 각각 음식상을 마주하고 기생들은 술을 따
　　르고 다닌다.

사　또　아니, 바쁜데 와 주셔서 감사합니다. 아무것도 준비를 못해서 죄송합니
　　　　다만 술이라도 나누시지요.
손님 1　축하합니다. 진수성찬 아닙니까. 게다가 매우 아름다운 기생들이 있어서
　　　　무엇보다 진수성찬입니다.
손님 3　그래요 그래. 정말 본 군처럼 이렇게 아름다운 기생만 모여 있으면 우
　　　　리들은 자기 현으로 돌아가기가 싫어집니다. 하, 하, 하.

사 또 아니 뭐. 귀 현도 상당히 아름다운 미인이 많은 곳입니다.

손님 2 그런데, 본 군의 농사는 어떻습니까? 오면서 보니 모내기는 매우 순조 롭게 되어가는 것 같던데요.

사 또 예, 어떻게 9부 정도 된 듯 싶소.

손님 1 백성의 농사가 잘 되어 주지 않으면 우리 수입이 타격이니 말입니다.

사 또 그래요, 그래.

손님 4 운봉 영장은 아직 보이지 않는 것 같은데요.

사 또 그렇군요. 제일 먼저 달려 왔을 터인데 무슨 다른 일이라도 있는 걸까 요? (소리 높여) 여봐라, 누구 없느냐?

통 인 (왼쪽 방에서 나타나) 예, 부르셨습니까?

사 또 응, 운봉 영장이 아직 안 보이시는지 보고 오너라.

통 인 예, 알겠습니다. (뛰어 나간다)

사 또 아 잠깐, 그 방 손님은 모두 오셨느냐?

통 인 예, 전부 오셨습니다.

사 또 그래? 그 방 쪽에도 각각 지방 양반들이다. 실수 없도록 해라. 나는 여 기 높은 손님들을 대접할 테니 다른 손님들은 너희들이 접대해라.

통 인 예. 실수 없도록 주의 하겠습니다.

사 또 응 그리고, 이 쪽 (오른쪽을 가리키면서) 손님들의 접대는 누구와 누구 냐?

통 인 이방과 호방입니다.

사 또 음, 그래? 기생들도 실수 없도록 아주 주의해라.

통 인 예.

사 또 이제 가도 좋다.

통 인 예. (간다)

사 또 (기생들에게) 너희들도 한 곳에 앉아만 있지 말고 밥상이라도 대신 날 라와라.

기생 1 예. (서서 무대 위 회랑으로 나갔다가 술 등을 가지고 들어온다)

밖에 나팔 소리, 말의 울음소리.
"운봉 영장 도착!" 하는 소리

통 인 (서둘러 나타나) 운봉 영장, 오셨습니다.

사 또 아, 그래? (일어선다)

운　봉　(나타나, 사또들이 일어서는 것을 제지하며) 야아, 이거 이거 늦어서
　　　　죄송합니다. 자 그대로 앉아 계세요.
사　또　자 이 쪽으로 오시죠. 아까부터 여러분들이 학수고대하고 있습니다. 운
　　　　봉 영장이 안계시면 자리에 홍이 나지 않는다면서요. 하하하.
운　봉　그것 황송합니다. (자리에 앉으면서 약식 인사로) 여러분 모두들 오래만
　　　　입니다. 별고 없으셨죠?
다른손님　(각각 인사를 나눈다)
사　또　그럼 지각한 벌로 한 잔.(잔을 내민다)
운　봉　야 이런 이런. (잔을 받는다)
손님 1　운봉, 나도 한 잔 갑시다.
손님 4　나도 갑니다. 늦으면 세 잔이라고 하지 않습니까.
운　봉　야아, 마시기야 얼마든지 마십니다만 그 전에 여러분에게 묻고 싶은 것
　　　　이 있습니다. (모두 조용해진다) 다름이 아니라, 이 호남지방에 암행어
　　　　사가 왔다는 소문을 못 들었습니까?
손님 1　너무 평온 무사하니까, 오히려 그런 소문이 도는 것입니다.
운　봉　아니 그렇게 안심하고 있을 수 없습니다. 지금도 여기에 들어올 때 문
　　　　앞에서 백성들이 그 이야기를 하고 있었습니다.
손님 2　내가 들어 올 때도 잔뜩 모여 있었습니다만.
사　또　아니오, 아니야. 걱정할 것 없어요. 그놈들은 오늘 잔치한다는 소리를
　　　　듣고 국물이나 돌아오지 않을까 하고 온 것입니다.

　　　　기생들, 손님 1과 4의 잔을 손님 5에게 나르고 다시 원래대로 되돌린다.
　　　　그때 오른쪽 방에서 소동이 일어난다.

사령의소리　안돼, 들어가면 안돼. 너 같은 자가 들어올 곳이 아니야.
소　리　아니, 나는 들어가도 된다. 나도 양반이다.
사령의소리　안 된다면 안 된다.
소　리　아니, 들어가겠다. 나는 시골 양반과 같은 대우는 딱 질색이다. (사람
　　　　들의 손을 뿌리치고 뛰어 들어간다)

　　　　너덜너덜한 옷과 갓을 걸친 몽룡이다.

몽　룡　야아, 이것 실례. 어느 분이 본 군의 부사요? (손님 1에게) 당신이오?
손님 1　아니, 아니다. 여기 계신 분이다.

몽 룡   아, 그렇습니까. (사또에게) 이런 이런 정말 축하합니다. 덕분에 맛있는 음식을 잔뜩 먹었습니다. (손님4의 밥상에 손을 내민다)

손님 4   더럽다, 누구 없느냐?

사 또   누가 와서 이놈을 끌어내어라.

이방들   예, (몽룡의 소매를 끈다) 이봐, 이봐. 나가, 나가.

몽 룡   싫다. 뭐라고 해도 나는 여기에 있을테다. (손님 4의 밥상에 들러붙는다) (소동은 커지기만 한다)

운 봉   이봐 이봐 이방, 잠깐 기다려라. 이 자가 모습은 부랑자이지만 얼굴을 보니 이목구비가 수려하고 태생은 천하지 않은 것 같다. 그쪽에 놓아주는 게 좋을 것 같다.

이 방   예. (물러간다)

몽 룡   당신은 말이 통하는 군. (손님 5의 상에 손을 내민다)

운 봉   (웃으며 기생에게) 어이, 넌 안에 들어가 이 분의 상을 차려 오지 않겠느냐.

기 생   예. (간다)

사 또   이건 정말 흥을 깨는 것도 분수가 있지. 요즘은 거지가 많아서 참을 수가 없다니까.

손님 2   사또네도 그렇습니까? 우리도 요즘은 갑자기 거지가 늘어서 곤란해하고 있습니다.

사 또   늘어난 것은 거지와 가난한 백성뿐입니다. 세금도 내지 않는 놈들 뿐이지요.

손님 3   그래요, 그래.

기생 1   (상을 가지고 온다)

사 또   아아, 더 구석 쪽으로, 구석으로.

몽 룡   아니 나는 여기가 좋다. (자리의 중앙에 상을 놓는다)

손님 2   그런데 여러분, 만일 만일 말입니다. 암행어사가 호남에 들어 왔다면 어쩌시겠습니까?

손님 3   아아, 그 일이라면 나는 이미 선처해 두었습니다.

손님 2   어떻게 말씀입니까?

손님 3   나는 우선 세금을 줄여서 백성을 즐겁게 해두었습니다. 악정 선정해도 결국은 백성의 입을 통해 새어 나가는 말 이외에 조사할 방법은 없으니 말이죠. 하하하.

손님 1   그래요, 그래. 나는 창고의 곡류를 궁핍한 백성들에게 나누어 주었는데, 공덕비를 세워주었습니다.

손님 3 아아, 그것 좋은 생각입니다.

손님 1 옥살이를 하는 죄인들도 풀어주었더니 모두들 기뻐하더군요. 뭐, 암행어사의 소문이 틀리면 또 원래대로 되돌리면 되니까요. 하하하.

사　또 이야, 여러분의 세세한 처치에는 감탄하겠군요. 나는 전부터 하나 교묘한 방책을 생각해 두었는데요.

손님 3 그게 무엇입니까?

사　또 암행어사가 온 것을 알면 바로 이 쪽에서 융숭히 대접하고 선물이라도 줄 생각입니다. 그도 결국은 사람입니다. 돈에 넘어가지 않는 사람은 없으니까요. 하하하.

일　동 (웃는다)

운　봉 아아, 그런 것을 큰소리로 말하다니 그만두시오. 어떻게 해서 어사의 귀에 들어가지 않는다고는 할 수 없으니까요.

사　또 아니, 운봉 영장이나 되는 사람이 왜 그렇게 벌벌 떠세요. 가령 어사가 이 자리에 있다한들 겁낼 필요 없습니다. 뭐, 교묘한 말로 조종하면 되지요. 불과 며칠 사이에 넓은 군내의 정황을 어떻게 다 조사합니까? 만일 비행이 밝혀져도 그럴 듯한 변명으로 항변하면 그걸로 되는 것 아닙니까.

손님 3 명언 명언. 어사도 우리와 같은 사람입니다. 우리보다 지혜가 있는 것도 아니고…….

손님들 (일제히) 하하하하.

몽　룡 (소리 높여) 이런 것을 먹으라는 거냐? 에잇, 뼈만 있고 살은 붙어 있지도 않질 않느냐. 이것 너 한 번 먹어봐라. (기생 입에 소 뼈를 넣는다)

기생 1 어머. 아이 더러워. (화가 나서 일어나 가려고 한다)

몽　룡 어디 가는 거냐. 따르지 않으면 술을 마실 수 없지 않느냐?

기생 1 더러워. 놓아주세요. (치마 자락을 잡아당긴다)

사　또 시끄러운 미치광이군. (종을 울리고) 누구 이놈을 끌어내라.

사령들 (나온다) 예.

운　봉 아니 기다려라, 그것보다, 오늘은 무언가 특별한 구경거리가 있다고 하던데.

사　또 그렇습니다. 춘향인데요, 오늘이야말로 여러분 앞에 끌어내어 참수해 보이려고 생각합니다.

손님 3 응, 그것 재미있겠군. 기생으로 태어나 정절이네 뭐네 한다는 이야기인

234

데 처음부터 꼴사납다고 생각하고 있었어요.

손님 4 여자의 상대인 약혼자라고 하는 자는 무슨 소식이라도 있습니까?

사 또 있을 리 없지요. 소문으로는 거지가 되었다고도 하고……

손님들 하하하하.

손님 3 이런 어리석은 여자를 봤나, 하하하.

기생 1 정말이에요. 기생 몸으로 무슨 정절이다 정조다 하니 말입니다.

몽 룡 (분연히) 아 불쾌하다. 이런 맛없는 것만 먹게 하고 에에잇. (상을 뒤 집는다)

기생 1 어머 난폭하게.

몽 룡 (소매에 술을 묻혀서 좌중에 뿌리면서) 정말 예의를 모르는 곳이다.

손님 3 흥을 깨는 것도 정도가 있지. (손님 2와 사또에게 속삭인 후) 어떻습니 까? 여러분 지금부터 모두 시를 짓지 않겠습니까? 작시할 수 없는 자 는 자리를 뜨기로 하면 어떨까요?

사 또 그것 재미 있겠군요. 그럼 빨리 합시다. 에에, 제서⁴⁾는 기름 지에 높을 고, 이 두 글자로 합시다.

손님 3 이것 좋은 제서다.

손님 4 저 분도 양반이라고 하는데 물론 시도 짓겠지요? (기생에게) 필묵을 저 분에게 드리고 한 소절 받아 오너라.

손님 3 그게 좋겠다, 그게 좋겠어.

　　　몽룡이 붓을 잡자 일동 와하고 웃는다.

몽 룡 나에게 시를 지으라면 그것은 무리한 주문이다 (말하면서 무언가 써서 살짝 운봉에게 건네고) 아, 안되겠다. 나는 쫓겨나는 거요? (자리를 일 어나 간다)

손님 3 어떻습니까? 제 묘안이.

손님 4 정말 묘안이었습니다.

손님 1 (가는 것을 바라보며) 아아, 겨우 개운해졌습니다. 저런 것이 있으면 술맛도 없어져요.

손님 3 정말 좋은 생각이셨습니다. 더 빨리 생각했으면 좋았을 텐데.

운 봉 (몽룡이 남기고 간 시를 꺼내어 훑어보는 사이에 안색이 변한다)

사 또 무언가 쓰고 갔습니까?

---

4) 제서(題書) : 제자(題字)

운　봉　이것 보세요! (덜덜 떨면서 건넨다)

사　또　(소리를 내어 시를 읽는다)
　　　　금잔에 아름다운 술은 천 명의 피
　　　　옥쟁반에 맛있는 안주는 농민의 기름
　　　　홀로 눈물 흘릴 때 백성 또한 눈물 흘리고
　　　　노래 소리 높은 곳에 원성 높다.
　　　　(읽으면서 그의 얼굴도 점점 질리고 좌중이 조용해진다)

사　또　(혼잣말로) - 노랫소리 높은 곳에 원성 높다 - 음. 요즘 민심을 동요
　　　　시키던 불량한 무리가 틀림없다. 오이, 지금 여기에서 나간 거지를 끌
　　　　고 오너라!

사령들　예. (간다)

운　봉　(일어서면서) 본관! 정말 실례입니다만 볼 일이 좀 있어서 먼저 일어나
　　　　겠습니다.

사　또　예, 왜요? 이제부터 춘향이를 참수할 텐데.

운　봉　아니 급한 일이라, 꼭 가야 해서. 여러분 그럼 먼저 실례하겠습니다.

손님 2　나도 실례하겠습니다. 하다만 공사가 있어서 -

손님 4　(일어나려고 한다)

사　또　당신은 왜 그래?

손님 4　납세 미납자가 있어서 좀.

사　또　당신은 또 왜?

손님 1　나는 …… 나는…… 대부인이 유산을 해서…….

사　또　대부인이 유산을? 하지만 대부인 연세가 어떻게 되는데요?

손님 1　예, 금년 89세입니다.

사　또　 89세에 유산이 되었다?

손님 1　 아니 이것 죄송합니다. 유행성 감기라고 말하려는 것이 그만 마음이
　　　　조급해져서 말을 잘못했습니다. 아무튼 실례! (간다)

기생들도 그 밖의 사람들도 불안해져서 구석 쪽에 움츠리고 있다.

사　또　(격노하여) 종일 기쁨을 나누려고 생각했는데 모두 도망가다니 뭐냐!
　　　　내 연회를 엉망으로 만들 생각이냐! (서 있던 자들 무서워하며 자리에
　　　　앉는다) 갈 사람은 가라고 해! 우리들은 잔을 씻고 술을 따르며 즐거움
　　　　을 계속 즐기세! 어이, 춘향이를 죽일 준비가 되었으면 여기로 끌고 와

라!

사령들　예. (퇴장)

사 또　자 술을 가져와라! 따라라!

　　밖에서 소란스러운 소리가 들린다. 춘향을 끌어 오려고 갔던 사령들 도 망쳐 온다.

사령 1　아룁니다! 큰일 났습니다.

사령 2　큰 일 났습니다!

사 또　무슨 일이냐! 무엇이 큰일이냐!

사령1,2　암행어사 출둡니다.

　　동시에 "암행어사출두야! 출두!" 하는 소리가 벽력같이 들리고 이어서 대문을 부수는 소리, 사람들이 달아나는 소리.

사 또　(낭패라는 듯이) 뭐? 어 어사? 어사야? 누구 없느냐? 빨리 문을 닫아라! 아아 문을 닫아라.

　　사방에서 파란 곤봉을 든 역졸들 우르르 밀어닥친다.

역졸들　암행어사 출두야!

　　모두 낭패라는 듯 더러는 이불을 뒤집어쓰고, 더러는 그릇을 안고 달아난다. 역졸들 좇아 들어온다.
　　어수선해진 무대, 얼마 동안 공허해지고 기분 나쁜 정적.
　　통인과 급창들 나타나고 장내를 정리한다.
　　이방, 호방들 나타나 엎드려 기다린다. 역졸 몇 명이 나타나 좌우에 정립.

역졸 1　암행어사 납신다.

이방들　예예. (엎드린다)

　　사이.

몽 룡　(무대 안에서 늠름한 성장 차림으로 나온다) 관리는 모두 모였느냐?

이방들　예예.

몽　　롱　음. 너희들이 악관의 앞잡이가 되어 백성을 괴롭힌 것을 생각하면 그 죄
　　　　　는 만 번 죽어 마땅하나, 선관대에는 일을 잘했던 자들이므로 특별히
　　　　　풀어준다.

이방들　예. 감사합니다.

몽　　롱　재고 목록을 가져오너라. (자리에 앉는다)

이　　방　예. (서류를 봉정한다)

몽　　롱　이 물건들은 대개 무고한 백성들로부터 징수한 것이렸다?

이　　방　예, 말씀대로입니다.

몽　　롱　그렇지 않으면 국고에 넣었을 테지.

이　　방　예. (떤다)

몽　　롱　다시 한 번 조사해서 백성에게 돌려주어야 할 것은 반환하고 나머지는
　　　　　국고에 넣도록 해라.

이　　방　예, 틀림없이 처리하겠습니다.

몽　　롱　형리는 있는가?

형　　리　예.

몽　　롱　입건된 죄인은 몇 명이냐?

형　　리　(수를 세지 않고, 주저주저한다) 아니, 아니, 그, 저,……

몽　　롱　수감중인 죄인의 수도 모르느냐? 죄인 명부를 가져와라!

호　　방　예. (명부를 올린다)

몽　　롱　이것도 모두 대부분 무고한 죄인이겠지.

호　　방　예. 송구합니다.

몽　　롱　죄의 경중을 논하지 말고 즉각 풀어주도록 전하라. 그리고 부사들은
　　　　　엄중히 감금하고 국령이 내릴 때까지 기다리도록 하라.

호　　방　예.

몽　　롱　그럼 내려가도 좋다.

호·이방　예. (물러난다)

몽　　롱　통인.

통　　인　예.

몽　　롱　옥중에 춘향이라 하는 죄인이 있지.

통　　인　예, 입건중입니다.

몽　　롱　칼을 벗기고 여기로 데려오너라.

통　　인　예. (간다)

사이.

방자의소리 (왼쪽에서) 그 도련님이 암행어사라니. (나타난다)
방　자 (몽룡을 올려다보고) 와아, 도련님 (뛰어 오려고 한다) 역시 그렇네. 내 눈이 틀림없다니까.
역　졸 이봐 이봐. (곤봉으로 막으며 밖으로 끌어낸다)

춘향, 통인에게 인도되어 나타난다. 안색이 창백하고 엎드린 듯 구부정한 자세로 걸을 힘조차 없다.

형　리 성춘향을 데려 왔습니다.
몽　룡 (그 처참한 모습을 보고 흥분한 얼굴을 큰 부채로 가리고) 그 자의 죄상은 무엇이냐?
형　리 예. 춘향이는 기생 주제에 관의 명령에 따르지 않고 더구나 관가를 소란스럽게 한 죄입니다.
몽　룡 (짐짓 목소리를 높여) 춘향아, 들었느냐?
춘　향 ……
형　리 춘향아, 대답하여라!
춘　향 ……
몽　룡 춘향아! 왜 대답하지 않느냐!
역　졸 (머리를 땅에 댄 채 대답하지 않은 춘향을 만져보고) 죽은 것 같습니다.
몽　룡 죽어!?
형　리 자살한 것은 아니겠지요?
몽　룡 (무심코 단을 두 세단 뛰어 내려가) 춘향아! 춘향아!

몽룡의 이성을 잃은 모습에 모두 놀라 수군거린다.

몽　룡 (이것을 알아차리고 멈춰서서) 춘향아! 정신을 차려라.
춘　향 (정신이 들어, 얼굴을 들어 주위를 둘러보며) 어머니!……. 어머니!……. 아아 그 분은 왜 와 주시지 않는 걸까요!……. 왜 와 주시지 않는 걸까요! 어제 저녁에 그토록 약속했으면서 왜 와 주시지 않는 걸까요! ……. 나는 어제 저녁 그 분을 만났다, 오랫동안 사모하던 얼굴도 보고 손도 만져보고 그리고 그 분의 입에서 '부인'하고 부드럽게 부르는 소리도 들었다. 그걸로 된 거야. 이제 죽어도 여한은 없다.

몽　롱　(무의식 중에 울먹이며) 춘향아, 내 얼굴을 봐라. 나를 봐라.

춘　향　오랫동안 어두운 감옥에 있어서 제 눈은 침침해졌습니다.

몽　롱　그럼 내 목소리를 들은 기억은 없느냐?

춘　향　예. 그 분의 목소리를 꼭 닮았습니다. 어젯밤의 그 분은 어사님과 똑같은 목소리로……

몽　롱　춘향아, 너는 오랫동안 매일매일 이 자리에 앉은 자에게 학대받았기 때문에 내 목소리조차 두려워하고 싫어하는 것처럼 보이게 되었구나. (통인에게) 이것을 춘향이에게 갖다 주고 오너라. (반지를 건넨다)

　　　춘향, 통인에게 반지를 받고 놀라 얼굴을 든다.

춘　향　그럼 당신은? (일어나려다 쓰러진다)

몽　롱　알겠느냐? 나다. (참지 못하고 뛰어 내려가 춘향을 끌어안고 위에 앉은 채 운다) 용서해다오. 필시 나를 잔혹한 남자라고 생각했겠구나. 하지만 암행어사란 그 사명을 다할 때까지는 부모나 아내에게도 결코 정체를 밝혀서는 안 되는 것이다.

춘　향　(운다)

몽　롱　춘향아, 내가 바보였다. 나는 매일매일 과거시험에 합격할 것만 생각하여 서실에만 틀어박혀서 그대에게 소식조차 전하지 않았다. 과거에 급제하여 아아, 이것으로 춘향이를 자유롭게 아내로 맞을 수 있다고 처음으로 안심했을 때는 이미 4년이라는 세월이 지나 있었다. 과거에는 장원급제했다. 내 마음은 이미 궁중에는 없었다. 마음은 멀리 달아나 남쪽 하늘의 구름과 산을 뛰어 넘어 남원으로 오고 있었다. 춘향아! 어젯밤 나의 그런 모습을 보았을 때는 필시 실망했겠구나.

춘　향　아닙니다. 다만 다만 기뻐서 기뻐서 다른 것은 아무것도 생각하지 않았습니다. 이것으로 나의 주검이 당신 손에 안길 수 있다고 생각하여 매우 기뻤습니다.

몽　롱　나를 위해 이렇게 오랫동안……

춘　향　아닙니다. 도련님이야말로 오랫동안 저만을 생각해주셔서 얼마나 기쁜지 모릅니다.

　　　방자, 춘향의 어머니, 향단이 왼쪽에서 역졸들과 말씨름을 하면서 등장.

방　자　이 분은 어사님의 장모다. 춘향이의 어머니가 오셨다고 그렇게 아뢰라.

역　졸　이봐, 이봐. 허락이 날 때까지 여기서 기다려라.

방　자　뭐, 역졸 주제에 잘난 척 하지 마라. 나는 이래뵈도 어사님의 방자단 말이다.

몽　룡　무슨 일이냐?

역　졸　예. 춘향의 어머니와 그 종이…….

방　자　아니야. 나는 어사님의 종이다.

몽　룡　괜찮다 들여보내라.

방　자　(뛰어와서 춘향의 어머니에게) 그것 보세요. 내 말대로지요. 나는 처음부터 도련님은 보통 분이 아니다 분명 훌륭해질 분이라고 했지요.

어머니　(향단과 함께 복도에 엎드려) 어사님, 어젯밤의 무례한 행동은 부디 용서해 주십시오. 이 늙은 것이 나이를 너무 먹어 망령이 난 것이라 어사님을 거지라고 잘못 보고…….

방　자　(같이 엎드려) 아니, 그런 무례한 말을 했어요. 사죄하세요.

어머니　(방자에게) 넌 잠자코 있거라. (몽룡에게) 방에 모시고 진지라도 올리고 싶다는 생각은 했습니다만, 정말 무례한 행동을 했습니다. 부디…….

몽　룡　아니, 어젯밤 일은 이미 잊었다. 하지만 어젯밤 그대의 집을 찾아가서 그렇게 처참하게 흙담은 무너지고 벽이 찢어져 있는 것을 보았을 때는 그대들의 괴로운 정황을 알 수 있을 것 같았다. 그것도 모두 내 탓이라고 생각하면 괴로워 견딜 수 없었다. 하지만 지금까지 용케도 나를 감싸주었구나.

어머니　부끄럽습니다.

몽　룡　향단아, 너에게도 폐를 끼쳤구나.

향　단　도련님, 축하드립니다. 저도 정말 기쁩니다.

방　자　이제 도련님이 아니야. 어사님이라고 불러야지.

몽　룡　방자야!

방　자　예.

몽　룡　어제는 정말 고생했다. 도중에 나를 따돌리고 혼자서 뛰어 간 뒤 나는 한참 동안 길을 헤맸다.

방　자　예? 그 그런 것이 아닙니다. 한시라도 빨리 어사님을 만났다는 것을 춘향이에게 아니 춘향 아씨께 고하고 싶어서 뛰어온 것입니다. 어째서 이 놈이 어사님과 동행하는 것을 꺼린다고 생각하십니까?

몽　룡　하하하하. 타고난 성격은 시간이 아무리 지나도 변하지 않는 듯이 보이는구나.

방 자   예. 그렇습니다.

몽 룡   아니 모두들 그런 곳에 있지 말고 올라오너라. 아 그래 향단아.

향 단   예.

몽 룡   너는 춘향이와 어머니를 모시고 빨리 집에 돌아가 아가씨의 약을 준비
　　　　하거라. (어머니에게) 자 그대도 춘향이와 집에 돌아가 모녀가 함께 오
　　　　랜만에 일가 단란한 이야기라도 하고 있으시오. 나는 잔무를 처리하고
　　　　뒤에 가겠오.

어머니   예, 그럼 향단아.

　　　　향단과 함께 춘향을 도와 무대 안의 회랑으로 나간다.

몽 룡   (춘향에게) 나는 뒤에 가겠다.

춘 향   예. 정말 곧 와 주시는 겁니까?

몽 룡   응, 가고말고. 곧 가마. (감개무량하여 가는 것을 바라본다)

　　　　통인등, 춘향의 뒤를 따른다.
　　　　방자, 넋을 잃고 춘향의 뒷모습을 바라본다.

　　　　조용히 막.

후기

[1] 춘향전

1. 원작에 대하여

　〈춘향전〉은 조선 고전예술 중 가장 인기 있는 작품인데 원작은 다음의 세 종류로 나눌 수 있다.

1. 읽을거리로서의 〈춘향전〉
2. 창극으로서의 〈춘향전〉
3. 가요로서의 〈춘향전〉

(1)은 춘향전의 이야기를 줄거리 형식으로 구성한 것이고, 〈산수광한루〉, 〈고본춘향전〉, 〈옥중화〉 등 수십 종의 아류가 있다.

(2)는 일본의 기다유5)식으로 이것이야말로 춘향전의 원작이 되는데 가수에 따라 조금씩 표현을 달리 하고 있다.

(3)은 (2)중에서 한 장만을 독립시킨 것으로 〈오리정 이별〉, 〈동풍가〉 등이 그 예이다.

　이와 같이 〈춘향전〉은 다른 고전문학처럼 일정한 정본이 없고 따라서 원작자도 불명이며 읽을 거리나 고전 창극으로서 남아 있는 특수한 형식의 고전물이다.

　다음으로 원작의 유래를 두 세 가지 적어 원작자와 원작 모두 밝혀지지 않았음에도 불구하고 〈춘향전〉이 조선 고전예술 중 대표작으로 꼽히는 이유를 밝힌다.

2. 원작의 유래

　원작에 대해서 모든 문헌 중 다음과 같은 믿을만한 설이 있다.

(1) 이시발이라는 사람의 실제담이다.

(2) 옛 남원 (조선 전라도)에 '춘향'이라 하는 처녀가 있었는데 어디에도 비교할 수 없는 추한 용모였기 때문에 아무도 그녀를 아내로 맞이하지

---

5) 이야기를 노래하여 읊음.

않자 마침내 자살하기에 이른다. 그런데 사후에도 혼귀가 되어 그 후에는 그 지역에 부임해온 부사가 모두 죽으므로 어떤 작가가 '춘향'을 절세미인으로 꾸며 이 <춘향전>을 지었더니 그 후 부사는 무사했다는 전설이 있다.

(3) 남원의 양진사가 과거에 급제했는데 귀환 도중 행렬에 딸린 음악대에게 지불할 보수가 없어, 그 대신에 가창을 만들어 준 것이 <춘향가>고본이고 이것을 다시 백 이십 년 정도 전에 고폐군의 신재효라는 사람이 윤색 부연한 것이 오늘날의 창극 <춘향가>이다.

(4) 옛날, 노전이란 사람의 숙부가 선천부사로서 재임 중 선천에서 놀다 어린 기생과 친해졌다. 일단 헤어졌지만 후일 노전이 관서 어사가 되어 어린 기생과 서로 만나 해로했다. 이 이야기가 노전의 고향 남원에 전해져 미담으로서 사람들의 입으로 회자되던 중 어떤 문인이 이것을 소설화하여 뒤에 후인들의 손으로 증보된 것이다.

이 중 (4)가 가장 진상에 가깝지 않은가 하고 필자는 생각한다. 이처럼 <춘향전>은 어떤 한 사람의 작가에 의해서 창작된 것이 아니라 많은 사람의 손에 의해 이루어진 것을 알 수 있는데 무리하여 원작자를 찾는다고 하면 그것은 다름아닌 조선민족 전체라고 생각한다. 그만큼 이 <춘향전>속에는 조선인의 마음이 깃들어 있다고도 할 수 있다.

3. 졸작희곡 <춘향전>에 대해서

원작의 재미는 다른 방면, 풍속 묘사나 서민 계급의 해학과 특권 계급에 대한 조롱과 풍자에도 있고 이것을 일본어로 옮기기 위해서는 소설보다도 희곡 쪽이 적당하다고 생각했는데 그것은 각종 원본이 모두 창극의 대본풍으로 구성되어 있다는 점과 극적 요소가 풍부하기 때문이다.

그러나 원작에 있는 가사조나 한시조의 문장을 직역하여 번역한 것은 도저히 원작의 재미를 옮길 수 없었기 때문이며, 내용도 단순하고 너무 소박하여 문학적 가치도 희박하기 때문이다. 일년 가까이 원작의 줄거리나 분위기만을 필자의 머리 속에서 주무르는 사이 마침내 시대와 인물의 줄기만 잡고 다른 것은 필자 자신의 감각으로 살을 붙여 근대문학적 요

소도 상당히 포함되도록 했다. 예를 들면 제 3막에 죄인이 나온다든지 어사와 역졸의 장을 넣는다든지 그 외 창작적인 궁리를 한 것이다.

[2] 심청전

　<심청전>도 <춘향전>처럼 원작자 불명이다. 오늘날 유포되고 있는 것은 원래 전주판(완판본), 경판본이라고 불리는 목판에 의거한 활자본이다. 그리고 가요로서 창극으로서 사람의 입으로 회자되고 있는 점 등이 완전히 <춘향전>의 경우와 같고 조선 고전문학의 쌍벽을 이루는 연유이다. 다만 <춘향전>과 다른 점은 <춘향전>이 대부분 무대에 올려서 감상하는데 비해 이것은 보다 더 가정적인 읽을거리라는 것이 특징이다. 그것은 <춘향전>이 정절을 구가하는 데 반해 이것은 '효행'에 중심 테마를 둔 것과 이야기의 구성이 볼 만하고 <춘향전>과 같은 육감적인 곳은 없다. 또 용궁이 나오며 영혼의 세계가 나오기도 하고 자못 동화적이기 때문에 특히 부녀자, 아이들의 읽을 거리로 적합하다.

　그리고 이 <심청전>은 불교 사상에 의하지 않고 또 <춘향전> 만큼의 사회묘사는 부족함에도 불구하고 당시 조선 서민의 생활 형태나 인생관 등이 여실히 그려져 있는 점과 심청의 아버지의 후처가 빚어내는 부분의 일종의 유모어에 의해 역시 근대적 감각을 풍부하게 지닌 문학작품이라고 말할 수 있다고 생각한다.

　이것도 희곡으로 하면 더 광범위한 묘사를 할 수 있겠다고 생각하였지만 용궁의 장면 등은 라디오 드라마풍으로 하면 더 효과가 있지 않을까 생각하던 차에 마침 AK로부터 의뢰를 받게 되어 이러한 형식을 띠게 되었다.

　후에 따로 희곡으로 써서 양 쪽을 비교한 뒤에 그 어느 쪽을 버리려고 생각하고 있다.

소화16년6) 1월말
작가 기록하다.

---

6) 서기 1941년.

광산의 밤

▷ 서지사항 : 1막,《국민문학》1944년 11월호 게재, 송태욱 번역
▷ 특기사항 : 이동 위문 연극단을 위한 공연 대본

인물

어머니 (54-5세)
길돌 (25세, □□)
만돌 (15세 □□학교 고등과 학동)
순이 (21세, 석탄광산의 선탄□)
金村 (24세, 길돌의 친구, 내지의 군수공장에 근무 중)
이웃집 아주머니

곳

조선 서쪽 지방의 탄광 구내에 있는 광원 주택 정면에서 오른쪽으로 주
방, 그것에 이어져 온돌방이 두 칸이 있고, 그 다음이 변소와 일자로 나
란히 있다. 온돌과 변소 쪽에는 툇마루가 달려 있다. 변소와 좀 떨어진
왼쪽에는 공동 수조(水槽)가 있고, 툇마루에는 약간 더러운 세탁물이 높
이 쌓여 있다. 툇마루 밑의 멍석에는 빨간 고추가 널려 있다.
오른쪽 방 장지문이 열려 있으며 전등 밑에서는 어머니가 노안경을 쓰
고 바느질을 하고 있다. 저녁을 마친 초저녁이다.

때

초가을

아주머니 (무대를 향해 왼쪽에서 등장) 어머, 아주머니 이제 완전히 나았어요?
　　　　바느질 같은 걸 하다니요.
어머니 어서 오세요. 오늘은 기분이 좋아서 바느질이라도 좀 해볼까 하고.
아주머니 그래도 좋네요. 결혼식도 아주 가까워 왔는데, 아주머니가 병이 들어
　　　　누워 계신다는 얘기를 듣고, 분녀 어머니가 많이 걱정하는 것 같아요.
　　　　저한테 살짝 들여다보라는 부탁을 해서, 오늘 아침 이렇게 온 거예요.
어머니 저도 그게 걱정이 되어 누워 있을 수가 있어야지요. 얼마간이라도 중
　　　　요한 준비를 해놓지 않으면 안 되는데, 앞으로 열흘밖에 남지 않았잖아
　　　　요. 제 정신이 아니에요.
아주머니 그래도 아주머니, 무리하지 않는 게 좋아요. 무리하다가 바로 결혼식
　　　　직전에 몸져눕기라도 한다면 큰일이잖아요.
어머니 아니, 이제 괜찮아요. 지금까지 딸이 아침에 일어나 밥을 하고 광산으
　　　　로 갔거든요. 밤에 지쳐 돌아와서는 또 아침 일찍 일어나는 게 참 불
　　　　쌍해요. 딸은 말리지만 오늘 아침부터는 제가 밥을 했어요. 이제 완전
　　　　히 나았어요.

아주머니 남자 쪽이야 별로 준비할 게 없지만, 여자 쪽은 아주 힘든 것 같아요, 아주머니. 옷이랑 이불 준비하라 해서, 분녀 어머니는 눈코 뜰 새 없이 바쁘다고 했어요.

어머니 우리 쪽은 가난하고, 게다가 요즘 시대의 추세지요. 전 분녀 어머님한 테 몇 번이나 이야기했어요. 아무 것도 하지 말고 그저 입던 옷만 입고 간단하게 식을 올리자고요. 그렇게 말했는데도, 곤란한 사람이네요, 그 렇게 바쁘다니, 뭘 그렇게 하는 걸까요.

아주머니 아니에요, 아주머니. 그렇게 걱정하지 않아도 돼요. 호호호호. 그건 제 얘기예요. 요즘 세상에 누가 그렇게 결혼식을 거창하게 할 수 있겠 어요. 아니, 무엇보다 아주머니가 완전히 나으셔서 다행이에요.

어머니 정말 우리 집에서는 아무 것도 하지 않아요. 아들도 간단히, 간단히 하 라는 말만 하니까요. 정말 창피해요.

아주머니 아주머니, 그건 상관없어요. (집안을 둘러보면서) 훌륭한 일을 하고 계시네요. 모두 어디로 갔나요? 순이도 돌아오지 않았네요.

어머니 예, 벌써 돌아올 때가 지났는데, 어디 들렀다 오려나 보지요.

아주머니 순이도 치워야 되고, 아주머니도 참 바쁘겠어요.

어머니 아니에요. 이제 정말 점점 큰일이에요.

아주머니 그리고 저, 아주머니, 金村이 돌아왔어요. 알고 계셨어요?

어머니 金村이라면…….

아주머니 거, 아주머니, 옆 마을의 金村壽成이요. 내지의 공장으로 갔던 壽成 말이에요.

어머니 아, 아 그 壽成이가 돌아왔어요? 전 전혀 몰랐어요. 언제 돌아왔대요?

아주머니 그제 돌아왔나 봐요. 하지만 곧 돌아간대요. 어머니가 병이 들어서 요. 마을에서는 칭찬이 자자해요. 저금을 몇 천 원 했대나, 논밭을 샀대 나, 모두들 부러워해요. 하지만 옷차림은 조금도 변하지 않았대요. 화려 한 양복 한 벌 입지 않고, 예전처럼 점잖대요.

어머니 그 애는 원래 성실해서.

아주머니 그래서 말인데요, 아주머니 그건, 저 소문을 들었는데요, 이번에 돌 아온 김에 순이와 결혼해서 데리고 같이 간다고 하네요. 아주머니 길돌 이한테서 아무 말도 듣지 못 했나요?

어머니 그런 얘긴 전혀 못 들었는데요? 순이와의 이야기는 그 전부터 쭉 있었 어요. 하지만

아 들 길돌이 결혼식도 있고 해서, 또 금세 순이의 결혼식을 올린다는 건, 그

건 아무래도 좀 —.

아주머니 그러게요. 그건 무리겠지요. (만돌, 돌아온다)

만 돌 엄마, 다녀왔어요. 아, 아주머니, 오셨어요?

어머니 저녁도 안 먹고 어디 갔다 온 거냐?

만 돌 아까 엄마한테 말했잖아요. 학교에서 강연회가 있으니까 오늘은 일요일이지만 선생님이 출석하라고 했다고 —. 군인들이 와서 육군소년항공병 이야기를 했어요.

어머니 빨리 들어와 밥 먹어라.

(만돌, 올라가 밥상을 마루로 가지고 나와 먹기 시작한다)

만 돌 군인 이야기, 재미있었어요. (사이) 그래도 엄마, 정말 바느질 같은 것 해도 괜찮아요?

아주머니 호호호호. 만돌인 정말 효자구나. 우리 애들은 내가 몸져누워 있어도 모르는 척만 하는데.

어머니 이제 뒤치다꺼리하는 것도 정말 힘들어요.

아주머니 그럼 분녀 어머니한테는, 아주머니는 말끔히 나으셔서 날을 연기할 염려 같은 건 없다고 말해 둘게요. 그리고 내친김에, 그렇게 눈이 핑핑 돌 정도로 바쁘게 준비하지 마시라고, 아주머니가 그렇게 말했다고 얘기해 둘게요. 호호호호.

어머니 아니, 그런 건. 아주머니.

아주머니 호호호. 괜찮아요. 그럼 안녕히 계세요.

어머니 정말 고마워요. 그럼 조심해서 가세요.

(아주머니, 퇴장)

만 돌 형은 아직 안 왔어?

어머니 응, 정오가 못 돼서 면사무소에 간다고 나갔는데.

만 돌 정말 늦네.

어머니 왜, 너, 형한테 무슨 할 얘기라도 있는 거냐?

만 돌 아니, 형이 오늘까지 대답을 해준다고 했거든.

어머니 대답이라니, 무슨 대답? 또 무슨 곤란한 부탁이라도 해서 형을 곤란하게 한 거 아니냐?

만 돌 아니야, 엄마. 난, 소년항공병이 될 거야.

어머니 뭐? 너, 뭐가 된다고?

만 돌 소년항공병. 비행기 타는 군인이 될 거야.

어머니 비행기를 타는 군인! 바보 같이. 너, 그 말 정말이냐?

만 돌 정말인걸. 난, 비행기 타고 미영(美英) 놈들을 때려잡을 거야.

어머니 바보 같은 소리. 너 같은 겁쟁이가 무슨 비행기 타는 군인이 된다고. 학교 졸업하면 얌전히 광산에 가서 형이랑 같이 일이나 해.

만 돌 싫어. 석탄 광부 같은 건 싫어. 난 꼭 군인이 될 거란 말야.

어머니 대체 누가 너한테 그런 말을 한 거냐.

만 돌 학교 선생님도 가라, 가라고 말씀하시고, 난 혼자서 가기로 결정했어. 엄마한테는 아직 말하지 않았지만, 난 일주일이나 전부터 형한테 가게 해달라고 부탁했거든.

어머니 그래서 형이 뭐라 그랬는데?

만 돌 혼날 줄 알았는데 의외로 형은 잠자코 듣기만 했어.

어머니 잠자코 있었다니, 너, 니가 너무 무모한 말을 하니까 그렇지.

만 돌 아니, 아니야. 잘 상의해서 결정해주겠다고 했어. 오늘 면사무소나 학교에 간다고 말했는데.

어머니 형은 널 보내지 않을 게 뻔해. 막내인 널 군대에 보내다니, 그게 될 법이나 하는 소리야. 너, 생각해봐라. 아버지는 니가 여덟 살 때 돌아가셨고, 형이 열심히 일해서 이제야 먹고 살 만하지 않느냔 말야. 누나도 이제 나이가 찼고, 언제 시집갈지 모르잖아. 니가 빨리 커서 형을 도와야지 않겠어? 그런데 넌 스무 살도 안 됐는데 군대에 간다고, 어처구니없구나. 도대체 누가 널 꼬신 거야.

만 돌 그건, 엄마, 엄마가 잘못 안 거야. 아무도 나를 꼬시거나 하지는 않았어. 내가 생각한 거야. 이번 전쟁에서는 비행기가 가장 중요해. 이제 미영 놈들은 비행기를 타고 자꾸 쳐들어 올 거야. 우리 나라도 비행기를 많이 만들고, 그리고 비행기를 타는 군인이 많이 나와서 미영 놈들을 해치워야 해. 우리는 선생님한테서 매일 아침 조회 때마다 그 이야기를 듣고 모두 항공병이 되겠다고 하고 있어. 난, 무슨 일이 있어도 소년항공병이 될 거야.

(순이, 검은 몸뻬를 입고 작은 보자기를 옆구리에 끼고 돌아온다)

순 이   만돌아, 왜 그렇게 큰 소리로 시끄럽게 구는 거야. 엄마, 몸도 아픈데 바느질 같은 거 하지마, 엄마. 좀 가만히 누워 있어.

어머니   아니, 괜찮다. 오늘은 늦었구나.

순 이   돌아오다가 친구 집에 잠깐 들렀어. 그리고 만돌아, 저녁 다 먹었으면, 내일이 월요일이니까 숙제라도 빨리 해.

만 돌   엄마, 누나, 돌아올 때 친구 집에 들렀다는 건, 순 거짓말이야. 내가 학교에서 올 때 보니까, 물레방앗간 앞에서 金村 씨하고 뭔가 얘기하고 있던데.

순 이   어머, 정말 만돌아. 너, 무슨 말을 하는 거야. 엄마, 물레방앗간 앞에서 우연히 金村 씨를 만났는데 인사만 하고 돌아온 거야.

만 돌   아니야, 거짓말. 내가 도중에 쭉 보고 있었어. 金村 씨하고 상당히 오랫동안 이야기하고 있었어.

어머니   조용히 있어봐. 만돌아!

순 이   만돌아, 정말 왜 그래. 있지도 않은 일을 말하고.

만 돌   난, 아무 말도 하지 않았어. 친구가 누나하고 金村 씨가 이야기하고 있다고 해서 봤을 뿐이야. 그리고 엄마, 친구가 말야, 누나하고 金村 씨가 결혼할 거라고 하던데.

순 이   어머, 정말. 어디서 그런 말을. 만돌아, 정말.

어머니   호호호호 어머, 좋지 않니. 누가 그런 말을 했을까?

만 돌   복길이가 그렇게 말했어. 자기 엄마가 그렇게 말했다고 떠들고 다닌다니까. 그 자식, 이런저런 말을 하니까, 내가 닥치라고 때려줬어.

순 이   복길이 어머니는 왜 그런 말을 퍼뜨리지. 아아, 속상해. 정말 분해.

어머니   이런저런 이야기라니, 무슨 말이야? 말해 보렴, 호호호.

만 돌   복길이 엄마, 아까 엄마랑 이야기했잖아, 그때 아무 말 없었어?

순 이   엄마, 복길이 엄마 왔었어? 와서 무슨 말을 했어?

어머니   아무 말도. 네 얘기는 안 했어.

만 돌   누나 얘기하지 않았어?

순 이   만돌아, 뭐라고 했어? 응, 뭐라고 했어, 말해봐.

만 돌   누나, 화내니까 싫어.

순 이   아, 분해. 나, 복길이 집에 가서 물어볼 거야.

    (나가려고 한다)

어머니 (당겨 앉히면서) 순이야, 조용히 하거라. 뭐, 그렇게 화내지 않아도 되
　　　　잖아. 자, 방에 들어가서 밥이나 먹어라.

　　　　(길돌, 조용히 등장. 뭔가 생각에 빠져 있으며 침울한 태도)

만 돌 아, 형.
어머니 길돌이니? 늦었구나. 자, 순이야 뚱해 있지만 말고 어서 오빠 저녁이나
　　　　차려줘라.
길 돌 아니, 그렇게 서두르지 않아도 돼. (동생과 여동생을 둘러보면서) 또, 무
　　　　슨 싸움했니……. (미소짓는다)
어머니 만돌이가 순이를 놀려서 한바탕 했단다.
길 돌 그래? 만돌이 너, 군대에 간다고 해놓고 누나랑 말싸움만 하고 있어서
　　　　야 되겠니.
어머니 만돌이가 너한테도 그렇게 말했니? 비행기 타는 군인이 된다고 그렇게
　　　　건방진 말을 했어?
길 돌 예. 말했어요. 어머니가 걱정하시니까 말하지 않았지만, 벌써 일주일
　　　　전부터 군대에 가게 해달라고 보챘어요.
어머니 그래서 어떻게 할 생각이냐? 설마 너, 저 아이를 군대에 보낼 생각은
　　　　아니지?
길 돌 음, 그 이야기는 나중에 엄마한테 천천히 말씀드릴게요. (만돌을 보고)
　　　　야, 만돌아, 金村 군이 구장님 집에 있다고 하니까, 너, 가서 내가 좀 보
　　　　자고 잠깐 와달라고 전해줄래.
만 돌 응. (나간다)
어머니 너, 金村이 돌아온 것, 알고 있었니?
길 돌 예, 알고 있었어요. 차분히 이야기하지는 못 했지만, 오늘 아침에도 잠
　　　　깐 만났어요.
어머니 아니, 실은, 아까 그 난리는 만돌이가 金村 일로 어쩌고 저쩌고 해서
　　　　말이야.
길 돌 金村 일이요?
어머니 그래. (순이를 힐끔 보고, 뭔가 말하려다가 그만둔다) 나는 이웃집 복
　　　　길이 엄마가 와서 金村에 관한 소문을 이야기하니까 알게 됐어.
길 돌 복길이 어머니는 뭘 하러 오셨어요?
어머니 분이네 집에서 내가 앓고 있다는 얘기를 듣고 좀 어떤가 보고 오라고

했나보더라.

길　돌　어떤지라니요, 뭐가 어떻다니요?

어머니　네 결혼식도 가까워졌고, 내가 병석에 누워있으면 어떻게 될까 해서 말이다. 분이 어머니가 아주 걱정하고 있나 보더라.

길　돌　―.

어머니　난, 말해두었다. 미루지는 않겠지만, 간단하게 할 테니까, 거창하게 하면 곤란하다고 말야. 복길이 엄마한테 말해두었다.

길　돌　결혼식, 어떻게 될까요?

어머니　너, 뭐라고?

길　돌　아니, 아무것도 아니에요.

　　　　사이.

어머니　그건 그렇고, 너는 정말 만돌이를 어떻게 할 생각이니?

길　돌　난, 그 아이 일로 여러 가지로 생각을 해봤고, 또 낮부터 학교 선생님이나 면사무소 사람에게 가서 상담도 해봤어요. 만돌이 놈, 상당히 진지해요. 나한테 자기 의견을 말할 때도 제법이고, 엄마는 아직 젖먹이 어린아이라고만 생각할지 모르지만, 절대 그렇진 않아요.

어머니　항상 꾸짖기만 하더니, 너, 오늘은 아주 칭찬만 하네.

길　돌　내가 꾸짖는 것도 더 착해지라는 뜻에서 꾸짖는 거예요. 뭐, 바보라고 해서 꾸짖는 게 아니에요.

어머니　그건 알고 있지만, 나는 세상일은 아무 것도 모르고. 정말 그 아이가 고등과까지 간 것도 다 니 덕분이라고 생각하고 있다.

길　돌　엄마, 무슨 말이에요? 난 공부도 잘 못했고, 적어도 그 아이만은 내가 아무리 고생을 하더라도 전문학교까지 제대로 졸업시키려고 생각했어요. 그런데 이제 와서 ―.

金　村　(등장) 길돌 군.

　　　　(순이, 당황해서 방의 장지문을 닫는다)

길　돌　야, 들어와.

金　村　아주머니, 金村입니다. 그제 돌아왔습니다. 편찮으시다면서요? 이제 다 나으셨어요?

어머니　그래, 어서 와라. (장지문을 열고) 순이야, 金村 씨가 오셨다, 나와서

254

인사해라.

(순이, 장지문을 열고 소녀처럼 꾸벅 인사를 하고는 다시 장지문을 닫는다)

길　돌　자네, 상당히 살이 쪘는걸.

金　村　그러게, 모두 마른다고들 하는데, 이상하게 나만 살이 쪄서 곤혹스러워.

길　돌　내지에서는 산업전사에게 많이 먹인다고 그러던데, 자네, 상당히 많이 먹은 모양이네.

金　村　소문으로는 이런저런 말들이 있는 것 같지만, 내가 있는 공장은 대우가 아주 좋아. 최전방의 병사에게 부끄러울 정도야. 많이 먹어서 살이 찐 건 아니지만, 요새는 이-삼년 전에 맞춘 양복이 작아서 아주 곤란하거든.

길　돌　그거 아주 재미있는 이야기로구만. 그리고 말이 늦었지만 부모님은 다들 잘 계신가?

金　村　아버지는 정정하시지만, 어머니가 중풍이셔.

어머니　어머니가 중풍이시라니, 그건 언제부터야, 나는 전혀 모르고 있었는데.

金　村　7월부터예요. 밤에 자기 전에 갑자기 의식을 잃고는 인사불성이 되었어요. 목숨만은 어떻게 건졌지만, 몸 왼쪽 부분은 움직일 수가 없어요. 계속해서 의사한테 보이기는 하지만 아무래도 안 될 것 같아요.

길　돌　그것 참 안 됐구나. 그럼 밥은 누가 하니?

金　村　아버지가 짓거나 내가 짓거나 하는데, 야 정말 힘들더라.

어머니　그거야, 너, 남자들만 있어서 힘들겠구나.

金　村　엄마도 불쌍하지만 병자라서 어쩔 수 없지요. 아버지 정말 불쌍해요. 나는 아침 일찍 공장에 가서 밤늦게 돌아오잖아요. 아버지 혼자서 하루종일 엄마 뒷바라지를 하고 있어요.

길　돌　그럼 자네, 빨리 장가를 가야겠네.

金　村　뭐, 나도 어머니가 그러니까 공장에 가도 일이 손에 잡히지 않아.

길　돌　그건 그렇겠지. 그런데 자네가 이번에 돌아온 건 역시 색시감을 찾으러 온 건가?

金　村　아니, 뭐, 그런 건 아닌데.

길　돌　뭐, 그렇게 부끄러워하지 않아도 되잖아, 하하하…….

金　村　그것보다, 자네, 만돌이가 소년항공병이 되겠다던데, 그게 정말인가?

길　돌　응, 어디서 들었어?

金　村　금방 만돌이가 나를 부르러 왔잖아? 오는 길에 나한테 부탁하는 거야. 나보고 자네한테 잘 이야기해서 꼭 가게 해달라고 말이야.

길　돌　나도 그 아이 일로 상당히 생각해 봤네. 뭐, 그 아이가 말하는 대로 …….

어머니　金村, 너한테도 그 아이가 부탁했어? 제발 부탁이니까, 金村, 안 된다고 말해줄래. 우리 집은 아들과 딸이 광산에서 일해 겨우 먹고살잖아. 딸은 언제 시집갈지 모르고, 그 아이가 빨리 졸업해서 형을 돕지 않으면 안 되거든. 그런데도 갑자기 그 아이가 군인이다 뭐다 난리잖아. 누군가 나쁜 친구한테 휩쓸렸을 거야. 아마 그럴 거야.

길　돌　엄마, 그런 말하면 만돌이가 안됐잖아요.

어머니　뭐가 안됐다는 말이냐. 그 아이는 그런 아이가 아니잖아. 나한테도 항상 말했어. 스무 살이 되어 군대에 갈 때까지 형을 돕고, 이 광산에서 열심히 함께 일한다고 했단 말이다. 그런 아이가 난데없이 비행기를 타는 군인이 된다고 난리잖아. 너, 분명히 누군가가 그 아이를 꾀인 거야.

길　돌　金村, 엄마가 저러시니 난처해. 자네는 어떻게 생각하나?

金　村　내 의견 같은 건 아무래도 좋지만, 본인의 의지도 존중해야 하고, 어머님의 의견도 참작하지 않으면 안 되니, 자네도 꽤 고민스럽겠군.

길　돌　뭐, 어머니가 그렇게 말하시는 것도 무리는 아니라고 생각해. 아버지도 안 계시고 아직 열 다섯 살짜리 막내잖아. 그러니 귀엽겠지. 그러나 이제 모자 사이의 사랑이나 뭐 그런 개인적 애정은 이제 깨끗이 청산하지 않으면 안 되지. 대의 앞에선 구구하고 사소한 사랑 같은 건 문제가 안 되잖아. 그걸, 어머니는 아무리 얘기해도 몰라주니까 정말 난처하다네.

金　村　지금 50대에게는 그건 좀 무리야. 우리들이야 알지만 말야. 그러나 난, 내지의 부인들은 역시 현명하다고 생각했네. 이건 내가 직접 본 일인데, 정말 감동했다네. 오사카 역에서 아들을 출정 보내는 어머니였는데 말야. 입영하는 그 아들은 만돌이가 지망하는 소년항공병이었는지, 내가 보기에 15-6살의 소년이었네. 기차가 출발하기 직전이 되어 소년은 기차 승강구에 서 있고, 어머니는 플랫폼에 서 있는 거야. 소년은 상당히 긴장하고 있었는데, 어머니는 아무렇지 않은 표정으로 아들을 바라보고 있었어. 벨이 울리고 소년이 어머니에게 거수 경례를 하자, 어머니는 정중하게 고개를 숙이는 거야. 그리고 나서 쭉 소년을 따라 눈길이 쫓아가는 거야. 그리고 기차가 보이지 않게 되자 어느새 눈물이 주르륵

주르륵 떨어지더라구. 그것을 손수건으로 서둘러 훔치고는 계단을 내려 돌아갔는데, 그 때였어. 계단을 내려가는 게 마치 술주정뱅이 같이 흐느적거렸다네. 나는 이상하다 싶어 따라가 봤더니, 손수건을 눈에 대고 울면서 계단을 내려가는 거야. 그것을 보고 역시 무사도의 나라는 다르다고 생각했다네. 아들 앞에서는 전혀 눈물을 보이지 않고 씩씩하게 보내놓고, 나중에 이별을 안타까워하니까 말야. 부끄러운 일이지만 조선이라면 어땠을까? 아들을 붙잡고 울고불고 한다거나, 아마 가관일 거야.

길　돌　그렇지. 일본 군인이 세계에 이를 데 없는 강력함을 갖고 있는 것은 그런 어머니가 있기 때문이겠지.

金　村　그래. 일본의 어머니들은 모두 남자아이는 나라에 바치는 것이고, 자기 자신의 아이가 아니라는 생각을 갖고 있기 때문이야. 그래서 언제나 나라에 바칠 수 있고 눈물 한 방울 흘리지 않고 아들을 격려하며 보낼 수 있는 거야. 조선은 아직 징병제가 시행된 지 얼마 되지 않아서 좀 이를지 모르겠군. 그러나 조선에도 옛날에는 제법 제대로 된 어머니가 있었잖은가. 신라의 원술 어머니는 조선의 대표적인 군국의 어머니지.

길　돌　응, 그래. 뭐, 조선의 어머니도 자네가 말한 듯이 그렇게 절망적인 것은 아냐. (어머니 쪽을 보고) 그렇죠, 어머니. 만돌이를 군대에 보냅시다. 그 아이가 그렇게까지 가고 싶다고 한다면 기꺼이 보내야죠. 그렇죠 어머니.

어머니　―.

길　돌　나도 그 아이만은 훌륭한 학교를 졸업시켜서 훌륭한 사람으로 만들고 싶었어요. 그러나 지금 같은 세상에 남자아이를 훌륭하게 키우는 길은 군대에 보내는 길밖에 없어요. 만돌이도 말하는 것처럼 지금 가장 중요하고 필요한 것은 비행기를 탈 항공병만 많이 있으면 미영을 쳐부수는 것도 문제가 아니에요. 그 아이가 전쟁에 나가 훌륭한 공훈을 세우고 금의환향하면 그것이야말로, 어머니, 우리 가문의 영광 아닌가요? 그렇죠? 어머니. 만돌이를 항공병으로 보냅시다.

어머니　너 좋을 대로해라. 나는 단지 너를 따를 뿐이다.

길　돌　그런가요? 어머니. 그래야만 우리들의 어머니예요. 어머니, 정말 말씀 잘 하셨어요.

金　村　아주머니, 정말 결심 잘 하셨어요. 만돌이는 훌륭한 군인이 되어 훌륭한 공을 세워 돌아올 겁니다.

길 돌	이걸로, 첫째 소원은 다 이루었지만, 어머니, 난, 어머니께 한 가지 부탁이 더 있어요.
어머니	또 한 가지 부탁이라니, 뭐냐? 나한테 또 뭘 하라는 거냐? 너.
金 村	자네도 대단히 불효자식이구나. 아주머니께 무리한 말만 하잖은가.
길 돌	자네는 가만있게. 이번에는 자네 차례야.
金 村	어? 내 차례라니, 그건 도대체 무슨 말인가.
길 돌	어머니. 순이를 金村에게 줍시다. 그렇게 하죠. 어머니, 괜찮죠?
어머니	그건, 너, 金村이……
길 돌	아니오. 金村은 문제없어요. 어머니만 허락하시면 되거든요.
어머니	나는 金村 이야기가 나왔을 때부터 좋다고 말했잖아. 이제 와서 그런 걸 물어볼 필요가 없잖아.
길 돌	그건 알고 있지만, 어머니, 이번에 식을 올리면 어떨까요? 金村도 그럴 생각으로 돌아왔고.
어머니	네 결혼식도 있잖아. 그게 끝나고 나서 금방 다시 한다는 거냐?
金 村	자네, 그건 좀 곤란해. 나도 가능하면 그럴 생각으로 돌아왔지만, 자네 결혼식이 며칠 안 남았다고 해서 이대로 돌아가기로 했네.
길 돌	무슨 말을 하는 건가. 자네는 좀 가만히 있게. 그렇죠, 어머니. 내 결혼식 같은 건 미뤄도 좋아요. 내 결혼식이야 언제든지 올릴 수 있잖아요.
어머니	그거야, 너, 분이네 집에서는 날짜를 확실히 잡아서 준비를 하고 있는데, 열흘도 안 남은 일을 미루다니. 그건 좀 무리지. 분이네 어머니도 화내실 거야.
길 돌	아무튼 저쪽 이야기는 제가 할 테니까 어머니만 들어주시면 나중 일은 어떻게든 될 거예요.
어머니	아까 복길이 어머니가 일부러 찾아오셨잖아. 아무리 그렇다고 해도 그건 무리야. 이제 와서 연기한다니, 그건 불가능한 일이야.
길 돌	실은 어머니, 제가 지금 집에 돌아오는 길에 분이네 집에 들러서 그 이야기를 하고 왔어요.
어머니	어머나, 너, 벌써 말했단 말야. 그래서 분이 어머니는 뭐라고 하시던?
길 돌	아니, 뜻밖에도 금방 들어주셨어요. 세상 물정을 상당히 잘 아시는 분이에요.
金 村	하하……. 장모가, 자네가 아주 마음에 들었나보군.
어머니	그렇다면 너, 분이와 곧 식을 올릴 거야?
길 돌	金村, 자네 사정은 어떤가? 사-오일 더 있을 수 있는 거야?

金 村 음, 그렇게 결정되면 좀 뻔뻔스러운 이야기지만 이-삼일 안에 식을 올
        렸으면 해.

길 돌 야, 야, 그대로 돌아가기로 했다면서 되게 서두르네.

金 村 아니, 실은 공장에 하루라도 빨리 가야되지만, 시간이 금이잖아. 정말
        요즘 시간은 금 이상이야.

길 돌 알고 있어. 피차일반이야. 그럼 어머니, 이-삼일 안에 순이의 결혼식을
        올립시다. 좀 무리일지 모르지만 간단히 치러도 되잖아요. 그렇지, 金村.

金 村 그거야 아주 간단히 치러도 되지.

길 돌 야, 순이야. 그렇게 틀어박혀 있지 않아도 되잖아. 문 열고 나와. 나도
        봤어. 물레방아 앞에서 金村이와 만났잖아.

        (장지문을 열고 순이를 데리고 나온다. 순이는 수줍은 듯 나와서 엄마
        옆에 앉는다)

金 村 야, 비밀을 폭로하지마. 그런 장면은 가만히 두어야 해, 쑥스럽잖아.

어머니 그럼 나는 어떻게 해야 하나? 만돌이는 군대에 가지, 순이는 시집을
        가버리지.

길 돌 어머니, 제가 있잖아요. 갈 사람은 그냥 그대로 가게 하는 게 좋아요.
        전 언제까지나 어머니를 지킬게요. 전 언제까지나 이 강산을 지키고 석
        탄을 캘 거예요. 순이는 이제 내일부터 광산에 가지 마라. 난 지금부터
        순이 몫과 만돌이 몫까지 세 사람 몫을 캘 생각이야. 그래. 이 팔을 보
        게, 자네, 이래뵈도 탄광의 훌륭한 숙련 광부야.

        (만길이 돌아온다)

길 돌 야, 만길아. 너, 항공병에 가라.

만 길 그래? 형. 가게 해줄 거야.

길 돌 엄마가 들어주셨다.

金 村 맞아. 만돌아, 만세구나, 자, 만세라도 부르자.

일 동 (무심코), 만세!

        막.

마을은 쾌청

▷ 서지사항 : 1막, 《국민문학》 1944년 11월호 게재, 박연희 번역

인물

> 만다이쿠라조(萬代藏造: 전당포 주인)
> 요시(よし: 처)
> 신이치(晨一: 아들)
> 기코자에몽(木工左衛門: 기소(木曾)의 樵夫)
> 쓰미코(澄子: 그의 딸)
> 리사부로(利三郎: 요시의 동생. 가구점 주인)
> 아다치 유키토모(安達幸伴: 마을회장)
> 이웃집 아이
> 우편배달원
> 동네의 청년단 남녀 다수

> 도쿄(東京)의 가까운 곳, 무사시노(武藏野)에 있는 어떤 작은 동네.

무대

만다이쿠라조(萬代藏造)의 전당포 – 다이코구야(大黑屋)[1]를 마당쪽에서 바라본 것. 삼대(三代)나 이어지는 노포(弩鋪)인데, 벽은 두껍고 집 중앙에 있는 굵은 기둥은 검고 칙칙해서 집 전체에서 옛날집(舊家)과 같은 연륜이 느껴진다.

정면에는 6첩과 8첩 정도의 두 개의 방과 토방. 보고는 앞 가게로 통하는데, 일부분은 2층으로 가는 계단으로 가려져 있다.

무대 오른편에 창고의 일부분. 무대 정면은 조그마한 채소밭으로 되어 있고, 그 사이사이에 정원석이 점재(點在)하여, 방공호를 판 후의 흙이 쌓여져 있다. 8첩방의 정면에는 불단(佛壇). 무대 왼편은 앞쪽에 큰 느티나무가 한 그루. 그것을 중심으로 이웃집에는 미장이와, 기코자에몽의 집과, 함정본부(艦艇本部)에 출사하는 시이노(椎野) 소령의 집들의 울타리가 바람총의 날개처럼 겹쳐있다. 그 곁에 마당의 작은 문.

가을이 될 무렵의 어느 날 오후. 하늘은 한 점의 구름도 없는 쾌청한 날씨이며, 포근한 햇살이 툇마루 가득히 내리쏟고 있다.

뒷쪽에서는 근로봉사를 하고 있는 동네 청년단들의 힘찬 노래 소리와 이따금 어떤 여자의 킥킥 떠들어대며 웃는 고양된 소리가 들려온다. 무대에서는 아무도 없다.

가구점을 하는 리사부로가 자전거를 세워놓고 마당의 나무 울타리 문[2]에서 들어온다.

리사부로 누님. (대답이 없으므로 안을 향하여) 누님.

---

1) 전당포 이름.
2) 庭木戶).

요시, 2층에서 내려온다. 손에 큰 전당물 대장을 들고 있다.

요　시　어머, 도시짱 아니냐?

리사부로　대청소 하시우?

요　시　아니. 자, 들어와.

리사부로　예. (하고 들어간다)

요　시　(방석을 꺼내준다) 가게는 여전히 바쁘냐?

리사부로　누님은 말씀도 잘하네요. 요즈음 가구점이 바쁜 집이 어디 있나요.

요　시　왜 그런데?

리사부로　왜냐하면요, 주문은 많이 있어도 재료가 없어서 그래요. 가장 중요한
　　　　　재료가.

요　시　정말 어딘지 모두 재료난이라고 하더구나. 이웃집 미장이 아저씨도
　　　　　그 때문에 항상 투덜거리고 있어.

리사부로　매형은요?

요　시　뒤에 있어. 창고 기둥 세 개가 밑부분이 모두 썩어서 새 나무로 바꾸
　　　　　려고 해. 여름 큰 비에 많이 부서진 돌담도 이왕 하는 김에 다시 고쳐
　　　　　쌓을 것 같고.

리사부로　선조대대로 50년이나 이어져 왔으니 아무리 튼튼한 나무라도 썩는 건
　　　　　당연하죠. 그건 그렇고 그런 일은 목수한테 맡기면 좋지 않우.

요　시　목수도 좋지만 오늘은 우리 동네의 청년단이 근로봉사를 하러 왔거든.

리사부로　청년단이라고요?

요　시　그래. 단장이 직접 진두지휘를 했단다.

리사부로　(귀를 기울여 듣고 나서) 여자들도 왔습니까?

요　시　응. 그 사람들에겐 전당물 정리를 부탁했어. 올해 여름은 장마가 길어서
　　　　　옷들에 곰팡이가 많이 피었잖니. 그래 이번 공휴일엔 꼭 한 번 쬐려고
　　　　　하던 참인데, 청년단 한 분이 ‘무엇을 도와 드릴까요?’ 하고 물어보길래
　　　　　‘그러면 ……’ 하고 부탁했지.

이때 2층에서 여자 청년단원 한 사람 내려온다.

여자청년단원　아주머니, 나프탈린과 신문지가 모자라는데요.

요　시　예, 예. 여기에. (나프탈린과 신문지를 꺼내어준다) 정말 수고했어요.

여자청년단원 원, 아주머니는…… 수고라니요. 이런 일은 당연하죠. 아주머니 집은 출정군인의 집인 걸요. 이런 일이라도 하지 않으면 저희들은 그야 말로 천벌을 받을 거예요. (2층으로 올라간다)

리사부로 여러 사람들이 저렇게 일해주니까 매형도 기쁘시겠수?

요 시 오늘은 아침부터 하루 종일 생긋생긋해. 일어나자마자 나니와부시[3]를 한 소리 하고, 그이의 나니와시라니…… 내가 시집온 후 처음 들었단 다.

리사부로 (무릎 걸음으로 한걸음 앞으로 다가가면서) 누님, 오늘이야말로 1년 에 한 번 있는 절호의 기회예요. 이런 기회는 두 번 다시 오지 않아요.

요 시 (어안이 벙벙해서) 무슨 말이냐? 느닷없이.

리사부로 저 큰 느티나무, 이번에는 꼭 파시도록 권해주세요.

요 시 저 나무를?

리사부로 그래요. 매형 기분이 좋을 때 이 이야기를 성사시켜야 해요. 요전부 터 몇 번이나 부탁했지만 완강히 듣지 않으십디다. 오늘은 누님도 잘 좀 조언해주세요.

요 시 내가?

리사부로 네, 이런 자재난 때에 저렇게 훌륭한 나무를 사장(死藏) 해버리는 건 아까운 일이예요.

요 시 그래도 저 느티나무는 돌아가신 할아버님께서……

리사부로 (말을 가로막으며) 지금은 시세가 바뀌었어요. 그 당시는 이런 느티 나무 따위야 모두 다 숯으로 만들었던 시기였잖. 남양이나 캐나다에 서 흑단, 자단, 티이크제가 쓰고도 남을 정도로 많이 들어와서 우리들 가구점이 어디 느티나무 따위를 거들떠보기나 했수? 헌데 대동아 전쟁 이후 외국에서 물건이 들어오지 못하게 되고 보니…… 난 결코 그 나 무를 공짜로 달라고 하는 게 아니요. 600원 드릴 작정이예요.

요 시 (약간 놀라서) 600원?

리사부로 네. 지하에 계신 할아버님께서도 600원이라면 당장 양도하라고 말씀 하실 게 틀림 없어요. 어때요 누님, 좋은 값이죠?

요 시 하지만 아무리 좋은 값이라도 네 매형이 아마 안 팔거야.

리사부로 그러니까 누님이 그걸 한 번 추진해달라구요.

요 시 그래도 아마 어려울 거다.

리사부로 통제(統制) 대상에서 제외돼서 정비(整備)를 겨우 피할 수 있었지만

---

3) 浪花節. 노래의 일종.

264

이 상태로라면 전업을 하거나 개척민이 되는 게 훨씬 좋을 것 같아요.

간(間).

요 시 (뒤쪽을 향하여) 여보, 여보.
쿠라조의소리 뭐야, 지금 바빠서 일손을 뗄 수가 없어.
요 시 리사부로가 왔어요.
쿠라조의소리 뭐, 리사부로라구?
요 시 예.

쿠라조, 양손이 점토 투성이가 되어서 나온다.

리사부로 안녕하셨어요?
쿠라조 그래, 언제 왔어?
리사부로 지금 막 온 길이에요.
쿠라조 (요시에게) 이봐, 손을 좀 씻게 해줘.
요 시 예. (대야에 물을 담아 온다)
쿠라조 가게는 죽 그대로 계속하고 있나?
리사부로 예, 그럭저럭……
요 시 어쩔 수 없이 계속하고는 있지만 재료가 전혀 수중에 들어오지 않아서 폐업이나 마찬가지인 모양이에요.
쿠라조 거 참 안 됐는데. 배급은 전혀 없나?
리사부로 두 달이나 석 달에 한 번 있지만 그것만 가지고는 우리 세 식구 하루 끼니도 곤란한 상태예요.
쿠라조 (틀림없이 돈 부탁을 하러 왔다고 믿고) 그래서 뭐가……?
요 시 (눈치를 채고) 아니에요. 우리집 느티나무에 대해 의논할 게 있어서 왔 대요.
쿠라조 의논? (경계를 한다)
리사부로 실은 매형, 평소 제 단골인 금성사(錦城寺) 자작(子爵)[4]의 집 말인데 요. 그 집 아드님이 경사스럽게도 이번에 결혼을 하게 될 거라는군요. 그래서 제게 가구 집물을 맞춰달라고 간곡히 말씀하시는데, 아시다시피 재료가 어디 수중에 조금이라도 있어야지요…….

---

4) 5개 작위 가운데 네 번째 벼슬.

쿠라조　그래서?

리사부로　사모님께서 일부러 우리 가게에까지 나오셔서 부탁을 하셨어요. 오랫동안 도움을 받아서 '못합니다' 하고 말씀드리지는 못하고, 어떻게 해서든지 애써보겠다고 대답했어요. 그래도 사모님은 제발 제발이라고 몇 번이나 다짐을 받으셨구요.

쿠라조　그래서, 뭐라구? 나한테 저 느티나무를 팔아달라구?

리사부로　방금 말씀드린 바와 같이 피할 수 없는 상황이라서……

요　시　그 대신 600원의 사례금을 드린대요.

쿠라조　(기분이 상해서) 뭐, 600원?

리사부로　(말하기가 난처해서 주저하고 있더니 줄줄 얘기해버린다) 네, 600원이면 저 느티나무엔 파격적인 값이라고 생각해요. 만사엔 때가 있는 법이에요. 이런 기회에 팔아 버리시는 게 어떠실지?

쿠라조　(날카롭게) 리사부로, 나한테 의논한다는 게 그 얘기냐?

리사부로　(압도되어)……. 네, 네.

쿠라조　네 단골 손님을 위해서, 날더러 선조대대로 삼대째 내려오는 저 큰 느티나무를 베라는 말이냐?

리사부로　…….

쿠라조　으응? 그 뭐라고 하는 작자의 방탕한 자식 신혼 가구를 만들기 위해서, 날더러 다이코쿠야(大黑屋)의 목숨보다도 귀한 저 나무를 베라고 하는 거야?

요　시　여보, 그러게 리사부로가 억지로 하자는 건 아니잖아요.

쿠라조　돌아가신 우리 할아버님께서 나한테 뭐라구 유언하셨는지 너두 네 누님한테 들어서 잘 알겠지?

리사부로　…….

쿠라조　그걸 날더러 600원에 팔라구? 나두 돈은 탐나. 돈을 모으는 것 이상으로 나에게 즐거움은 없어. 하지만 그것 때문에 선조의 유언을 어길 수는 없어.

리사부로　하지만 매형, 이런 경제난에 저렇게 훌륭한 나무를 그냥 방치한다는 것이 할아버님의 본래 뜻은 아닐 거예요. 저 나무가 멋있는 가구가 되어 안방을 장식하게 된다면 지하에 계시는 할아버님께서도……

쿠라조　듣기 싫다. 그게 돌아가신 할아버님에 대한 손자로서의 예의냐?

요　시　여보.

쿠라조　돌아가봐라, 오늘은.

요 시 아 니 당신이라는 사람은……. (동생에게) 언짢게 생각하지 말아라.

리사부로 (일어서며) 그럼 이만 가보겠습니다.

요 시 느이 매형은 원체가 그런 사람이잖니. 가라고 했다고 해서 금방 일어
서지 않아도…….

리사부로 또 가봐야 할 곳도 있고……. 이럴 줄 알았으면 처음부터 의논하지
않았을 텐데……. 누님께서 매형이 오늘따라 기분이 좋다고 하길래
……. 그럼 누님, 다음에……. (자전거를 끌고 나간다)

요 시 (리사부로를 후문까지 배웅하고 돌아온다) 당신도, 아무리 느티나무가
중하기로 상대는 동생이잖아요. 그렇게까지 무뚝뚝한 태도를 하지 않아
도…….

쿠라조 당신은 가만 있어. 설사 내가 이 나무를 처분하려고 해도 '매형, 그건 돌
아가신 할아버님의 유언에 어긋나는 일이에요' 하고 말리는 게 손자로
서의 의무가 아니야? (하고 성큼성큼 느티나무 밑으로 간다. 감개무량
한 듯 느티나무를 쳐다 보다가) 이거 봐, 저기 또 거미줄이 쳐져 있어.

요 시 어머, 정말.

쿠라조 장대를 좀 가져와. (요시에게 장대를 받아서 장대를 휘둘러 거미줄을
제거하면서) 거미라는 건 사람이 치우지 않는다는 기미만 보이면 거미
집을 만들어. 이것도 전부 당신이 이 나무를 돌보지 않는다는 증거야.
할머님께서 생존하셨을 땐 일 년 열두 달 거미줄이라고는 찾아볼래야
볼 수가 없었어.

이때 동네 아이가 마당의 울타리 문에서 말한다.

동네아이 아주머니, 바구니를 가지고 우리집에 오세요.

요 시 바구니를 가져오라고?

동네아이 예, 우리 아버지께서 뒤에 빈 땅에 심은 무를 동네 분들에게 하나씩
나누어주신대요.

요 시 그래? 그래? (부엌에서 바구니를 꺼내어 아이를 따라 간다)

쿠라조, 장대를 치운 후 삽으로 나무의 뿌리가 나온 곳에 흙을 덮어준다.
이때 이웃집에서 삽으로 퍼내는 흙이 담의 뚫어진 틈 사이로 날아와 쿠라
조의 몸에 뿌려진다.

쿠라조 (소리친다) 누구야? 남의 집에 흙을 뿌리는 놈이?

여자목소리　어머, 죄송해요.

쿠라조　죄송하다면 다야?

여자목소리　아저씨, 죄송해요. 그럴 생각이 아니었는데 순간적으로……

쿠라조　(틈 사이를 들여다보고) 너, 쓰미코 아니냐? 뭘 파고 있는 거니?

쓰미코의소리　밭 좀 만들려구요.

쿠라조　밭?

쓰미코의소리　네.

쿠라조　(놀라서 틈 사이로 머리를 내밀려고 하다가) 안돼. 거기다 밭을 만들면 어떡하니? 느티나무 뿌리에 상처가 나지 않나?

쓰미코의소리　뿌리만 다치지 않으면 되지 않아요?

쿠라조　다치지 않는다고 해도 결국은 다치게 돼. 이봐, 저곳에 저렇게 큰 상처가 생겼지 않니. 안 돼, 절대로 안 된다.

쓰미코　그래도. (하고 말이 뚝 끊어진다)

　　　間.

　　　조금 있다가 쓰미코가 삽을 든 채 뛰어온다.

쓰미코　아저씨, 너무해요.

쿠라조　너무한 건 네 입장이고, 도대체 거기다 밭을 만들어서 어쩌자는 거냐?

쓰미코　감자하고 토마토를 심을 거예요.

쿠라조　심는다고? 지금은 수확하는 시기지 않냐. 내년 봄에나 심을 수 있어.

쓰미코　오늘 마을회의에서 감사하러 온다고 했어요. 빈터 이용이 잘 되고 있는지 어떤지 조사하러 온대요.

쿠라조　빈터이용이라고? 저건 빈터가 아니야.

쓰미코　훌륭한 빈터인데요.

쿠라조　턱도 없는 소리 마라. 큰 느티나무가 이렇게 우뚝 솟아 있는데 어째서 거기가 빈터란 말이냐?

쓰미코　물론 큰 느티나무가 서 있는 곳은 빈터가 아니지만, 그래도 뿌리 주변은 충분히 빈터지 뭐예요?

쿠라조　지금 와서 빈터니 아니니 말해봤자 소용없다. 감자와 토마토를 심는 것도 좋지만, 이런 유서 깊은 큰 느티나무가 죽는다면 동네나 나라에 손해가 되는 일이다. 그러니 어쨌든 뿌리는 건드리지 마라.

쓰미코　그래도 아저씨, 그건 억지 소리예요. 뿌리 끝이 미장이의 부엌까지 뻗

268

어 있는 걸요, 우리 마당이라면 어딜 파더라도 괭이 끝에 모근이 걸리게 돼요.

쿠라조 그럼 안 된다. 설사 뿌리털 하나라고 해도 목숨이 들어 있어.

쓰미코 한 가닥 두 가닥에 끄떡이나 할 나무가 아니잖아요. 정말이지 아저씨는 에고이스트야.

쿠라조 뭐라고?

쓰미코 개인주의 말예요. 빈터 이용은 벌써 오래된 얘기예요. 지금은 한 평 원예시대(一坪園藝時代)예요. 현관 바깥에도 처마 밑에도 뒷문 쪽에도 모두 밭을 갈고 있어요. 요즘은 옥상원예(屋上園藝)라고 해서 건물에서는 나무로 된 귤 상자를 나란히 심어 양파를 심고 있어요. 그런데도 아저씨가 이 정도 넓은 면적에 괭이질을 허락하지 않는다는 것은 너무해요.

쿠라조 부인잡지(婦人雜誌)에 나오는 지식을 보여줄 필요는 없다. 나도 그 정도는 알고 있어.

쓰미코 그렇다면 됐어요. 땅을 갈지 않을게요. (말을 내뱉고는 빨리 나간다)

쓰미코와 엇갈려서 요시 들어온다. 바구니에 큰 무 두 개가 있다.

요 시 여보, 쓰미코와 무슨 일이……

쿠라조 뿌리 근처 땅을 갈고 있기에 멈추라고 했더니 빈터 이용의 설교를 하는 게 아니겠어. 여학교를 갓 졸업한 주제에 건방지기는……

요 시 아, 대학교의 이즈미 선생도 무를 키워서 동네에 나눠주시고, 동네 모두가 식량증산에 열중하고 있으니 쓰미코가 그러는 건……

쿠라조 거기에 대해선 나도 아무 불만이 없어. 하지만 저 애 얘기는 그게 아니야. 입으로는 말하지 않지만 이 큰 느티나무를 잘라 달라고 하는 거나 마찬가지야. 요새 이 정도 면적의 땅을 내버려두는 건 사치스럽다는 거야. (점점 격해진다) 이 나무를 잘라 버리고 그 자리에 감자·토마토를 심자는 얘기야. 나무를 바보 취급하고 있어. 뒤에 있는 대숲의 대나무도 아니고, 500년도 더 된 느티나무를 무 자르듯 잘라 버릴 수는 없어.

요 시 여보, 쓰미코가 그런 뜻으로……

쿠라조 (처의 말은 듣지 않고) 나무를 정말 바보 취급하고 있어. 우리집의 큰 느티나무가 뭣 때문에 이렇게 다른 사람 눈에 거슬리는지 원. 이것도 모두 마을회장의 소행이야.

요　시　　그런 막된 소릴······.

쿠라조　　그 사람이 다른 사람들에게 선전하고 있기 때문이야. 모임5)에 나가서
　　　　　무슨 기회가 있을 때마다 우리집 느티나무를 잘라버리자고 모두를 선
　　　　　동하고 있는 것 같애.

요　시　　아니, 그런 근거 없는 말을······. 다른 사람이 들어요.

쿠라조　　들어도 괜찮아. 그 사람이 그렇게 교사하고 있으니까 쓰미코와 같은
　　　　　아이까지 태연히 이렇게 큰 나무를 베어 버리라고 하는 거야. (자포자
　　　　　기해서 담뱃대를 내리친다)

요　시　　그건 오해예요. 그분은 진심으로 우리들을 위해서 열심히 애쓰고 있어
　　　　　요. 오늘처럼 근로봉사도······. (사람이 오는 기척이 나자 입을 다문다)

　　　　　마을회장인 아다치 유키토모(安達幸伴)가 대머리를 닦으면서 창고 옆에
　　　　　서 나온다. 이어 청년단원들이 손이나 얼굴을 닦으면서 걸어나온다.

유키토모　　그럭저럭 끝난 것 같군. 도구를 씻어서 창고 앞에 세워두게 했네.

쿠라조　　(겸연쩍은 듯) 수고들 하였네.

요　시　　정말 수고들 하셨어요.

유키토모　　(2층을 향해서) 여자부는 아직 남았습니까?

여자청년단의소리　　벌써 끝났어요. (하고 계단을 내려와서 마당에 모인다)

유키토모　　여러분, 오늘 정말 수고들 하셨습니다. 이제 해산.

　　　　　"차렷", "주목", "해산" 등의 호령 후에 각자 인사하고 돌아간다. 유키토
　　　　　모 혼자 남아 있다.

쿠라조　　(내키지 않으면서도) 집 안으로 들어와서 차나 좀 들게나.

유키토모　　그럼 잠깐 쉬었다 갈까. (하고 들어간다) 마을회장 일도 여간 큰일이
　　　　　아니군. 출정이다, 입대다, 금속회수(金屬回收)다, 좌측통행이다, 예방주
　　　　　사다, 채권이다, 애국저금(愛國貯金)이다, 참깨를 사용하자 등등 여러
　　　　　가지 일 때문에 이렇게 여러 집들을 방문하고도 좀처럼 푹 쉴 수가 없
　　　　　네.

요　시　　(차를 대접하고 나서) 그럼 저는 좀 정리를 해야겠어요.

유키토모　　그럼 그러세요.

---

5) 常會.

요시, 창고 뒤쪽으로 간다.

유키토모 (차를 마시면서) 요즘음 2, 3일 사이에 군대소집영장이 많이 오는 것 같애.

쿠라조 그런가?

유키토모 나도 각오는 하고 있네만…….

쿠라조 …….

유키토모 그런데 다이코쿠야 상, 오늘은 자네에게 특별히 부탁이 있네.

쿠라조 뭔가? 새삼스럽게…….

유키토모 근로봉사를 하고 난 후 이 자리에서 말하는 건 너무 서두르는 것 같아서……. 그래 오늘은 이대로 돌아가고 내일 다시 나올까도 생각했네만, 내일은 또 구(區) 사무소에서 마을회장 회의가 있고 해서…….

쿠라조 예의 느티나무 얘기인가?

유키토모 그렇네. 하지만 이렇게 미리 앞질러서 말이 나올 줄은 몰랐는데…….

쿠라조 (단호히) 느티나무 얘기라면 아무 말도 하지 말게.

유키토모 나도 자네의 이 나무만큼은 정말 부탁하고 싶지 않았네. 이 동네 명물의 하나이고, 무사시노(武藏野)에서는 어디서든지 보이는 우리 동네의 표지(標識)니까. 하지만 자네도 알다시피 금속회수에 이어 목재의 공출(供出) 운동이 생겼네

쿠라조 …….

유키토모 이제 와서 설교하는 것 같네만 전국(戰局)이 점점 더 과열되고 있네. 전선(前線)에서는 비행기와 배를 기다리고 있다네.

쿠라조 여보게 마을회장, 공목(共木)의 뜻은 나도 잘 알고 있어. 하지만 이 나무는 우리 할아버님의 유언이 있어서…….

유키토모 유언이라고?

쿠라조 할아버님께서 내게 이 나무로 2층짜리 창고 하나를 세워달라고 분부하셨네.

유키토모 창고를?

쿠라조 그래. 할아버님께서는 이 나무가 큰 기둥이 되어서 번쩍번쩍 빛나게 되는 걸 즐겁게 기다리겠다고 하셨네.

유키토모 하지만 다이코쿠야 상, 자네는 저렇게 큰 창고를 두 개나 갖고 있으면서 또 하나를 세우겠다는 건가?

쿠라조   저건 두 개나 다 나뭇결이 굵은 소나무로 되어 있네. 게다가 지붕도
         함석으로 된 바라크가 아닌가. 할아버님께서 유언하신 건 흰 벽에 기와
         지붕을 인 벽돌 건물이네. 그 기둥과 들보를 저 나무로 하라고 하셨네.
유키토모   허나 다이코쿠야 상, 할아버님의 유언도 중요하지만 지금은 나라가
         존망의 시기에 있지 않은가. 황국(皇國)의 흥망(興亡)은 수선 비행기와
         배의 문제에 달려있네. 그렇게 방대한 자원을 획득하고도 배가 없기 때
         문에 운반하지 못하고 있네. 물량을 자부하는 적은 수백 척으로 된 대
         선단(大船團)으로 탄약이나 양식을 계속해서 보내는데, 우리 쪽은 전선
         의 보급조차 매우 곤란하다고 하네.
쿠라조   여보게 마을회장, '만들어라, 보내라, 이겨라' 하는 건 나도 잘 알고 있
         네.
유키토모   알고 있다고 해도 그건 포스터의 문구만 기억하는 데 지나지 않지.
         알면서도 하지 않은 것은 모르는 것보다 더 나쁘네. 요전에 해군성에서
         목재공출에 관한 발표를 한 후 목재공출이 전국 방방곡곡에 요원(遼遠)
         의 불길 같이 퍼져 있네. 위대한 황태후 폐하께서는 황실 소유의 산림
         을 벌채(伐採)하라는 고마운 분부를 하셨다고 하네. 누구든지 저렇듯
         유서 깊은 거목을 베고 싶지는 않겠지만, 베기만 한다면 고무나 석탄이
         나 설탕이 쓰고도 남을 수 있게 될 텐데……
쿠라조   여보게 마을회장, 글쎄 뭐라고 할까. 이번만 용서해주게. (품에서 청사
         진을 꺼내어 보여준다) 자, 이렇게 확실한 설계도까지 만들어 놓았는
         데……. 석재도 벽돌도 시멘트도 이미 사들이고 있고……. 경찰서에는
         허가 신청서를 제출했네. 그래서 말인데 내일이라도 공사를 하고 싶으
         니 아무쪼록 잘 부탁하네.
유키토모   그래. 공출은 어디까지나 자유의지로 해야 되니까 권고(勸告)나 강제
         로는 취지에 어긋나는 일이지. 그래서 나도 구태여 하라고 말하지는 않
         겠네. 하지만 모두가 자발적으로 하고 있지 않기 때문에 내가 이렇게
         방문하고 있는 것이네……. 헌데 물건을 선선히 내놓으려고 하지 않는
         사람마다 '다이코쿠야의 느티나무도 솟아 있으니 우선 그 나무부터
         ……' 라고 핑계를 대는데……. 지금 당장이라고 말하지 않겠네. 잘 생
         각하고 대답하길 부탁하네. 어이쿠, 바쁠 때 너무 오랫동안 앉아 있었
         네.
쿠라조   애써 왔는데……. 정말.
유키토모   그럼 잘 있게.

쿠라조 　그럼……. 여보게……. 잘 가게.

　　　　유키토모, 종종 걸음으로 마당의 울타리 문으로 나간다. 요시, 창고 쪽
　　　　에서 되돌아온다.

요　시 　(걱정을 하면서) 마을회장님께서 일부러 찾아와서 부탁하셨는데…….
　　　　기분이 상하지는 않았을까요?
쿠라조 　(마찬가지로 침울한 표정으로) 어쩔 수가 없어. 나도 마음이 불편해.
요　시 　당신은 동네 사람들이 모여서 우리집 나무를 눈에 거슬린다고 해도 그
　　　　것마저도 시세(時勢) 때문이라고 생각해요.
쿠라조 　…….
요　시 　신이치가 출정할 때도 그렇게 말을 했었잖아요. 저 나무를 헌납하시라
　　　　고요.
쿠라조 　…….
요　시 　요새 저는 동네 사람들이 모이는 집회조차도 나가지 못하고 있어요.
　　　　도나리구미6)의 사람들과 만나는 일도…….
쿠라조 　무슨 소리야. 이봐, 우리집은 명예스런 집이야. 느티나무는 공출을 못하
　　　　지만 자식을 훌륭하게 바쳤어. 하나도 부끄럽게 생각할 필요없어.
요　시 　당신은 그렇게 말해도 신이치가 출정할 때 여러분들이 전별품을 얼마
　　　　나 많이 주셨어요. 마을회의에서도 성대한 환송회를 열어줬고……. 더
　　　　구나 오늘은 근로봉사까지……. 동네의 호의를 무시하는 정도가 너무
　　　　지나친 것 같이 생각돼요.
쿠라조 　선조의 뜻을 지키는 것이 자손의 의무야.
요　시 　할아버님의 말씀대로 창고를 정말 세우려고 하신다면 빨리 세워요. 리
　　　　사부로도 쓰미코도 마을회장님도 모두 다 저 나무가 솟아 있으니까 그
　　　　런 거예요.
쿠라조 　나도 그 정도 생각은 하고 있어.
요　시 　하고 있다면 오늘이라도 초부를 불러서 베어내면 되잖아요.
쿠라조 　(성난 소리로 말한다) 바보 같으니라구, 초부가 어디 있어.
요　시 　예?
쿠라조 　느티나무 나무 밑 부분이 귀중해. 톱 가지고 베어 버리는 건 누구든지

_____

6) 隣組(となりぐみ). 2차대전 때 국민을 통제하게 위해 만들어진 조직. 보통 5~10가구를 단위
로 하였음.

다 할 수 있어. 하지만 그렇게 하면 그루의 중요한 부분은 못 쓰게 돼 버려.

요 시 그렇다면 찾아보는 게 어때요?

쿠라조 도쿄 안에는 없어. 저 나무를 땅속에 한 치도 남기지 않고 깨끗이 베어 낼 수 있는 사람은 쓰미코의 아버지 기코자에몽뿐이야.

요 시 하지만 그 분은 기소의 산 속에 계시잖아요.

쿠라조 그러니까 이렇게 기다리고 있잖아.

요 시 (아연하여) 기다린다고요? 언제 돌아오실지도 모르는데…….

쿠라조 다 돌아오게 돼 있어. (히쭉 웃는다)

요 시 (납득이 안 가서) 예?

쿠라조 그 놈이 지난 여름에 맡긴, 거, 늘 자랑하는 족자 말야, 그게 마침 일 주일 전에 기한이 다 됐어.

요 시 아, 그렇다면…….

쿠라조 그래서 당장 처분[7]하겠다고 편지를 보냈지. 그 자식이 당황해서 허겁 지겁 달려 올 게 틀림없어. 생각한 대로 될 거야. 혹시 오늘이라도 도착 할는지 모르지. (하면서 혼자 기뻐한다)

이때, 전보배달원이 자전거에서 내려와 어정어정 돌아다니는 것이 보인다.

쿠라조 (뛰어가서) 저, 몇 번지를 찾으시우.

전보배달원 650번지의 하츠무라 쓰미코(初村澄子)씨인데 이 동네는 처음이라 서요.

쿠라조 쓰미코라면 바로 울타리가 있는 저 집인데……. 뭣 하면 내가 갖다 주 죠.

전보배달원 아니요, 그렇게 할 수는 없어요. 정말 고맙습니다. (하고 울타리를 돌아간다)

쿠라조 (기뻐하면서) 마침내 기코자에몽한테서 왔어. 여보, 좀 보러 갔다와.

요 시 그렇다면 뭐 일부러 보러 가지 않아도……. (울타리 너머로 소리친다) 쓰미코야, 지금 온 전보 아버지한테서 온 거니?

Tm미코의소리 네.

쿠라조 무슨 전보냐?

쓰미코의소리 (낭독조로) 급한 볼일이 있다. 25일 14시 30분 도쿄 역에 도착

---

7) 流質.

274

한다. 아버지.

쿠라조 14시 30분?

쓰미코 네. 아저씨, 같이 역까지 나가실래요?

쿠라조 야, 14시 30분이면 2시간이나 지났잖아.

쓰미코 어머, 정말. 어떻게 하죠?

요 시 요즘 전보는 대여섯 시간 연착하는 게 보통이야. 엇갈리면 안 되니까 기다리는 편이 낫다.

이때, 초부 기코자에몽 할레벌떡 뛰어온다.

기코자에몽 안녕하슈.

쿠라조 아, 깜짝이야. 누군가 했더니 기코자에몽이잖아.

요 시 어머나 안녕하세요.

기코자에몽 아주머니, 별 일 없으시죠?

요 시 덕분에……. 정말 오래간만이죠?

쿠라조 넉 달 만이지.

요 시 (울타리 너머로) 쓰미코야, 아버지시다.

쓰미코의소리 어머, 아버지?

기코자에몽 (올라가면서) 자네가 부친 편지를 보자마자 뛰어왔는데, 혹시 처분 했나?

쿠라조 걱정하지 말게. 다른 사람도 아닌 기코자에몽의 물건이잖나. 틀림없이 보관하고 있네.

기코자에몽 아휴, 살았다. (목의 땀을 닦는다) 하루만 지나도 봐주지 않고 처 분하는 자네가 아닌가. 나는 분명히 저 족자를 다시는 볼 수 없을 거라 고 생각했네.

쓰미코, "아버지" 하고 뛰어온다.

기코자에몽 얘야, 어떻게 된 거니. 마중하러 나오지도 않고.

요 시 전보가 늦게 도착해서 그래요.

쓰미코 아버지, 급한 볼일이란 아저씨한테 있는 거예요?

기코자에몽 응, 큰일은 아니지만……. 쓰미코야, 너 집으로 돌아가서 오랜만에 저녁을 해주겠니. 아버지는 얘기를 마치고 나서 곧 가마.

쓰미코 그럼 맛있는 요리를 만들어놓을 테니까 빨리 돌아오세요.

기코자에몽 알았다.

쓰미코 (요시에게) 아주머니, 오늘 저녁 식단 좀 가르쳐주세요.

요 시 내가 도울 수 있다면……. 그럼 갔다 올게요. (인사를 한 후 에이프런
을 바꿔 차고 쓰미코를 따라간다)

기코자에몽 그럼 당장 꺼내주게.

쿠라조 이렇게 급하게 하지 않아도 되네. 오랜만에 돌아온 고향 아닌가. 상쾌
한 가을하늘이라도 실컷 바라보게.

기코자에몽 그럴 수 없네. 바로 떠나야 해.

쿠라조 바로 떠나야 한다고?

기코자에몽 응, 히다를 떠난 지 이제 겨우 이틀이네만 벌써 산이 그리워 죽겠
네.

쿠라조 자네는 타고난 초부로군.

기코자에몽 나 역시 그런 것 같네. 정말로 산은 좋더군. 특히 기소는.

쿠라조 조금 있으면 첫눈이 오겠군?

기코자에몽 다음 주쯤이지. 눈이 퍽퍽 쏟아지는 산속의 고요함에는 할 말을
잃어버리네. 그속에서는 쾅쾅 도끼 소리만이 선명하게 들리니까. 그리
고 나면 그 소리가 깊은 계곡에서 메아리가 되어 돌아온다네. 저 하늘
까지 닿을 만큼 큰 나무가 와르르 쿵 따에 쓰러질 때의 장쾌한 기분이
란 입으로는 좀처럼 말하기 어렵다네.

쿠라조 나도 한번 가보고 싶네.

기코자에몽 자네는 저 느티나무가 오래되었다고 자랑하고 있네만 기소에 있는
나무는 어디를 봐도 500년 이하의 나무는 없어. 개중에는 천년 이상의
나무도 흔히 볼 수 있지.

쿠라조 실은 기코자에몽, 자네가 집으로 온 김에 힘을 좀 써서 도와줄 일이
있는데…….

기코자에몽 뭔가? 내 힘으로 할 수 있는 일이라면야.

쿠라조 저 큰 느티나무 말인데, 저 나무를 좀 베어주었으면 하네.

기코자에몽 베어서 어떻게 할 생각인가?

쿠라조 할아버님의 유언대로 창고를 세우려고 그래.

기코자에몽 창고?

쿠라조 응! 그래서 실은 자네가 돌아오기를 매일매일 기다리고 있었네.

기코자에몽 (단호하게) 나는 못 해.

276

쿠라조　(매우 뜻밖이라는 듯) 왜 그런가?

기코자에몽　누군가 다른 사람에게 부탁해보게…… 난 느티나무는 어쩐지 질색이네.

쿠라조　'글씨를 잘 쓰는 사람은 붓을 고르지 않는다'고 하지 않았나. 자네처럼 산에서 일하는 사람에게 이런 일은 누워서 식은 죽 먹기지.

기코자에몽　그건 그렇네. 하지만 난 기소의 노송나무 외에는 절대로 손대지 않기로 했어.

쿠라조　그런 소리는 처음 듣는군. 도대체 왜 노송나무 외에는 손대지 않겠다는 건가?

기코자에몽　난 황공하게도 황실 산림의 초부네. 스무 살 때부터 30년 동안 이세(伊勢)의 고요다이신궁(皇大神宮), 메이지신궁(明治神宮)을 비롯해서 황실 신사(神社)의 본전(本殿)에만 쓰는 노송나무만을 베어왔어.

쿠라조　하지만 이보게, 궁내성(宮內省)의 어용상인도 민간인에게 술이나 과자를 팔고 있잖나. 실은 우리 처남도 가구를 황실에 용달하고 있는데, 이 나무로 가구를 만들고 싶다고 하네. 그러니 자네가…….

기코자에몽　나와 어용상인을 혼동해서 생각지 말게.

쿠라조　(화를 참으면서) 이보게 기코자에몽, 내가 창고를 세우려고 하는 건 오직 나만을 위해서 하는 일이 아니네.

기코자에몽　그렇다면?

쿠라조　나는 신이치가 돌아오면 쓰미코와 당장 결혼식을 올리게 할까 생각하고 있네. 둘은 이미 오래 전부터 서로 좋아하고 있다고 하네. 그러니 결국은 자네 딸을 위해서 자르는 게 되지.

기코자에몽　이 나무와 내 딸의 결혼이 무슨 관계가 있나? 나는 아까도 말했듯이 전당포 창고 재료는 베고 싶지 않네.

쿠라조　(격분한다) 뭐라고? 전당포 창고의 재료는 베고 싶지 않다고? 야, 이봐, 언제부터 이렇게 도도하게 굴어왔어. 초부면 초부지. 느티나무와 노송나무가 뭐이가 달라.

기코자에몽　(같이 격분한다) 초부, 초부라고 말을 막 하지 말어, 신을 모시는 신전과 고리대금의 이자로 세우는 자네의 창고를 혼동해서 생각한다면 참을 수 없어.

쿠라조　뭐라고? 고리대금의 이자로 세운다고? 그게 뭐가 나빠. 응? 뭐가 친하다는 말이야? 전당포가 천하면 자네는 뭐야? 서울에서 못 살겠으니까 산 속까지 가서 품이나 파는 놈이.

기코자에몽 뭐, 뭐라고, 품팔이꾼이라고?

쿠라조 그래.

기코자에몽 (부르르 떨면서) 아니 이봐, 이게 20년이나 같이 살아온 이웃 사람
에게 하는 말인가?

쿠라조 내 말이 그 말이야. 자네도 이게 20년 동안의 우정인가?

기코자에몽 난 이제 돌아가겠네.

쿠라조 좋아, 돌아가게. 다시는 내 집 문지방도 넘지 말게.

기코자에몽 아까 말한 족자나 꺼내 오게.

쿠라조 (가져와서 던진다) 가져가.

기코자에몽 싸움은 싸움이지만 계산은 계산이지. 모두 합해서 얼만가?

쿠라조 편지에 써 있잖아.

기코자에몽 (호주머니에서 편지를 꺼내본 후 전당표와 함께 돈을 낸다) 그럼
틀림없이 줬네. (족자를 들고 집으로 돌아가 버린다)

쿠라조 (체념한 채 울타리 너머로 크게 소리친다) 요시, 요시.

요시, 손을 닦으면서 들어온다.

쿠라조 이봐, 기코자에몽의 집엔 더 이상 가지마. 모자를 좀 가져와.

요 시 어디에 나가세요?

쿠라조 초부를 부르러 다녀오겠어.

요 시 기코자에몽이 거절했어요?

쿠라조 내가 거절했어. 저 자식한테는 맡길 수가 없어. 세상에 초부가 자기 혼
잔가 뭐. 건방진 놈. 그만한 초부라면 도쿄에서도 쓰고 남을 만큼 흔해
빠졌어. 저 자식 눈앞에서 와르르 베어버리겠어. (하고 혼자 씩씩거리며
나간다)

요시, 멍해서 남편을 바라본다. 엇갈려서 곤충채집 상자를 들고 있는 이
웃집 아이가 마당의 울타리 문에서 나타난다.

이웃집아이 아줌마, 신이치 형이 돌아오셨는데요.

요 시 신이치가?

이웃집아이 예, 곤충채집을 하러 만원사(滿員寺)에 갔는데 신이치 형님이 절의
계단에서 멍청히 앉아 있었어요.

요 시 (반신반의해서) 설마, 잘못 봤겠지.

이웃집아이　아이 정말예요. 아줌마. 분명히 신이치 형님이 있어요. 뭔가 아주 걱정스러운 일이 있나 봐요. 내가 "신이치 형님" 하고 부르자 잠깐 뒤 돌아본 후 대답도 하지 않고 종종 숲속으로 가버렸어요.

　　　　쓰미코, 무언가 배급품을 가지고 뛰어온다.

쓰미코　아주머니, 신이치 상이 돌아왔대요.
요　시　다이창[8])이 지금 절에서 봤다고 하는구나.
쓰미코　이상한 일이네요. 방금 야채 가게에 배급품을 받으러 갔는데 야채 가게 아주머니도 신이치 상을 만났대요.
요　시　아주머니도?
쓰미코　예.
요　시　징집되어서 갔는데 일주일 만에 제대가 될 리 없잖아?
쓰미코　(아이에게 확인한다) 다이창, 틀림없이 신이치 형님이었니?
이웃집아이　정말예요. 거짓말이라고 생각되면 만원사의 숲으로 가서 찾아보세요. (하고 나간다)
요　시　(뭔가 생각나는 것이 있는 듯이) 쓰미코야, 혹시……?
쓰미코　(고개를 끄덕인다) 에.
요　시　집 좀 부탁한다. 잠깐 절까지 뛰어갔다 올게.
쓰미코　예.

　　　　요시, 급히 일본 짚신을 신고 뛰어가다가 길에서 맥없이 들어오는 신이치와 딱 마주친다.

신이치　어머니.
요　시　어머나, 신이치.
쓰미코　신이치 상, 언제 돌아왔어요?
신이치　오늘 아침. (하고 툇마루까지 맥없이 걸어가서 털썩 주저앉아 멍하니 생각에 잠긴다)
요　시　(살피는 듯이) 어떻게 된 거니?
신이치　어머니, 저 쫓겨났어요.
요　시　뭐라고?

---

8) 大ちゃん.

쓰미코 하지만 지난 번에 분명히 합격했잖아요.

신이치 왼발이 좋지 않아서 그래.

요 시 (우울해져서) 역시 내가 생각했던 대로야.

신이치 발 뒤꿈치의 아킬레스건이 요사이 옥죄어 와서 조금 절름거리기 시작
했어요. 전 불구라고 불려지는 게 억울해서 아버지와 어머니께 숨겨왔
어요. 그런데 어제 전령을 하다가…… (엎드려 운다)

요 시 (눈물을 닦는다) 모두 이 어미의 잘못이다. 요전 날에 뭔가 이상하다고
생각했으면서도 네가 아무 말도 하지 않기에 별 일이 아니라고 여겨
서……. 나도 모르게 그냥 그대로…….

쿠라조가 혼자 투덜투덜거리면서 돌아온다.

쿠라조 신이치, 어떻게 된 거야?

신이치 ……. (얼굴을 들지 않고 말이 없다)…….

쿠라조 설마 제대한 건 아니겠지?

요 시 절름거려서 쫓겨났대요.

쿠라조 뭐, 쫓겨났다고?

요 시 예.

쿠라조 (갑자기 화가 폭발한다. 느닷없이 신이치에게 달려들어 멱살을 잡아서
쓰러뜨린다) 감히 그렇다고 뻔뻔스럽게.

요 시 여보……. 신이치는…… 여보…….

쿠라조 방해하지마. 이 자식, 이 자식,

요 시 여보.

쿠라조 뇌, 이런 패기 없는 철면피는 때려죽이겠어.

쓰미코 아저씨, 잠깐 기다려주세요. (그에게 매달린다)

쿠라조 감히 내게 창피스러운 일을 겪게 하다니…….

요 시 몸 때문에 쫓겨난 걸 어쩌겠어요.

쿠라조 나는 쫓겨난 걸 비난하는 게 아냐. 당당히 우리 마을에 들어오는 그
뻔뻔스러운 태도가 싫은 거야. 동네 사람들에게 그렇게 많은 전별품(餞
別品)을 받고…… 천인침(千人針)9)도…… 기원무운(祈願武運)의 깃발
까지 받고……. 거기다가 전차역까지 배웅해주었는데, 그렇게 하고 나

---

9) 출전병사의 무사를 빌기 위해 천 명의 여자가 한 땀씩 붉은 실로 천에 수를 놓아서 보낸 배
두렁이 따위.

간 놈이 감히 돌아올 수 있어? 야 이놈아, 내일부터 무슨 낯으로 동네를 다니란 말이야?

신이치 아버지, 무슨 말씀이세요? 이번에 쫓겨난 일에 대해서는 아버지도 책임이 있어요.

쿠라조 뭐라고?

신이치 아버지의 인색함 때문에 저는 희생됐을 뿐이에요.

쿠라조 (가슴이 덜컥 찔린다)

신이치 철봉대에서 떨어져서 아킬레스건을 다쳤을 때 곧바로 입원시켜서 치료를 받게 했으면 이런 일이 생기지 않았을 거예요. 아버지는 입원 비용이 아깝다고 쑥 뜸질만 시켰잖아요. 그리고는 창포 잎을 끓여서 아무 소용도 없는 끓인 국물을 석 달이나 바르게 하고…….

쿠라조 (막대기처럼 뻣뻣해진다)

신이치 저도 뻔뻔스럽게 이 동네 돌아와서는 안 된다는 것을 알고 있어요. 그래서 차라리 죽어버릴까 몇 번이나 생각한지 몰라요. 하지만 이 가열(苛烈)한 전국(戰局)을 눈앞에 두고 그 정도의 이유로 죽어버린다는 게 너무 억울해서 생각했어요. 그래서 전쟁에 나가지는 못해도 뭔가 나라를 위해서 일하리라고 생각하고 돌아온 거예요.

쿠라조 …….

신이치 (눈물을 닦으며) 어머니, 제 짐을 싸주세요.

요 시 신이치야.

신이치 남방10)으로 가려고 해요. 군속(軍屬)으로요. 아까 역에 내렸을 때 군속 모집의 포스터가 나와 있길래 신청해놓았어요.

쿠라조 …….

신이치 (마음을 가다듬고) 아버지, 마지막 부탁이에요. 저 대신 저 큰 느티나무를 헌목(獻木) 해 주시겠어요?

쿠라조 큰 느티나무를?

신이치 예, 저 대신에 응소(應召) 한다는 생각으로 공출해주세요. 그렇게 하면 동네 사람들에게도 어느 정도 체면을 유지할 수 있을 테니…….

쿠라조 ……. (잠깐 생각에 잠긴 후 신음하는 듯이) 하지만 초부가 없어. 지금도 그 일 때문에 다녀갔지만…….

쓰미코 아저씨, 우리 아버지에게 부탁하시면 깨끗이 잘라주실 거예요.

쿠라조 네 아버지는 노송나무가 아니면 베지 않겠다고 했다.

---

10) 당시 일본의 식민지였던 동남아시아.

쓰미코　아저씨, 아까 아버지가 그러신 건 핑계였어요. 아버진 이런 비상시에 저렇게 큰 나무로 창고를 세우는 아저씨께 화가 치밀어서 일부러 발뺌을 하신 거래요. 아저씨께서 공출한다고 하시면 뛰어와서 틀림없이 잘라 주실 거예요.

　　　쿠라조는 무슨 생각을 하고 있는 듯 아무 말도 하지 않고 다다미방으로 올라가서 불단(佛壇) 앞에 정좌(正坐) 하고 향을 피운다.

쿠라조　(갑자기 살아있는 사람에게 말하듯이) 할아버지, 할아버지의 유지를 어기지만 신이치를 대신해서 저 큰 느티나무를 공출하려고 합니다. 제발 용서해주십시오. (합장한다)

　　　기코자에몽이 쓰미코에게 이끌려 들어온다. 손에는 벌목할 도구가 들려있다.

기코자에몽　쿠라조, 자네 정말 공출할 생각인가?
쿠라조　기코자에몽, 베어주겠나?
기코자에몽　그럼, 베어주고 말고. (하늘을 쳐다보고) 좋은 날씨로군. 내 솜씨를 다해서 나무그루 한 치도 남기지 않고 깨끗이 베어주겠네. (하고 머리띠를 한다)

　　　신이치를 앞세우고 마을회장이 뛰어온다. 동네 사람들과 청년단, 뒤에서 따라온다.

유키토모　(툇마루에 손을 대고 머리를 조아려 절한다) 쿠라조, 고맙네. 마을회장인 내가 다시 감사드리네.
쿠라조　감사해야 되는 건 이쪽이야. 신이치야, 출정했을 때 동네 여러분한테서 받은 깃발이나 천인침 등을 다 여기에 꺼내놓아라.
신이치　예. (하고 트렁크에서 꺼내준다)
쿠라조　(깃발을 느티나무에 건다. 죽 늘어서 있는 동네 사람들께) 여러분, 아들 신이치의 수치스러운 일은 이 느티나무로 대신 갚아주겠습니다. 저는 아들을 보내는 것과 같은 마음으로 이 나무를 헌납하겠습니다. 자식이 출정했을 때, 여러분에게서 받은 전별품은 잊지 않겠습니다. 총액 308원이었습니다. 이것을 내일 육군성에 헌납하려고 하니까 부디 승낙

해주십시오.

마을회장이 박수를 치자 일동, 우뢰와 같은 손뼉을 친다. 기코자에몽, 때에
맞춰 나무 끄는 수레를 드높이 부르며 첫 도끼를 힘차게 휘두른다. 우듬지
에 앉아 있던 새들이 놀라서 일제히 날아간다. 일동, 쾌청한 가을의 하늘
에 뻗어 있는 느티나무의 우듬지를 쳐다보고 만감이 교차한다.

막.

해방 전(1940~1945) 일문 희곡의 몇 가지 경향

1. 조혼 풍습을 풍자한 김건의 <박>

　단막 희극 <박>은 50여 년 전 조선의 시골 마을을 배경으로 조혼의 풍습을 주 내용으로 한 작품이다. 여섯 살이나 어린 꼬마신랑에게 시집온 분이는 하루 종일 일만 하는 자신의 처지에 불만을 갖고 있다. 설상가상으로 아직은 철부지 말썽꾸러기인 어린 남편은 분이를 괴롭히고 말썽을 부린다. 분이가 어린 남편에게 대들고 한바탕 싸움으로 이어지지만 지붕 위에 소담스럽게 매달린 '표주박'을 매개로 분이와 어린 신랑은 서로의 정을 확인하게 된다. 덩치가 큰 분이가 지붕 위로 던져버린 꼬마신랑 효동은 시부모에게 추궁당하는 분이를 기지로 구해준다. 이를 통해 분이와 효동은 처음으로 부부의 정을 느끼게 된다.

　작가 김건은 작품 뒤에 간단히 덧붙인 부기에서 예전에 들었던 '조혼의 풍습'을 풍자한 이야기를 연극으로 꾸며 본 것이라고 적고 있으며 작품의 시작에도 희극임을 분명히 명시하고 있지만, 이 작품을 풍자가 드러나는 희극이라고 이야기 할 수는 없다. 그 보다는 결말의 역전을 통해 따뜻한 인정미를 확인할 수 있는 아기자기한 소품에 가깝다고 하겠다. 새로 며느리를 들이는 동네 방서방의 순박한 모습이 분이의 결혼 생활과 절묘하게 연결되면서 분이의 심적 갈등이 표출되고 이러한 갈등이 뜻밖의 역전을 통해 훈훈한 인정미로 다가오는 결말 부분은 이 작품이 짧은 분량의 단막극이지만 작가의 노련한 솜씨를 확인할 수 있는 수작임을 보여준다.

2. 충실한 국민으로 거듭나기 위한 재생의 과정, 島田邦雄의 <노렌>

　島田邦雄의 <노렌(暖簾)>은 인물들의 당면한 갈등이 구체적인 사건으로 부각되기보다는 심적 갈등의 상태로 심화되다가 종결부에서 일거에 갈등이 해결되는 소박한 구성을 보이고 있는 작품이다. 이야기는 소도시에서 작은 과자점을 운영하는 謹三 가족을 중심으로 전개되며, 중일전쟁이 시작되고 국민 총동원령이 내려진 상황에 처해 있는 소도시민의 생활이 실감나게 그려지고 있다.

　謹三의 숙부 大助는 군인 출신으로 아들을 전쟁에 내보냈다. 謹三는 상점 조합의 부조합장으로 국가에서 요구하는 총후의 임무를 위해 상점을 폐업하느냐 전업하느냐의 선택의 기로에 서 있다. 3대에 걸쳐 과자점을 운영하고 있는 謹三

는 국가의 부름과 가업을 이어야한다는 두 가지의 당위 사이에서 갈등한다. 그에게 이 두 가지의 당위는 동일한 가치를 지닌 것으로 어느 것 하나 소홀히 할 수 없다. 폐업을 하거나 국가가 요구하는 군수물자를 동원하는 업종으로 전업하는 이웃 상점들의 형편이 謹三의 고민을 더욱 가중시킨다. 謹三의 대를 이을 아들 正治는 상급학교에 진학하지 않고 소년항공병이 되겠다고 고집을 부린다. 謹三는 그런 아들이 대견한 한편 집안의 기대를 모으고 있는 正治가 장남 哲夫의 전철을 밟지 않을까 걱정한다. 이런 謹三의 고민을 숙부인 大助가 해결해 준다. 大助는 화가가 되겠다고 8년 전에 가출한 謹三의 장남 哲夫이 만주의 농부가 되어 돌아왔음을 알려준다. 돌아온 탕아 哲夫의 변화를 통해 謹三의 갈등은 일시에 해결된다. 전시에 필요한 식량 증산을 위해 힘쓰는 '가래의 전사'가 되어 돌아온 哲夫를 통해 謹三의 고민은 '虎屋의 노렌은 나라에 헌납하고 모두들 哲夫한테 가서 농사를 짓는 것'으로 해결된다.

이 작품에서 총력전의 총후 국민으로 호명된 도시 소시민들은 국가에 절대적으로 복속된 존재로 묘사되며, 이들이 겪는 갈등은 국가의 호명을 거부할 것인가, 받아들일 것인가의 문제에서 유발되는 것이 아니다. 일견 그러한 갈등의 과정이 작품 내에 묘사되는 듯이 보이기도 하지만 항상 그들은 국가에 복속된 충실한 국민으로 존재하고 있다. 따라서 이들의 심적 갈등은 '보다' 충실한 국민으로 거듭 나기 위한 재생(再生)의 과정을 추동시킬 뿐이다.

3. 자연의 순리와도 같은 세대교체 강조, 박재성의 <만추>

장막 희곡 <만추>는 전 4막으로 구성되어 있다. 가을을 맞이한 한적한 시골 마을의 고가(古家)를 배경으로 동석과 그의 다섯 자식들의 이야기가 전개된다. 제목 만추(晩秋)에서도 연상되듯이 쇠락해가는 집안의 분위기와 각자 자신의 인생의 짐을 지고 있는 인물들이 만들어내는 이야기는 우울한 것일 수밖에 없으나, 가을이 깊어가고 겨울이 찾아오는 자연의 순리를 받아들일 수밖에 없듯이 인물들은 집안의 몰락과 몰락을 통한 불안한 새로운 삶의 시작을 차분하게 순응적으로 받아들인다.

이 작품에서는 구세대와 신세대의 세대교체가 자연의 순리로 묘사되고 있으며, 따라서 세대간의 갈등은 찾아보기 힘들다. 1막에서 제시된 인물들의 전사(前史)는 2막과 3막을 거쳐 개별적 갈등으로 구체화될 뿐 이러한 갈등이 한 정점에서 조우하지는 않는다. 구세대인 동석은 넓은 포용력으로 새로운 세대인 자식들을 이해한다. 그는 자식들을 위해 자신의 모든 재산을 기꺼이 희생한다. 그러한 구세대의 희생을 바탕으로 새로운 세대인 자식들은 혼돈과 좌절 속에서 자신들의 삶을 영위해 나가게 된다.

1막에서는 동석과 그의 가족들이 처해 있는 상황이 전사(前史)로 제시된다. 이제까지 아버지 동석의 도움으로 풍족하나 무책임하게 살아온 다섯 자식들의 이야기가 서울에서 성공된 삶을 살고 있던 차남 준원의 등장을 매개로 소개된다. 3남 2녀의 자녀를 둔 이동석은 근방에서는 알아주는 지주였으나, 이제는 땅의 거의 대부분을 은행에 저당 잡힌 몰락한 지주이다. 폴란드에서 15년을 살다 귀국한 전력을 지니고 있는 이동석은 5명의 자식들을 부양하느라고 소유한 땅의 대부분을 은행에 저당 잡힌 것이다. 그러나 풍족한 아버지의 재산을 바탕으로 성장한 자식들이 현재 상황 역시 만족스러운 것은 아니다. 장남 준명은 아편중독자이며, 냉정한 성격의 차남 준원은 집을 떠나 도시에서 은행가로 성공했지만, 그의 결혼생활은 아내의 외도로 불행하기만 하다. 삼남 준성은 열정에 찬 풋내기 작가지만, 스스로의 삶을 책임질 만한 생활능력이 없다. 차녀 미나는 남편과 떨어져 홀로 지내며 외로운 결혼 생활을 영위하고 있다. 서른을 바라보는 장녀 미례는 독신으로 집안일을 도맡아 보는 건실한 처녀지만, 항상 동경의 유학 시절을 그리워하며 현재의 삶에 만족하지 못한다.

가족들의 휴식처 구실을 하고 있는 정자에서 2막은 시작된다. 1막에서 제시되었던 개인적 이력을 중심으로 개별적 갈등들이 구체적으로 전개된다. 현실 감각이 전혀 없는 준성은 이웃의 목장을 사서 경영하고 싶어한다. 미나는 옛애인이 귀경한다는 편지를 받고 설레이며, 준성은 준원을 따라온 준원의 처제 영옥에게 호감을 느낀다. 영옥은 형부인 준원에게 연민에 가까운 애정을 느끼고 경성으로 돌아가지 않겠다고 다짐한다. 준명은 아편을 끊으려는 시도를 하나 그것은 엄청난 육체적 고통을 이겨내야만 하는 괴로운 일이다. 동석은 토지에 대한 미련을 버릴 수 없다. 이미 저당 잡힌 땅을 포기할 수밖에 없는 그가 더욱 병약해지는 것은 토지에 의지하는 마음 때문이다. 그러나 준원은 새로운 시대가 도래했음을 말하며 아버지 동석을 설득한다. 새로운 시대는 새로운 가치를 요구하고, 그것은 스스로의 삶은 스스로의 힘으로 경영해 나가는 새로운 삶의 형태를 요구한다. 동석에게 그것은 토지를 소작인에게 맡기는 구시대적 지주의 삶을 포기하는 일이다. 동석은 자신의 재산이 자식들을 망쳤다고 생각하며 재산의 소멸을 안위한다. 아편중독자가 된 장남을 측은하게 여기며 현대 의학을 원망한다. 동석은 마치 깊어 가는 가을처럼 인생의 뒤안길에서 폴란드를 추억하고, 자식들이 새로운 삶을 꾸려나가기를 고대하며 마지막 남은 여력으로 자식들을 도와주고자 한다. 동석은 가족회의를 열어 남은 재산은 자식들에게 분배하려 한다.

동석을 제외한 그의 다섯 자식들과 영옥은 근대적 가치를 상징한다. 이들은 젊은 시절 폴란드를 누비던 동석과 그가 지향했던 가치와는 대비된다고 할 수 있는 근대적 가치와 삶을 지향한다. 장남 준명은 아편 중독이라는 근대적 병을 앓고 있다. 일찍이 집을 떠났던 차남 준원이 지향한 것은 사회적 성공으로 그 성공의 내용이란 경제적 풍요이며 그것을 얻기 위해 그가 일하고 있는 곳은 은행이라는 근대적 공간이다. 삼남 준성이 추구하는 것은 개인적인 자유를 구가하는 삶으로 이 또한 근대적인 가치에 속하는 것이다. 그것을 위해 그가 선택한 것은 문학이다. 영옥과 미나는 사랑하고 사랑받는 인간적 감정에 충실하고자 하는 인물들이다. 스스로의 욕망을 억누르고는 있으나 미례 역시 동경에서의 화려했던 도시 생활을 그리워한다. 그녀는 도시에서의 근대적 생활을 꿈꾸고 있다.

각각의 등장인물들은 근대적 생활 세계에서 유발되는 것들과 갈등을 일으킨다. 부정한 아내의 임신이나 아편 중독, 연애의 실패 등은 근대적인 생활 세계에서 가능한 갈등 요소들이다. 동석과 그 외 인물들은 시골의 전원생활과 도시의 근대적 생활 세계의 대비 속에서 구시대적 가치와 새로운 근대적 가치를 이분법적으로 표상한다고 할 수 있다. 작품 속에 등장하는 '연못(늪)'은 이들 사이에 놓여진 간극 혹은 구세대에서 새로운 세대로 전이되는 과정에서 거쳐야 할 혼돈을 상징한다. 2막에서 연못은 마가 낀 악마의 연못으로 묘사된다. 특히 장남 준명은 자신의 아편 중독을 연못의 탓으로 돌리고 연못에 자신도 몰래 끌리는 마음을 고백한다. 이미 마을 사람 여럿이 자살을 한 곳으로 소개되는 연못은 4막의 대단원에서 장남 준명의 자살을 암시한다.

3막은 가족회의를 위해 등장인물들이 정자에 모이면서 시작된다. 정자라는 공간은 3막에서는 가족들의 갈등이 분출되는 장소로 활용된다. 미례는 가족들을 지켜위한다. 미례는 동경에 돌아가 음악을 계속 공부하고 싶어 한다. 영옥은 사랑과 행복에 대한 희망을 의심하지 않으며 준원과의 사랑을 고집한다. 준성은 열정에 가득 차 영옥에 대한 애정을 노골적으로 드러낸다. 미나는 옛 애인을 만나려 나가 돌아오지 않는다. 준원은 애정 없는 결혼 생활과 쇠락한 집안을 정리하는 일을 자신의 의무로 받아들인다. 준명은 절에 들어가 새 삶을 기약하고자 한다. 이들의 갈등이 해소되기 위해서는 마지막 남은 토지를 처분하는 일이 필요하다. 그러나 이들의 마지막 희망이자 할머니의 유산인 하동의 화개면 땅을 준명이 이미 저당 잡힌 사실이 가족회의에서 밝혀진다. 준명은 죄책감과 금단 현상의 고통으로 뛰쳐나가고 사람들은 그를 잡으러 나간다.

3막의 정자에서 뒷마당으로 공간이 이동되면서 4막은 시작된다. 준명의 비밀이 밝혀진 3막은 작품 구조 상 정점으로 보기에는 그 효과가 약하다고 할 수 있으나, 발단-전개-절정-결말의 구조로 생각해 보면 4막은 인물들 각각의 개별적 갈등이 개인적 차원에서 해소되는 대단원의 역할을 담당하고 있다. 정자를 뛰쳐나간 준명과 그를 잡으려고 뒤좇아 온 형제들은 뒷마당에 모인다. 동생들의 뭇

이기도 한 하동의 화개면 땅을 저당 잡힌 준명은 죄책감에 괴로워하고 급기야 연못에 빠져 자살한다. 영옥은 근대적 가치를 받아들여 집안을 새롭게 정비하려고 하고 그 과정을 고행처럼 인내하려 하는 준원의 마음을 알아채고 분연히 경성으로 돌아간다. 준원은 미례에게 동경에서 공부할 수 있도록 뒷바라지할 것을 약속한다. 쓸쓸히 막이 내리고, 대조적으로 마을의 풍년제 풍악 소리는 높아만 간다. 작품의 결말 역시 계절의 흐름처럼 자연스럽게 긴장이나 갈등의 대립 없이 종결된다.

4. 내선일체의 시대적 소명 의식 극화, 이광래의 <동상>

<동상>의 작가 이광래는 1908년 경남 마산 출생이다. 배재고보를 졸업한 후 일본의 와세다 대학 영문학부를 졸업하고 조선일보와 중앙일보 기자로 활동했다. 극예술연구회에서도 활동했으며 1935년에는 장막극 <촌선생>이 동아일보 신춘문예에 당선되어 등단했다. 해방 후에는 민족예술무대를 조직하여 좌익 극단의 통합체인 조선연극동맹과 대결하기도 했다. 대표작으로는 <고도 있는 인간 광장>과 <대수양> 등의 작품이 있다.

1940년에 들어와 총독부는 소위 국민극의 수준을 높이고 총후 국민들에게 총력전에 매진할 수 있는 결의를 북돋기 위해 연극경연대회를 개최하기에 이른다. 이광래의 <동상>은 1943년 개최된 제2회 연극 경연 대회에 참가한 작품이다. 박춘명의 연출로 '황금좌'에서 공연된 이 작품은 일본어로 쓰여진 단막극으로 1941년 어느 시골의 깊어 가는 저녁을 작품의 배경으로 삼고 있다.

17년 전, 4년간이나 계속된 마을의 홍수를 막아 농토를 보호하기 위해 사재를 털어 제방을 쌓은 松岡 선생의 동상을 둘러싸고 앉아 전시 물자를 준비하고 있는 부인들의 이야기로부터 작품은 시작된다. 마을의 부농인 白川은 松岡의 제방 사업을 방해한 인물로 松岡가 죽어 그의 동상이 마을에 세워진 지금도 여전히 松岡를 헐뜯으며 제방 사업의 의의를 축소하기에 여념이 없다. 더욱이 마을에 가뭄이 들자 白川은 제방을 열어야 한다고 목소리를 높인다. 松岡의 장남 信一은 아버지의 유지가 더럽혀지는 것을 막고 가뭄을 극복하기 위해 수리 조합을 건설하려 하지만 주위의 반대가 만만치 않다. 특히 동생인 信吾는 아버지와 형의 사업이 결과적으로는 白川의 재산 증식에만 이익을 가져다준다고 강력하게 반대한다. 지친 信一은 일본으로 유학을 결심하나, 信一의 애인인 順伊는 장남인 信一이 후계자로서의 권리를 포기하려 한한다면 개인적인 불쾌감을 숨기지 않는다. 각각의 인물들은 자신의 입장에서 수리 조합 건설을 이해하고 있다. 그러나 작가는 전체를 위해 희생한 松岡의 동상을 내세워 전체적 대의를 위해서는 개인의 이익이나 감정은 억제되어야 한다고 설파한다. 마을, 나아가 국가의 이익을 위해 기꺼이 희생되어야 하는 개인적 욕망과 감정의 극복을 이 작품은 信一과 信吉, 白川 사이의 갈등을 통해 이야기하고 있다.

이처럼 이 작품의 갈등을 이루는 것은 수리 조합 건설을 둘러싼 인물들 각각의 개인적 이익이나 명분, 자존심이지만, 이러한 갈등은 총력전 체제의 전체주의적 사고 앞에서는 그 차이가 무화된 채 갑자기 해소되고 만다. 작가의 주제 의식이 너무 앞선 탓에 수리 조합 건설을 반대하던 白川이 사재를 내놓으며 수리 조합 건설을 지지하게 되는 과정이 급작스럽게 진행되는 것이다. 信一과 信吉의 다툼이나, 白川의 소작인과 信一의 충돌은 대단원을 향한 포석이 될 수도 있었으나, 작품의 대단원은 이러한 갈등 행위와는 무관하게 白川의 일방적인 포기로 결론이 나 버린다.

이 작품은 식량을 증식 생산해야 한다는 총력전의 명분이 개인적 이해 관계에 우선한다는 이념을 작품의 핵심 주제로 내세우는 한편, 松岡이 상징하는 전체를 위한 희생, 松岡의 유일한 계승자임을 강조하는 信一의 강인한 의지와 노력을 작품 전체에 내세우고 있다. 마치 그것이 내선일체를 통해 일본과 하나로 묶어진 조선 반도 국민에게 주어진 시대적 운명을 상징하는 듯이, 개인적 감정을 극복하고 황국신민으로서 "싸우다 죽겠다"는 정신력으로 총후를 담당해야 한다는 점을 이 작품은 당부하고 있다.

5. 희곡의 문학성을 중시한 작가, 이석훈의 <광명>과 <부여의 달>

이석훈의 호는 금남(琴南)과 목양(牧洋)으로 1908년 평양 정주 출생이다. 극예술연구회 동인으로 활동했으며, 희곡뿐만 아니라 소설과 평론에서도 왕성한 활동을 보여주었다. 특히 1930년대 중반 이석훈은 유치진과 '관중본위' 논쟁을 벌여 대중적 연극의 연극성보다는 희곡의 문학성을 중시하는 입장을 분명히 천명한 바 있다. 조선일보사에 입사한 이석훈은 당시의 대표적 종합지인 《조광》과 《여성》등의 잡지를 만들었다. 6·25 한국전쟁 당시 북으로 피납되었다.

<광명>은 1942년 작품으로 단막 희곡이다. 짧은 분량의 작품이지만 이석훈이 '관중본위' 논쟁에서 보여준 예술성에 대한 옹호가 바그너라는 인물을 통해 변함없이 관철되고 있는 작품이다. 이 작품의 주인공은 독일의 국민적 음악가 바그너이다. 가난하지만 예술 창작열에 불타는 바그너의 입을 통해 물질과 대비되는 예술혼을 강조하고 있는 이 작품에서 바그너가 예술혼의 상징이라면, 바그너를 도와주는 베젠독 부인은 천박한 물질적 가치를 대변한다고 할 수 있다. 물질적으로 도움을 주고자 하는 베젠독 부인을 조롱하며 물질적 곤궁에 굴하지 않고

자신의 세계관을 지켜나가는 바그너에게 왕의 사자가 찾아와 물질적인 보상을 약속한다. 예술가가 대접받는 세계를 꿈꾸는 작가의 이상을 엿볼 수 있는 결말이다. 시대적 논리를 충실히 반영한 동시대의 다른 작품들과는 달리, 1940년대 강화되는 전시체제의 그림자를 엿보기 힘든 소박한 소품이다.

　<부여의 달> 역시 단막극으로 1941년 작품이다. 작품의 배경은 백제의 도읍지 부여이며 주요 등장인물은 모두 세 명으로 매우 단출한 소품 같은 작품이다. 작품의 줄거리 역시 간단하여 낙화암에서 자살을 결심한 이애라를 우연히 만난 시인 김문학이 이애라를 설득하여 자살을 막는다는 이야기이다. 그러나 김문학의 장광설로 채워진 대사 속에서 1940년대를 관통한 이데올로기를 분명하게 확인할 수 있다. 한 개인의 목숨은 한 개인의 것이 아닌 모두의 것이라는 진술이나, 백제와 일본을 한 운명으로 표현한 대목, 백제 멸망을 감상적으로 받아들이지 말 것을 충고하는 부분에서 드러나듯이 자살을 꿈꾸는 한 개인의 개인적 상황과 감상은 내선일체와 총력전을 준비하는 황국신민의 논리 앞에서는 아무런 의미가 없다. 개인은 더 이상 자유의지를 지닌 개인이 아닌 국가에 복속된 일부분으로 기꺼이 국가의 운명과 함께 해야 할 존재로 설파되고 있다. 작품에서 김문학의 입을 통해 토로되고 있는 개인의 의지가 작동하지 않는 운명이란 곧 국가의 운명이다. 이애라가 자살을 결심하게 된 개인적 동기는 국가 전시 체제의 강력한 이데올로기와 갈등을 빚어내지 않는다. 동시대의 국민연극이 대부분 그러하듯이 김문학의 일방적인 설교를 통해 이애라는 감화되고 새로운 삶을 맹세한다. 총후의 대중들을 감화시키기 위한 선전극의 성격이 강한 작품이라 하겠다.

6. 연극 현장의 경험이 녹아든, 이원경의 <해적 프리 헤이즈>

　<해적 프리 헤이즈>는 전 4막의 장막극으로 1875년경의 말레이지아를 배경으로 이국적인 인물과 풍경을 소재로 하여 쓰여진 작품이다. 이 작품은 폭력과 술수를 통한 식민 정책의 허구성을 '바치'라는 인물을 통해 고발하고 있는 작품이다. 동시대의 다른 희곡 작품들과는 달리, 무대의 지시문이 공연성을 충분히 고려한 공연 텍스트에 가깝게 구체적으로 쓰여졌다는 점, 탄탄한 사건 구성을 보여주고 있다는 점 등에서 연극 현장 경험이 풍부한 작가 이원경의 장점을 확인할 수 있다.

　전문 희곡 작가로서 작가의 솜씨는 1막의 구성에서도 충분히 드러난다. 바치와 술탄의 갈등과 대립을 압축한 1막의 도입부는 극 전반의 갈등을 암시한다. 조명을 이용해 바치와 술탄의 대립을 가시적으로 형상화한 도입부는 곧 바치의 집무실로 장소가 이동되어 1막으로 연결된다. 1막의 도입부에서 보여진 바치와

술탄의 갈등은 바치와 아브도우라의 갈등과 바치와 아레나의 갈등으로 분산되어 전개된다. 이것은 바치의 갈등이 더욱 심화되는 양상을 가시화하기 위한 작가의 당연한 전략이다. 바치가 처해 있는 상황의 갈등은 술찬과 아브도우라, 그리고 그의 아내인 에레나와의 갈등을 통해 구체적으로 전달될 수 있기 때문이다. 1막에서는 이러한 갈등을 중심으로 앞으로 전개될 사건이 다양한 인물들의 관계의 제시를 통해 분명하게 암시된다. 곧 식민지 말레이지아를 장악하려는 바치의 의도는 말레이시아의 술탄인 아브도우라와 제족장들의 이해관계와 충돌하고, 바치는 유스프의 권력욕을 이용해 아브도우라를 제거하려 한다. 이를 도와주는 것은 무기를 조달하는 해적 프리 헤이즈이다. 1막은 헤이즈와 에레나가 만나 의미심장한 눈빛을 나누는 것으로 끝난다. 1막은 앞으로 전개될 사건을 암시하는 발단부의 기능을 효과적으로 수행하고 있다.

2막에서는 1막에서 암시된 사건들이 본격적으로 전개된다. 바치가 계획한 술탄 암살 계획이 멀리서 들리는 총소리로 무대 위에 청각화되고, 바치는 헤이즈와 아내 에레나의 친근한 관계에 질투를 느낀다. 특히 2막에서 형상화된 도망친 노예의 에피소드는 영국인 바치로 대변되는 제국주의의 이중성을 보여준다. 식민지를 지배하는 유화정책은 곧 식민지 종족들 간의 갈등을 부추기고, 자신들에게 유리한 어느 한 쪽의 손을 들어주는 이중적 태도를 바탕으로 하고 있음이 도움을 요청하는 원주민 노예의 에피소드를 통해 무대 위에 보여진다. 그러나 정작 해적인 헤이즈는 노예를 폭력으로 다루지 않는 특이한 인물로 설정되고 헤이즈의 이러한 면은 바치와 대비되어 '헤이즈-에레나-바치'의 삼각관계가 완성된다. 에레나가 헤이즈에게 매료되는 이유로 남편 바치와는 달리 휴머니즘적 면모를 지니고 있는 헤이즈의 성격이 제시되면서 이들의 삼각관계는 보다 탄탄한 극적인 논리를 갖추게 되는 것이다. 바치의 질투심이 한층 더해지면서 2막은 끝난다.

3막에서는 2막에 이어 말레이시아의 토인을 잡아 노예로 팔아넘기는 영국의 식민지 정책과 헤이즈와 에레나의 사랑 이야기가 전개된다. 3막에서는 영국의 제국주의적 식민 정책이 형상화되기도 하지만, 그보다는 영국의 식민 정책에 환멸을 느끼는 헤이즈와 현실에서 벗어나고 싶어 하는 에레나의 사랑 이야기 역시 비중 있게 다루어진다. 헤이즈와 에레나의 밀회는 바치에게 들통나고 바치는 노예사냥에서 손을 떼고 배리를 떠나게 된다. 그러나 헤이즈는 에레나를 데리고 함께 떠날 계획을 한다. 1막에서 제시된 영국인 바치와 말레이시아의 술탄으로 대변되는 식민 정책의 갈등이 헤이즈와 에레나라는 개별적 인물의 갈등으로 압축되면서 3막은 끝난다.

4막에서는 바치의 파렴치한 술수가 무대 위에서 가시화된다. 바치는 술탄을 제거하는데 이용한 유스프를 독살하고 전 술탄이자 자신에게 협조하는 이스마일을 술탄에 옹위한다. 또한 헤이즈를 제거하기 위해 비밀리에 구속영장의 발부를 부탁하는 편지를 쓴다. 바치라는 인물을 중심으로 전개된 2가지의 극적 갈등이 해소되려는 순간이다. 그러나 유스프의 독살을 알아버린 에레나는 헤이즈를 따라 바치를 떠나려 한다. 바치는 그런 에레나를 살해하게 된다. 바치라는 인물이 지닌 문제 해결 방법은 정치적 야망을 현실화하는 데에는 효과적으로 작용했지만, 그것을 통해 아내의 마음을 붙잡을 수는 없었다. 바치가 처한 이러한 모순적 상황은 4막의 마지막 장면에서도 분명하게 드러난다. 이스마일의 즉위식에 등장한 여자 노예의 빨간 천과 춤은 저주를 상징하는 것이다. 그녀는 2막에서 등장한 도망치다 잡혀간 노예의 아내이다. 저주의 내용을 알게 된 족장들과 이스마일은 바치에 대한 석연치 않은 의심을 품으면서 즉위식을 끝낸다. 이러한 내용이 분명하게 대사로 전달되는 것은 아니지만, 웅성거리는 족장들의 행동을 통해 앞으로의 식민지 말레이시아와 통치국 영국의 불안한 관계는 예고된다.

7. 고전소설의 희곡화, 장혁주의 <춘향전>과 <심청전>

작가 장혁주는 1905년 대구 출생으로 일문으로 작품 창작을 시작, 6·25 이후 일본인으로 귀화했다. 그의 처녀작은 일문으로 쓰여진 소설 <기아도(飢餓道)>로, 《개조(改造)》에 당선되어 일본 문단에 데뷔했다. 대표작 <무지개>는 도시에서 생활하는 여러 계층의 생활을 리얼하게 묘사하고 있는 역작이다. 1930년대 후반에는 신체제론에 의거 친일적인 문필활동을 했고, 해방 후에는 일본으로 귀화했다.

장혁주의 장막 희곡인 <춘향전>은 1941년 작품으로 이미 잘 알려진 고전소설 <춘향전>을 바탕으로 하여 일본어로 쓰여진 작품이다. 전 6막으로 이루어진 장혁주의 <춘향전>은 춘향과 이몽룡의 만남과 이별, 신관 사또의 부임, 춘향의 고난, 이몽룡의 어사 출두, 그리고 이몽룡과 성춘향이 만나는 대단원으로 구성되어 있다. 작가 자신은 <춘향전>을 근대적인 희곡으로 옮기기 위해 여러 가지 창작상의 궁리를 한 것으로 적고 있으나, 인물의 성격이나, 사건의 진행, 갈등 구조에 있어서는 기존의 서사 구조를 그대로 이어받고 있다.

장혁주 자신이 작품의 끝에 붙인 후기를 보면, <춘향전>은 "내용도 단순하고 너무 소박하여 문학적 가치도 희박"하여 이 작품을 일본어로 옮기기 위해 "일년 가까이 원작의 줄거리나 분위기만을 머리 속에서 주무르다가" 마침내 "시대와 인물의 줄기만 잡고 다른 것은 필자 자신의 감각으로 살을 붙여 근대 문학적 요소가 상당히 포함되도록" 했다고 적고 있다. 장혁주는 그 한 예로 제 3막에 추가

한 신임 사또가 죄인을 취조하는 장면을 꼽고 있다. 장혁주는 신임 사또가 죄인들과 흥정하여 돈을 받고 죄인을 풀어주는 장면을 3막에 삽입함으로써 신임 사또의 부패한 모습을 보다 분명하게 제시하고 있다. 새로 삽입된 이 장면은 신임 사또라는 인물의 성격을 '보여주기'를 통해 가시화했다는 점에서는 의미를 찾을 수 있겠으나, <춘향전> 작품 전체를 놓고 보았을 때 신임 사또라는 전형적 인물의 성격에 변화를 줄 수 있는 새로운 요소는 아니라고 하겠다.

오히려 이 장면보다 더 눈에 띄는 각색의 새로움은 원본에서는 고정적으로 설정되어 있는 부차적 인물과 주동 인물간의 관계 변화에서 찾을 수 있다. 기존의 <춘향전>에서 볼 수 있는 엄격한 반상의 관계를 장혁주의 <춘향전>에 형상화된 이몽룡과 방자에게서는 찾아보기 힘들다. 방자는 고압적이며 허세에 찬 이몽룡을 틈만 나면 놀려대고 방백을 통해 비웃기도 한다. 마치 말뚝이가 어리석은 양반을 놀려먹듯 방자는 이몽룡 앞에서는 순종하는 척하나 그 뒤에서는 "젊은 버릇없는 놈"이라고 무시한다. 이 둘의 대사에서 보여지는 밀고 당기는 말싸움은 새로운 재미를 제공한다. 원전과는 다르게 형상화된 방자라는 인물의 변화가 작가가 근대 문학적 요소라고 자신 있게 말한 요소가 아닐까 한다.

한편, <심청전>은 막의 구분이 없이 쓰여진 중막극 분량의 일문 희곡으로 1941년 작품이다. 고전소설을 각색했다는 점에서는 <춘향전>과 다를 바 없으나, <춘향전>에 비해 내용을 간결하게 정리하여 새롭게 구성했다는 점에서는 주목되는 작품이다. 원전의 이야기에서 핵심적인 몇몇 장면만을 추려 대사를 통해 전달하고, 생략된 이야기는 인물들의 설명을 통해 관객에게 전달하고 있다. 설명으로 대체된 줄거리는 속도감 있게 진행된다. 이와 함께 이 작품에서는 무엇보다도 음향효과에 주목하게 된다. 독창이나, 음악, 독백과 음악들을 함께 구성함으로써 '보여주기'보다는 '들려주기'의 효과에 충실한 모습을 보이고 있다. 이러한 작품 구성의 특징은 라디오용 방송 대본을 연상시킨다. 작가 자신 역시 작품의 후기에 "라디오 드라마 풍으로 하면 더 효과가 있지 않을까 생각하던 차에 마침 AK로부터 의뢰를 받게 되어 이러한 형식"을 띠게 되었다고 진술하고 있다.

장혁주는 또한 '효행'이 중심 주제인 <심청전>을 "용궁이 나오며 영혼의 세계가 나오기도 하고 자못 동화적이기 때문에 특히 부녀자, 아이들의 읽을거리로 적합하다"고 생각하였다고 한다. 이러한 작가의 의도가 반영된 듯 원전에서 볼 수 있는 어려운 고사나 사자성어 등은 찾아보기 힘들고, 대신 이해하기 쉬운 말로 지루하지 않을 정도로 줄거리가 정돈되어 있다. 그럼에도 심봉사의 후처와 심봉사가 엮어내는 해학과 익살은 빼놓을 수 없는 재밋거리로 작품 속에 살아있다.

8. '내선일체'와 '총후강화'의 강조, 조용만의 <광산의 밤>

작가 조용만의 호는 아능(雅能)으로 1909년 서울에서 출생했다. 경성제일고보와 경성제대를 졸업한 후 구인회에서 활동했고, 『매일신보』학예부장을 역임했다. 1931년 단편소설 <사랑과 행랑>으로 등단했으나, 희곡 <갑오세(甲午歲)>를 발표한 이후에는 희곡에 관심을 보여 극예술연구회의 회원으로 활동했다. <광산의 밤> 이외에도 여러 편의 희곡과 일문 희곡작품을 남겼다.

<광산의 밤>은 일본어로 쓰여진 단막 희곡 작품이다. 광산촌을 배경으로 순이네 가족의 이야기를 담고 있다. 분녀와 결혼을 앞둔 길돌이와 일본에서 노동자로 일하는 金村과 사랑을 나누는 분녀, 소년항공병으로 자원입대하려는 만돌이의 이야기가 주요 내용이다. 내선일체의 이데올로기가 전면에 부각되어 특별한 갈등 없이 이야기가 전개된다. 특히 일본에서 노동자로 일하다 잠시 귀국한 金村은 이 작품에서 매우 긍정적인 인물로 그려지고 있는데, 그는 일본에서의 경험을 바탕으로 조선에서의 내선일체를 강조하며 순이네 집안의 작은 갈등들을 해소해 나간다. 길돌이는 분녀와의 결혼을 연기하고 대신, 순이와 金村이의 결혼은 빠르게 진행된다. 만돌이의 자원입대를 만류하던 어머니는 金村과 길돌에게 설득당하고, 길돌은 조선의 광산 노동자로 살며 만돌의 몫까지 일할 것을 맹세한다. 즉 金村이라는 이념적 인물을 통해 이 작품의 작은 갈등들은 일시에 해결되며 '내선일체'와 '총후강화'의 이데올로기가 더욱 노골적으로 드러난다.

9. 총력전 체제의 마을 풍경, 함세덕의 <마을은 쾌청>

<마을은 쾌청>은 일본어로 쓰여진 단막극답게 '동경의 어느 동네'가 배경이며, 등장인물들 역시 모두 일본인이다. 전통적 가치와 새로운 시대적 이념이 충돌하는 풍경을 느티나무를 중심으로 형상화하고 있는 작품이다. 여기서 새로운 시대적 이념이란 물론 전시 체제 하의 국민총동원령을 말한다. '만들어라, 보내라, 이겨라'로 묘사되는 총력전의 풍경이 작품 곳곳에서 차분하게 그려지고 있다.

작품에서 등장인물들의 갈등을 유발하는 것은 총력전의 상황이 아니다. 온 동네 사람들이 기꺼이 감수하는 총력전의 체제 속에서 유일한 갈등의 요소는 총력전에 편입되기를 거부하는 전당포를 운영하는 쿠라조 집의 느티나무이다. 쿠라조 집의 느티나무는 식량증산, 전시 물자조달 등 전시 체제의 총후가 담당해야 할 의무에 요긴하게 사용될 수 있는 대상이지만 느티나무의 주인인 쿠라조는 조상의 유지를 내세워 느티나무의 헌납을 거부한다. 쿠라조의 개인적인 고집은 곧 동네 사람들 모두를 적으로 만들고 만다. 이 때 쿠라조가 직면한 위기는 마을 전

체로 표상되는 전체의 논리와 개인의 자유 의지 사이의 갈등에서 기인하는 것이다.

쿠라조와 대조되는 인물은 나무를 자르는 벌목꾼인 기코자에몽이다. 황실의 나무를 자르는 자신의 직업에 유발난 자부심을 갖고 있는 기코자에몽은 느티나무를 잘라달라는 쿠라조의 요구를 거부한다. 기코자에몽은 황국신민으로 호명된 전형적인 인물을 상징한다. 기코자에몽은 자신이 맡은 임무에 충실하고, 그러한 임무의 완수를 통해 황국신민으로서의 한 자리를 차지할 수 있다고 생각한다. 결국 전선에서 강제로 퇴출당한 아들을 통해 쿠라조는 자신의 고집을 꺾고 느티나무를 국가에 헌납하기로 결정한다. 마을은 다시 평화를 찾게 된다. 동경의 작은 동네를 배경으로 한 단막극이지만, 이 작품 속에는 총력전 체제가 작동하던 시대적 풍경이 고스란히 담겨져 있다. (해제 : 김기란)

근대희곡 · 시나리오선집⑦

해방전(1940~1945) 일문 희곡집

초판 1쇄 발행일/ 2004년 10월 15일

지은이/ 김 건 외
엮은이/ 이재명
펴낸이/ 이정옥
펴낸곳/ 평민사

주소/ 서울시 서대문구 남가좌2동 370-40
전화/ 02)375-8571(영업) · 02)375-8572(편집)
fax/ 02)375-8573
e-mail/ pms1976@korea.com
home-page/ www.pyungminsa.co.kr
등록번호/ 제10-328호

값/ 13,000원

ISBN 89-7115-429-2 04680
ISBN 89-7115-432-2 (set)